# 인생의
# 마지막
# 질문

# 인생의 마지막 질문 ———————— 삶이라는
물음의 끝에서
마주한
천년의 지혜

· 정재현 지음 ·

ⓒ
추수밭

# 인생에 답이 없음을 깨우치는
# '물음의 지혜'

햇수를 두 자리 숫자로만 표기하는 전산망 때문에 세상이 마비될 것이라는 공포가 뒤덮었던 적이 있었다. 이른바 'Y2K' 문제로 인해 혼란스러웠던 2000년도 지나고 어느덧 두 번의 10년을 보냈다. 그때의 불안은 호들갑에 그쳤지만 지금 인류는 미증유의 사태를 겪고 있다. 첨단과학과 의학의 혜택을 이전 어느 시대보다 더 크게 누려온 오늘날의 인류는 눈에 보이지도 않는 바이러스로 생명과 건강에 심각한 위협을 받고 있다. 지구를 장악하고 우주로 날아갈 것만 같던 인간은 어처구니없게도 한갓 미물에게 포로가 된 듯하다.

게다가 방역을 위한 거리두기로 인해 경제가 계속 침체되고 있는 상황이다. 건강과 생명에 경제까지 얽힌 문제이니 엎친 데 덮친 격으로 불안과 공포가 몰려온다. 한편으로는 '코로나블루'라는 말이 등장할 정도로 사회 전체가 심각한 우울증에 빠져들고 있다. 당장 치료제가 개발된다 하더라도 일상으로 돌아가기 어렵다고 하니 언제까지 이런 상황이 계속 되어야 하는지, 그 과정에서 얼마나 많은 희생을 치러야 하는지 쉽게 가늠할 수가 없다.

신종바이러스의 출현 원인에 대한 논란이 분분하지만 어떤 연유로든지 생태문제와 관련되어 있음을 부정할 수 없다. 지구온난화로 빙하가 녹으면서 남북극 동토에 묶여 있던 인류 출현 이전의 바이러스들이 터져 나와 언제 어느 곳에서 우리들을 공격할지 알 수 없다고 한다. 이도 모자라 최근 20년 사이에는 수백만 년 된 미생물들이 연구실에서 줄줄이 소생되었다 하니 이런 것들이 인간의 손을 떠나면 어떤 흉측한 괴물이 될지 상상조차 하기 어렵다. 더욱이 우리 몸 안에 서식하는 박테리아 중 99퍼센트는 아직 규명되지 못한 상태라고 하니 기후변화와 같은 환경문제가 닥치면 이것들이 어떻게 돌변할지 알 수 없다. 지구는 고사하고 우리는 우리 몸에 대해서도 아는 것이 별로 없다.

코로나19가 인간에게 심각한 공포로 다가오는 이유는 눈에 보이지 않고 빠른 속도로 전파되면서 감염자를 확인하기 어렵다는 점에 있다. 심지어 '무증상감염자'들도 적지 않게 등장하고 있는데 이들은 감염되었는지도 모른 채 남들을 감염시킬 수 있다고 한다. 증상도 없고 면역도 없으니, '없음'과 '모름'이 우리를 에워싸고 있다. 더욱 심각한 일은 앞으로 코로나19와 같은 신종바이러스가 더욱 빈번하게 나타날 것이라는 불길한 예측이다. 그러니 단순히 바이러스에 대한 치료제를 개발하는 것이 궁극적인 해결책이라고 할 수는 없다.

이처럼 작금의 상황은 우리의 삶을 켜켜이 둘러싸고 있는 것이 '없음'과 '모름'임을 깨닫게 해준다. 그러나 우리는 한줌밖에 안 되는 '앎'으로 삶을 추리며 세상의 전부를 파악한 것인 양 살아왔다. 앎을 붙잡아 더 크게 만들면 좋은 삶이 될 것이라 여기며 살아왔다. 말하자면 '있음'에 대한 앎만으로 삶을 꾸리려 했던 것이다. 하지만 지금 우리가 맞이한 미증유의 사태는 '있음'에 비해 '없음'이 얼마나 큰지 가늠할 수 없을 뿐 아니라 우리의 '앎'이 '모름'에 비해 얼마나 초라한지를 여지없이 드러냈다. 덮어놓고 잊어버린다 해서 사라지지 않을 죽음의 그림자 같은 '없음'과 '모름'을 외면한 채 '있음'과 '앎'만으로 삶을 엮으려 한 것이 얼마나 자가당착인지를 느끼게 해주었다.

그렇다면 어떻게 해야 할 것인가? 먼저 우리 자신이 얼마나 모르고 있는지 솔직하게 인정하는 자세가 필요하다. 앎을 좀 더 늘린다고 해결될 수 있는 일이 아니기 때문이다. 우리에게는 '잘못 알고 있는 모름'도 있고 '아직 알지 못한 모름'도 있으며 '아예 알 수 없는 모름'도 있다. 그러니 이제는 '모름'의 뜻을 새기면서 '없음'이 지니는 의미를 새겨야 한다. 어떻게 없음과 모름을 새길 수 있을까? 이는 우리의 삶이 묻게 하는 것이다. 없음과 모름으로 에워싸인 삶이 이미 물음이기 때문이다. 그리고 삶이 던지는 물음에 귀를 기울인다면 물음은 삶의 길인 지혜로 이끌고 갈 것이다.

현재의 상황이 굉장히 심각할 수도 있지만 어찌 보면 인류에게는 또 다른 기회가 될 수 있다. 많은 전문가들은 코로나19 이후 시대가 달라질 것이라고 예견한다. 보다 근본적으로는 삶의 방식이 바뀔 수밖에 없고 바뀌어야 한다고 이야기한다. 그것이 인류에게 어떤 미래를 열어줄지에 대해서는 누구도 쉽게 장담할 수 없다. 결국 '없음'과 '모름'을 더듬음으로써 지금 우리의 삶을 되돌아보고 살아갈 길을 도모하는 지혜가 필요하다. 우리는 어디로 가는지도 모른 채 숨 가쁘게 달리기만 하는 삶을 살아왔다. 작금의 상황은 우리에게 자신을 돌아보면서 '들숨'과 '날숨'을 가다듬으라고 요청한다. '숨'인 동시에 '쉼'이다. 모름과 없음으로 둘러싸인 우리의 삶은 매순간 곱씹으며 밟아가야 할 지혜의 길을 필요로 한다. 우리가 여기서 함께 곱씹게 될 '기도'도 이런 뜻을 지니고 있다.

* * *

"돌아보지 않은 삶은 살 가치가 없다." 고대 그리스 현인이자 인류의 스승 소크라테스가 남긴 말이다. 그러나 오늘날 우리가 맞이하고 있는 삶은 너무도 분주하다. 도무지 돌아볼 만한 여유가 허락되지 않고 과속에 시달리는 삶이다. 더 많아지고 더 빨라지고 더 편리해졌다고는 하지만 더 행복해졌다고 말하기는 어렵다. 바쁘고 분주한 일상일수록 오히려 더욱 곱씹고 되살펴야 할 텐데 종종 돌아본다는 것도 사치스러운 언어로 들린다. 그랬다가는 자칫 경쟁에서 낙오될까 두려워지기까지 한다.

그러나 돌아본다는 말은 꼭 뭔가 잘못된 것을 찾아내서 고치고 바꾸어야 한다는 것만 뜻하지는 않는다. 정신없이 밀려나는 듯한 삶의 흐름에서 잠시 머물러 쉬는 것만으로도 그 뜻이 적지 않다. 돌아본다는 것이 꼭 '후퇴한다'는 뜻은 아닐 테니 말이다. 머물러 쉬다 보면 달려왔던 길을 자연스레 되짚고 또 앞으로 갈 길을 가늠하는 여유를 갖게 될 것이다. 설령 아니면 또 어떤가? 그저 쉰다는 것만으로도 충분히 뜻이 있다.

잠시 멈추고 돌아본다고 해서 무언가 대단한 깨달음이 있어야 한다는 것은 아니다. 사실 우리 삶에서 알고 깨달으면서 살아가는 시간은 그리 길지 않다. 삶에서 비교도 안 되는 더 길고 긴 시간을 우리는 그저 모르고 살아간다. 앞으로 어떤 삶을 살게 될지 모르는 것은 물론 살아왔던 삶이라고 해서 다 알고 있는 것도 아니다. 지나온 세월을 지금 돌이킨다고 해서 몰랐던 것을 다 알게 되는 것도 아니다. 삶에서 앎은 그리 크지 않다.

그런데 우리가 삶에 대해 꽤 많이 아는 듯이 착각하니 더욱 힘들어진다. 알지 못하면 어떻게 해서든지 알아야 한다는 강박에 사로잡혀 스스로를 자학하고 있으니 말이다. 그러나 다시 말하지만 삶에서 우리가 아는 부분은 그리 크지도 않고 깊지도 않다. 그러고도 살아간다. 모르고도 살아간다. 이것이 참으로 오묘한 삶의 이치다. 내가 삶을 사는 것이 아니라 삶이 나를 살아가기 때문이다. 그러니 내가 모든 것을 할 수 있다거나 모두 책임져야 한다는 식으로 나를 채찍질하지 않아도 된다. 부질없는 강박일 뿐이다. 그럴 필요도 없거니와 그래서도 안 된다. 그렇게 하지 않아도 괜찮다. 그리고 그것이 당연하다.

그런데 우리는 '모르고 사는 것' 못지않게 '살고도 모른다'. 이것이 중요하다. '모르고 사는 것'은 불안을 자아내는 듯하지만 '살고도 모르는 것'은 오히려 우리를 안도하게 하기 때문이다. 우리는 '우리도 모르는 사이에' 방향이 정해져 있지 않은 삶으로 내던져졌고 이미 '나도 모르게' 모름을 벗하며 살아왔다. 그러니 더 좋은 내가 되어야겠다고, 더욱 열심히 가꾸어야겠다고 하지 않아도 좋다. 그래봤자 더 알게 되는 것은 우리가 살아가면서 닥칠 수많은 모름에 비하면 아무것도 아니다. 순간적으로 반짝거려서 대단해 보일 수도 있지만 참으로 잠깐이다. 그 잠깐보다는 우리 인생이 훨씬 더 길다.

이런 깨달음으로 우리의 삶을 넉넉하게 해줄 성찰들을 몇 가닥 모아보았다. 삶에서 앎 이상으로 모름이 주는 지혜이자 통찰들이다. 아주 오래된 고전으로 거슬러가서 불후의 현자들이 던져준 거창한 '대오각성'을 좇기보다는 우리 시대를 함께 살아가는 사람들의 평범한 삶에서 수시로 발생하는 '시행착오'의 쪼가리들에서 더 많이 추렸다. 많은 경우 '격언'이나 '잠언'이라고 하면 비범한 위인의 큰 깨달음으로 간주되었다. 그러나 그 뿌리는 평범한 삶이었고 그것도 무수한 시행착오를 거쳐 이르게 된 작은 깨달음이었다. 이것이 한편 우리에게 큰 위로를 주기도 하고, 다른 한편 우리 삶에서 실천해봄직할 것이라는 기대를 갖게 해준다. 비범한 위인에게나 어울릴 말씀이라면 우리와 무관할 수밖에 없고 현실적인 가치를 지니지도 않을 것이다.

그런데 현대에 들어서고 나서야 우리는 사람의 삶에 대한 보다 솔직한 통찰을 얻을 수 있게 되었다. 고대나 중세와 같은 전제군주시대나 바로 앞선 근대의 엘리트 시민사회보다 우리 시대인 현대의 대중사회 언어가 우리 삶에 더 맞닿았기 때문이다. 따라서 이른바 '현대의 고전'

이라고 할 만한 것들을 중요한 자료로 삼았다. 때로 같은 출처가 연이 어지기도 하지만 그만큼 중요하고 전율적인 통찰들을 담고 있기에 빠뜨릴 수 없었음을 밝힌다.

*　*　*

시행착오가 끌고 나오는 삶은 지식이 아닌 지혜다. 인간이 추구해온 그 수많은 지혜의 이야기들을 모두 섭렵할 수는 없으니 크게 네 가닥으로 엮었다. 한 가닥마다 스물다섯 꼭지의 성찰을 담았는데 딱히 순서가 있는 것은 아니어서 아무데서나 시작해도 되지만 어느 정도는 자연스럽게 이어지도록 엮었다.

첫째 가닥에서는 우리의 '꼴'을 살핀다. 태어나고 이내 소멸하는 삶의 원리를 따라 우리가 살아가는 모습을 들여다보고자 한다. '내가 삶을 사는 것'이 아니라 '삶이 나를 살아가는 것'이니 그 생리를 보다 구체적으로 드러냄으로써 우리 이야기의 출발점을 더듬는다. 나아가 우리 자신이 어디쯤 있는지 파악하고 스스로 성찰할 수 있도록 안내한다.

둘째 가닥에서는 우리가 삶에서 부딪치는 문제들을 해결하려고 내뻗는 몸짓을 좀 더 깊이 들여다보고자 한다. 삶의 한계를 놓고 씨름하는 우리의 모습이 거꾸로 우리를 만들어가고 있다는 점에 주목한다. 이를 위해 인류의 정신문화사에서 가장 길고 오랜 궤적을 가지고 있는 '종교성'에 대해 살펴보고자 한다. 물론 특정 종교의 교리를 설파하려는 뜻은 조금도 없다. 다만 우리가 몸부림치는 '틀'로서 종교가 지니는 의미를 비판적으로 살펴보고 '종교적 인간'을 탐구하기 위한 출발점으로 삼고자 한다.

앞서 두 가닥에서 살펴본 이야기들이 '진단'에 해당한다면 뒤의 두 가닥은 '처방'이라고 할 수 있다. 셋째 가닥에서는 삶의 지혜를 더듬는 '길'을 살펴본다. 여기서 말하는 '지혜'란 복잡한 삶을 단숨에 꿰뚫는 원리 같은 것이 아니다. 어떤 지혜로운 사람도 그런 지침을 내릴 수는 없다. 우리는 살아가면서 판단하기 어려운 수많은 모순적인 딜레마에 봉착하고 선택을 강요당한다. 심한 경우 양자택일로 내몰리곤 한다. 나아가 그 선택의 갈래가 두 가지 이상으로 불어날 수도 있다. 여기서는 이런 복잡한 현실을 조금 멀리서 더 크게 볼 수 있는 혜안을 도모하고자 한다. 모순을 이루는 어느 하나도 쓸모없는 것이 없으니 이를 싸안고 넘어설 길로 '역설의 통찰'이라는 제목을 붙이고자 한다.

마지막으로 넷째 가닥에서는 우리 삶이 구하는 '얼'을 향하고자 한다. 우리의 삶이 바라고 비는 몸─짓과 마음─씀에 대해 되새겨본다. 간절히 소망하는 바를 비는 행위에는 절규의 몸부림도 있고 환희나 감사도 있을 것이다. 이 모든 행위를 아우르는 표현이 바로 '기도'다. 앞서 살펴본 대로 한계와 씨름하며 뛰어넘으려는 인간의 성정을 '종교성'이라 칭할 수 있다면, 특정 종교에 속하지 않았더라도 우리의 들숨날숨이 하나의 기도이자 몸─짓, 마음─씀이 될 수 있을 것이다. 물론 열심히 기도하자고 강권하는 것은 아니다. 여기서 주목하는 '기도하는 인간'이란 오히려 우리의 몸과 마음에 쉼과 기다림을 주고 절박하고 가난한 우리의 삶에 괜찮다고, 아니 그래서 더 좋다고 쓰다듬어주는 따스한 지혜를 선사하는 인간이다.

앞에서 제기한 문제를 다시 물어보자. 바이러스가 인류를 공포로 몰아넣고 수많은 희생을 자아내고 있는 이 시점에 우리는 과연 어떤 지혜를 추구해야 할까? 이런 현상이 그저 우연으로만 치부할 수 없는 자연의 진통이라면 우리 인간들의 끝없는 탐욕이 얼마나 많은 것들을 부수고 더럽혔는지 되돌아볼 일이다. 사회 여러 방면에서 쏟아지고 있는 문명사적 전환에 대한 진단과 처방을 보면 알 수 있듯 이전과 이후가 달라질 수밖에 없고 달라져야 할 것임에는 분명하다. 그동안 너무 달리고 뛰어 왔다면 이제 조금은 더 천천히 걷고 더 자주 쉬어야 한다. 이것이 우리가 더불어 건강하고 넉넉하게 살아갈 수 있는 길이기 때문이다.

2020년 여름
연세대 무악산 기슭에서
정재현

들어가며 / 인생에 답이 없음을 깨우치는 '물음의 지혜' … 005


1장
**인생의 꼴**
─
나 자신을 돌아보는
'주제 파악'의 시간

"왜 그래?"와 "괜찮아" 사이 … 021

그런대로 산다는 것 … 026

모든 일에는 다 때가 있다 … 029

'나'는 옳고 '남'은 그르다는 우리 … 032

이유는 나에게 있다 … 035

우리는 자신 안에서 스스로를 속인다 … 038

인간은 자기 자신의 주인이 아니다 … 041

인간은 부분도 아니고 파편이다 … 044

무엇을 얼마나 모르는지도 모른다 … 047

편견이 '무지'인 동시에 '폭력'인 이유 … 050

세상은 '원인과 결과'로만 이해할 수 없다 … 053

순수가 오히려 자기를 파괴한다 … 056

'괴로움'이라는 진리 … 059

과연 불만족한 소크라테스가 되고 싶을까? … 062

거친 땅이 오히려 걷기 좋다 … 065

공상적 사랑과 실천적 사랑 … 068

무관심보다 미움이 더 낫다 … 071

돌아보지 않으면 길이 아니다 … 074

'왜 사는가?'라는 물음의 뜻 … 077

썩어 없어지는 가운데 솟아나는 생명 … 080

몸이 몸에서 몸으로 깨달아야 … 083

'우주'라는 이름이 지니는 뜻 … 086

알고 있는 것은 부분일 뿐이다 … 089

물음만으로 충분하다 … 092

어른이 되어 마주한 노을 … 095

## 2장
# 인간의 틀

우리가 한계에 부딪히고
넘어서려는 이유

인간이 '종교적'인 까닭 ··· 101

인간의 실마리는 '몸'에 있다 ··· 104

종교가 아편으로 작동할 때 ··· 107

'구원받았다'는 착각과 강박 ··· 112

자유를 달라고 해놓고 도망치는 인간 ··· 115

우리가 만든 세계에 도리어 포로가 되는 우리 ··· 118

인간을 노예로 만드는 종교 ··· 121

우리가 믿는다고 할 때 과연 무엇을 믿는가? ··· 124

우리는 과연 누구에게 기도하고 있는가? ··· 127

의심 없는 믿음은 죽은 믿음이다 ··· 130

참된 믿음은 '못 믿겠다'는 절규에서 시작된다 ··· 133

미워할 수 없는 신은 신이 아니다 ··· 136

고통은 극복되기보다는 겪어가는 것 ··· 139

성급하게 소유하지 않는 '기다림'의 힘 ··· 142

'무소유'를 소유하려는 유혹 ··· 145

무엇이 먼저인가? ··· 148

'애증'으로부터 비롯되는 더욱 깊은 관계 ··· 151

그림은 한낱 그림이 아니었다 ··· 154

천지는 어질지 않다 ··· 157

문제로 뒤얽힌 삶을 즐기는 법 ··· 160

자연의 벌레소리가 더 신성하다 ··· 163

통계로 추려낼 수 없는 기도의 진심 ··· 166

덩달아 즐거워할 만큼 기뻐하라 ··· 169

종교는 역설이다 ··· 172

자유가 너희를 진리하게 하리라 ··· 175

## 3장
# 지혜의 길

―

### 정답 없는 삶을 내다보는 역설의 통찰

해답이 없다는 것이 해답 … 181

지혜는 '모름'에서 나온다 … 184

손 놓고 잊어버릴 때 문제가 해결된다 … 187

'비움의 쓰임'으로 '채움'이 이루어진다 … 190

죽음은 삶을 몇 배로 사는 비결 … 193

우리는 태어나자마자 충분히 늙어 있다 … 196

영원이 시간으로 들어오는 방법 … 199

우연과 필연은 순간의 차이 … 202

내가 말하는 것이 아니라 말이 말하는 것 … 205

생명을 살리는 위협 … 208

신념이 태만에서 나온 것일 수도 … 211

불합리하기 때문에 믿는다 … 214

최선이라는 폭력 … 217

악마가 오히려 도덕적이다 … 220

약점이 오히려 위대하게 만든다 … 223

뻔한 것을 새롭게 보는 힘 … 226

놓아주는 것이 오히려 해결하는 길 … 229

'다르지 않다'에서 '곧바로 같다'로 … 232

산산수수山山水水를 풀면 … 235

지식이 멈추는 곳에서 지혜가 시작된다 … 238

삶도, 사람도 동사다 … 241

삶이 삶의 이유이고 목적이다 … 244

알 수 없는 뿌리를 묻는 '왜' … 247

따로 또 같이 … 250

밥과 똥은 한 통 속에 있다 … 253

# 4장
# 기도의 얼

## 간절해질 수밖에 없는
## 인간의 몸부림

기도는 종교가 아니라 삶이다 … 261

반기독교인이 말하는 진정한 기도 … 264

배교 현장에서의 처절한 고백 … 267

도덕이나 윤리보다 우선하는 것 … 270

기도는 쏟아버리는 배설구이다 … 273

오히려 잡념이 활력이 되기도 한다 … 276

흥정하고 협박하다가 받아들이기에 이르기까지 … 279

신이 침묵하는 이유 … 282

기도는 쓸모없음이 지닌 가치에 주목하는 것 … 285

하느님이 모든 기도를 들어주시지 않아서 다행이다 … 288

차라리 침묵이 기도가 될 것이다 … 291

신의 이름을 쓰지 않는 것이 더 좋다 … 294

인간이 되는 것, 신의 고난에 동참하는 것 … 297

신의 아들도 인간이었다 … 300

'침묵의 소리'에 귀 기울이기 … 303

기도가 주술이 아니려면 … 306

무신론이 오히려 종교의 참된 요소다 … 309

보이지 않는 동행 … 312

안과 밖에서 함께 쪼는 것 … 315

바꿀 수 없는 것과 바꿀 수 있는 것 … 318

믿음과 희망, 사랑 중에 가장 위대한 것 … 321

인간, 소망이 소망한 것 … 324

종교를 넘어서는 기도 … 327

기도는 알 수 없는 삶에서 할 수 없는 말을 하는 것 … 330

보이는 것이 다가 아니니 … 333

나오며 / 글로 다 마칠 수 없는 삶을 향하여 … 336

참고문헌 … 338

1장

# 인생의 꼴

나 자신을 돌아보는 '주제 파악'의 시간

‧

‧

‧

'주제 파악'이라고 했지만 옷매무새를 고쳐 잡아야 한다는 것은 아니다. 그저 우리가 살아온 삶을 살펴보겠다는 것이다. 물론 삶이 잘못되었다든지 더 열심히 노력해서 개선해보자는 등의 이야기를 하려는 것도 아니다. 이미 살고 있는 삶이 살아지면서 사라지는 꼴을 들여다보자는 뜻이다. 내가 삶을 산다기보다는 삶이 나를 살고 있다는 점에 주목하면서 '주제 파악'이라는 표현을 달아보았다. 생명이란 '태어난 목숨'이기도 하지만 '살라는 명령'이기도 한데 우리는 명령 받은 줄도 모르고 세상에 내던져졌으니 말이다. 던져진 삶이니 운명인가 할 수도 있지만 어디로 튈지 모르는 불안도 있고 때로는 가슴 뛰게 하는 벅찬 순간들도 있을 것이다. 그런 꼴들이 어찌 얽혀가는지 더듬어본다면 삶을 더 맛깔스럽게 살아갈 수 있을 것이다.

# "왜 그래?"와 "괜찮아" 사이

태어나 두 달이 되었을 때 / 아이는 저녁마다 울었다

배고파서도 아니고 어디가 / 아파서도 아니고

아무 이유도 없이 / 해질녘부터 밤까지 꼬박 세 시간


거품 같은 아이가 꺼져버릴까 봐

나는 두 팔로 껴안고 / 집 안을 수없이 돌며 물었다

왜 그래. / 왜 그래. / 왜 그래.

내 눈물이 떨어져 / 아이의 눈물에 섞이기도 했다


그러던 어느 날 / 문득 말해봤다 / 누가 가르쳐준 것도 아닌데

괜찮아. / 괜찮아. / 이제 괜찮아.

거짓말처럼 / 아이의 울음이 그치진 않았지만

누그러진 건 오히려 / 내 울음이었지만, 다만

우연의 일치였겠지만 / 며칠 뒤부터 아이는 저녁 울음을 멈췄다


서른 넘어야 그렇게 알았다

내 안에 당신이 흐느낄 때 / 어떻게 해야 하는지

울부짖는 아이의 얼굴을 들여다보듯 / 짜디짠 거품 같은 눈물을 향해

괜찮아 / 왜 그래, 가 아니라 / 괜찮아. / 이제 괜찮아.

— 한강, 〈괜찮아〉

"왜 그래?" 일상생활에서 아주 쉽게 던지는 질문이다. '왜?'라는 물음은 이유를 묻는 것이지만 '왜 그래?'라는 물음은 이유를 묻기보다는 대체로 못마땅하고 만족스럽지 못하다는 의사를 표현할 때 쓰는 것이다. 사실 물음이라기보다는 불만이고 시비다. 때로는 신경질적인 억양으로, 때로는 아주 설득력 있는 억양으로 나타날 수 있다. 어쨌든 이 말은 물음이라기보다도 더 깊은 뿌리에서부터 흘러나오는 소리다.

생후 두 달된 아기가 까닭 없이 울고 있다. 많은 엄마들이 겪어왔고 지금도 겪고 있는 상황이다. 아주 익숙해서 특별히 주목할 만한 것도 없어 보인다. 그러나 "배가 고파서도 아니고 어디가 아파서도 아니"라는 엄마의 판단도 있거니와 참으로 중요한 것은 아이의 울음에 이유가 없어 보인다는 점이다. 그런데 이유가 없어 보이는 울음을 아기만 울까? 성인도 그런 울음을 울 수 있다. 아니 울고 있다. 자신도 그 이유를 알지

못하지만 저절로 눈물이 나거나 실컷 울고 싶을 때가 분명히 있다.

이유를 모를 뿐 이유가 없지는 않을 것이다. 그것은 아기도 마찬가지다. 엄마가 보기에는 배고픈 것도 아니고 아픈 것도 아니니 달리 울이유가 없어 보이지만 아기에게 이유가 없지는 않을 것이다. 다만 모를 뿐이다. 엄마만 모르는 것이 아니라 아기도 모를 수 있다. 엄마와 아기만 모르는 것이 아니라 우리도 모를 수 있다. 울고 싶은 순간이 올 때 그이유를 확실하게 다 알 수는 없다. 그러나 울고 싶다. 그럴 때는 울어도좋다. 아니 시원하게 울어야 한다.

그런데 우리는 '아무 때나 울어서는 안 된다'는 것을 학습 받은 이후 울음을 잊어버렸다. 이것이 더 슬픈 일이다. 울음이 즐거운 것은 아니지만 울음을 잃어버린 것은 더욱 슬픈 일이다. 그렇게 슬퍼도 울지않는다면, 아니 울지 못한다면, 이것이야말로 우리의 아픔이자 비극일지도 모른다.

아픈 사람에게 "왜 그래?"라고 묻는 것은 상처에다가 또 칼을 들이대는 일이다. 그러니 답을 얻을 수도 없을 뿐만 아니라 답도 없다. 그러던 어느 날 문득, 고쳐 말했다. "누가 가르쳐준 것도 아닌데" 말이다. 아니, 사실 누가 가르쳐준다고 그렇게 고쳐 말할 수나 있을까? 참으로 이것은 '문득' 고치는 일이다. '가르침 없이'라는 말에는 지식을 추가하거나 확장하지 않는다는 뜻이 있다. 앎을 늘려서 고친 것이 아니라 삶의 켜가 쌓이면서 문득 튀어 오른 깨달음이다. 누가 따로 가르쳐준 것이 아니라 삶이 깨닫게 해준 것이다. 앎은 이유를 더 캐물으려 하지만삶은 이유를 몰라도 모른 채로 받아들이도록 우리를 이끌고 간다.

그래서 "왜 그래?"에서 "괜찮아!"로 넘어간다. 문득 슬며시 넘어간다. 물음표에서 느낌표로 넘어간다. 내가 삶을 받아들인다기보다는 삶이 나를 받아들이는 것이다. 삶이란 그런 것이다. 내가 삶을 사는 것이 아니라 삶이 나를 살기 때문이다. "괜찮아"라고 했더니 오히려 내 울음을 멈출 수 있었다. 그랬더니 아기도 울음을 그쳤다. '우연'이라고 했지만 우연만은 아니다. 엄마의 울음이 아기를 더욱 크고 길게 울도록 만들었을 것이기 때문이다. 엄마의 울음이 멈추니 아기도 울음을 그칠 수 있었다.

그리고는 "내 안에 당신이 흐느낄 때 어떻게 해야 하는지"도 깨닫게 되었다고 고백한다. 아니, 사실 어떻게 해야 하는지보다 중요한 것은 내 안에서 누군가가 흐느끼고 있다는 것을 발견해내는 일이다. 물론 나의 울음을 우는 것이지만 내 울음만 소중한 것이 아니라 누군가의 울음을 내 안에서 듣고 느낄 수 있다는 것이 중요하다. 억지로 울음을 멈추려고 하는 것이 아니라 스스로에게 "괜찮아"라고 다독였더니 오히려 다른 사람의 흐느낌에 귀 기울일 수 있게 되었다. 함께 울고, 더불어 살 수 있게 된 것이다.

"괜찮아"야말로 이렇게 더불어 살게 해주는 지혜인 듯하다. 그러나 "괜찮아"는 그냥 하늘에서 뚝 떨어지는 값싼 '방임'은 아니다. 무수한 "왜 그래?"라는 시비의 씨름과 시행착오를 거친 것이다. 그러니 사실 "왜 그래?"도 나쁘기만 한 것은 아니다. 바로 "괜찮아"로 도망간다면 사실 괜찮아지지 않을 것이다. 이래서 "왜 그래?"는 중요하다. 다만 그것이 끝이 아니라는 것이다. 대답이 있을 수 없음을 발견하게 되는 지점에서 "괜찮아"라는 말이 내게로 들어온다. 내가 '내뱉는 말'이 아니라 나에게로 '들어온 말'이다. 그래야 진정으로 괜찮을 것이기 때문이다. 내가 마구 내뱉은 "괜찮아"는 기만일 수밖에 없다. "괜찮아"가 자기기만이 되지 않기 위해서라도 "왜 그래?"의 씨름은 중요하다. 그리고 나서 자연스럽게 "왜 그래?"에서 "괜찮아"로 넘어가는 것이다, 문득.

# 그런대로
# 산다는 것

'인간의 타락'이라는 성경의 신화는 금지된 진리를 담고 있다. 지식은 우리를 자유롭게 해주지 않는다는 진리 말이다. 지식이 발달해도 우리는 늘 그 상태 그대로 있을 것이고, 모든 종류의 약점에서 여전히 벗어나지 못하고 있을 것이다. … '그럼 우리는 어떻게 살아야 하느냐'라는 질문이 나올 법하다. 그런데 이 질문은, 인간이 스스로 세계를 다시 만들어낼 수 있는 힘이 있다고 믿어야만 잘 살 수 있는 존재라고 가정하고 있다. 하지만 지구상에 살던 사람들 대부분은 그렇게 믿지 않았고 그럼에도 꽤 많은 사람들이 그런대로 살아왔다.

존 그레이John Gray, 《하찮은 인간, 호모 라피엔스》

어찌 보면 인간을 과소평가하는 것 같기도 하고, 달리 보면 마음을 아주 편안하게 해주는 것 같기도 하다. 물론 우리는 살면서 '어떻게 살아야 하는가?'라는 물음을 참으로 많이 묻는다. 인류의 정신문화사는 사실 이 물음으로 응집되면서 그 해답을 찾아온 역사라고 해도 과언이 아니다. 종교와 도덕은 말할 것도 없고 정치와 경제 등 사회의 체제와 이념들도 모두 이를 둘러싸고 해결을 시도한 대답들에 해당할 것이다. 문화라는 것도 그저 '배부르고 등 따스한 짓거리'라기보다는 삶의 길에 대한 몸짓이라고 할 수 있다. 이렇게 본다면 이 물음은 결코 적지 않은 의미를 지니고 인류 역사에 중요한 역할을 해온 것이 사실이다.

그런데 철학자 존 그레이는 질문 자체가 잘못된 가정을 하고 있다고 비판한다. 그 질문에 대한 대답이 없어도 별로 문제될 것이 없다고 이야기하는 듯하다. 심지어 '어떻게 살아야 하는가?'에 대한 대답 없이도 인간은 '그런대로 살아왔다'고 배짱을 부리는 듯하다. 그가 말하는 잘못된 가정이란 '인간이 세계를 스스로 만들어낼 수 있는 힘이 있다'는 것이다.

사실 서구 역사에서는 이런 가정이 맹위를 떨치던 시절이 있었다. 인간이 자의식을 갖기 시작한 고대를 기점으로 정신문화의 역사를 거슬러 살펴본다면 대략 고·중세의 2,000년을 보내고 이르게 된 '근대'가 바로 그런 시절이었다. 물론 과학 덕분이었는데 과학은 인간을 신의 자리로 올려놓을 것만 같았다. 세계를 구성할 뿐 아니라 지배하는 '잘난 주체'로서의 인간이었다.

그러나 과학은 인간보다도 훨씬 더 겸손했다. 인간이 경거망동하는 사이에 과학은 더 발전하면서도 자신의 한계에 대해 자수하기까지 했다. 지식이 우리를 자유롭게 해주지 않는다는 통찰은 성서뿐 아니라 과학도 말해주고 있다. 더 알게 된다고 더 자유로워지지 않는다는 것은 문명의 발달로 더 행복해지지 않는다는 사실에서도 확인된다. 현대는 그렇게 시작했다. 세계를 만들 수 있다고 생각했던 '세계 구성적 자아'로부터 '내던져진 실존'으로 추락하는 '대전환'이었다. 그런 눈으로 되돌아보니 우리 인간은 훨씬 이전부터 자연에 의해 만들어졌고 자연을 따라 자연으로 내던져져 살아왔다는 것을 깨닫게 되었다.

물론 '어떻게 살아야 하는가?'라는 물음이 부질없다는 것은 결코 아니다. 다만 이 물음이 우리를 오도할 가능성, 즉 우리가 우리 삶을 어떻게 해볼 수 있다거나 심지어 우리가 세계를 원하는 대로 주무를 수 있다는 근대적 착각으로 되돌릴 소지에 대해서는 좀 더 주의를 기울일 필요가 있다. 오히려 근대의 잘못된 전제를 거두어내고 비판적 성찰을 유도해낼 수 있다면, 이 물음이 우리 삶에 기여하는 바는 실로 지대하다고 하겠다. 그렇게 된다면 인간과 세계가 서로에게 속하며 서로를 만들어간다는, 보다 현실에 정직한 자화상과 세계상을 도모할 수 있을 것이다. 아울러 보다 덜 잘났기에 보다 더 편안하고 더 자유로운 삶을 살 수 있을 것이다. '그런대로 산다는 것'은 바로 이러한 깨달음일 것이다.

# 모든 일에는
# 다 때가 있다

모든 일에는 다 때가 있다. 세상에서 일어나는 일마다 알맞은 때가 있다.

태어날 때가 있고, 죽을 때가 있다. 심을 때가 있고, 뽑을 때가 있다.

죽일 때가 있고, 살릴 때가 있다. 허물 때가 있고, 세울 때가 있다.

울 때가 있고, 웃을 때가 있다. 통곡할 때가 있고, 기뻐 춤출 때가 있다. …

말하지 않을 때가 있고, 말할 때가 있다.

사랑할 때가 있고, 미워할 때가 있다. 전쟁을 치를 때가 있고, 평화를 누릴 때

가 있다.

《구약성서》새번역, 〈전도서〉 3:1~8

　　성서에 관심이 없다는 사람들에게도 널리 알려진 구절이다. "모
든 일에는 다 때가 있다"는 말에는 우리가 시간 '안에' 살 뿐 아니라 시

간'으로' 살고 있으며 더 근본적으로는 시간'을' 살고 있다는 통찰이 담겨 있다. 먼저 이것에 주목해보자.

시간은 단순히 우리가 살고 있는 '배경'이 아니다. 문법책에 나오는 용어로 표현한다면 시간은 그저 '부대상황'이 아니다. 문법적으로 시간은 주어와 술어에 보조적으로 붙는 것이니 이것 없이도 주술관계는 여전히 성립하는 것처럼 보인다. 그러나 '시간time'이라는 명사는 앞에 전치사나 뒤에 조사를 붙여 부사구로 만들 수 있지만, 삶은 시간을 목적어로 취해야만 성립 가능하다. '산다live'는 자동사는 이제 의미로 볼 때 문법을 파괴할 정도로 타동사가 된다. 시간 뿐 아니라 이와 뗄 수 없는 공간도 우리와 살고 있으며 그래서 시간과 공간이 함께 우리 삶을 만들어간다. 우리 삶은 그렇게 '때'와 '곳'으로 만들어지고 있으니 그것이 바로 우리 자신의 정체성이다. 따라서 우리는 '불변하는 정체성'이 아니라 끊임없이 변화하는 '비동일적 정체성'이다. 돌이킬 수 없는 일회적인 순간이 속절없이 지나가는 것이 인생인 듯하다. 그러다가 어느 순간 턱, 하니 멈춘다.

그렇게 멈추는 순간들은 가지각색이다. 아니 서로 충돌하기가 다반사다. 시간의 요술인지 심술인지 우리 삶이 바로 이것 때문에 천당과 지옥을 오르락내리락한다. 날 때가 있으면 죽을 때가 있고, 울 때가 있으면 웃을 때가 있다. 물론 우리가 이를 모르지 않는다. 그런데 우리는 울 때, 슬플 때, 싸울 때, 죽일 때는 세상이 온통 이러한 감정으로 뒤덮인 것처럼 살아간다. 마치 세상이 당장 끝날 듯 울고 슬퍼하며 싸우고 죽인다.

그러나 〈전도서〉의 이 구절은 아무리 하늘이 무너지는 것 같은 상황이라도 그것 역시 그때일 뿐이라고 일러준다. 말하자면 그와는 정반대의 때도 있다는 것을 잊지 말라고 가르쳐준다. 시중에서 회자되는 표현으로, "이 또한 지나가리라"라는 깨우침이다. 물론 우리가 이를 모르지는 않는다. 그런데 우리가 너무나 힘들 때, 아무런 출구가 보이지 않는다고 체념하게 될 때는 이 깨우침이 쉽게 눈에 들어오지 않는다. 그러나 결코 그렇지 않다는 선지자의 통찰을 평소에 앞당겨 새겨둔다면 '출구 없음'의 때를 넘어서 그 바깥을 보는 지혜를 얻을 수 있지 않을까 싶다.

선지자는 다시 강조한다. "찾아나설 때가 있고, 포기할 때가 있다. 간직할 때가 있고, 버릴 때가 있다. 찢을 때가 있고, 꿰맬 때가 있다." 여기에는 단순히 '무언가를 얻고 있을 때, 잃을 때를 대비하라'는 메시지만 있는 것이 아니다. 이미 잃고 있을 때에도 얻을 때에 대한 기대와 희망을 놓지 말라는 권고이기도 하다. 물론 이것이 말처럼 쉽지 않다. 절망의 나락으로 한없이 추락하는 상황에서 희망을 찾기란 쉽지 않다. 그러나 희망을 찾지 못한다고 해서 절망이 전부가 아님을 기억해두는 것만으로도 충분한 의미가 있지 않을까 싶다. '때'라는 것은 내가 어찌해볼 수 있다는 통제를 넘어서 움직이는 힘을 지니고 있으니 말이다. 어디로 흘러갈지 모르는 우리네 삶이 바로 그 증거다.

# '나'는 옳고
# '남'은 그르다는 우리

'자기중심주의자'라는 말을 듣는 사람들 중에는 자아에 대해 고민하는 사람이 적고 '자기중심주의자'라는 말을 듣지 않는 사람들 중에 오히려 자아에 대해 고민하는 사람이 많다는 것은 흥미로운 일입니다. '자기중심주의자'라는 말을 듣는 사람들은 사람에 대해 별로 생각하지 않지만 '자아'에 대해 고민하는 사람은 대개 '타자'의 문제에 대해서도 고민하기 때문이겠지요.

강상중,《고민하는 힘》

당연하지만, '자아'는 '타자'와 대조를 이룬다. 그런데 자아는 타자에게 대상적이거나 상대적인 관계에 있다. '대상'과 '상대'의 어휘를 한글로 살펴보면 서로 음절의 위치만 바꾼 모양새지만, 한자로 살펴보면 매우 극명한 차이를 확인할 수 있다.

먼저 대상對象이란 '마주하여 잡아낸 모양'이다. 그런데 마주하여 잡아내는 행위도 주체가 하는 일이고 그 모양도 주체 안에 들어 있다. 우리가 무엇을 본다고 할 때, 시각 행위를 통해 맺힌 상은 우리의 망막 안에 자리 잡힌다. 그러한 과정이 없이는 어떤 것이 있어도 확인해볼 길이 없다. 결국 대상은 주체의 손아귀 안에 들어와 있다.

그러나 상대相對는 '서로 마주함'을 가리킨다. 서로 다른 주체들이 만나서 얼굴을 바라보고 있는 것이다. 한 주체의 일방적인 손아귀에 들어갈 수도 없고 그래서도 안 된다. 어떻게 나타날지 모르는 긴장을 서로 싸안은, 불안하기도 하고 불편하기도 한, 전혀 다른 주체들 사이의 만남이다. 사실 우리는 누군가를 '대상화'하기에 더 익숙하고, '상대'하기는 꺼린다.

상황이 이렇다 보니 자아는 자동적으로, 본능적으로, 그리고 욕망이 시키는 대로 자신을 둘러싼 모든 것들을 대상으로 보는 주체의 방식에 지배된다. 타자를 타자로 두지 않고 자기화하는 것이 자아의 대체적인 모습이다. 그러지 않고서는 견딜 수 없는 것이 우리들이 살아가는 모습이자 인간관계를 맺는 모습이다. 자기중심주의는 다른 사람은 몰라도 "나만은 아니"라고 발뺌하거나 빠져나갈 수 있는 문제가 아니다.

사람들을 온갖 범주로 나누는 기준과 분류를 살펴보자. 정치적으로 지배자와 피지배자, 경제적으로 가진 자와 못 가진 자, 사회적으로 다양한 인종이나 계층 등 무수한 분류들이 있다. 그러나 이 모든 분류에 앞서 가장 먼저 자리 잡고 있는 분류가 바로 '자기와 타자'다. 세상의 온갖 분류에는 통계적이고 객관적인 기준만 있는 것이 아니라 무엇인가 주장하기 위한 전제가 있다. 바로 '자기'가 어느 부류에 속해 있는가를 따지고 싶어 하는 것이다. '가진 자'와 자기를 동일시하면 세상을 가진 자의 관점으로 보고 살아간다. 그 반대의 경우도 마찬가지다. 결국 자기가 어디에 속해 있는가에 따라 살아가는 이치와 표방하는 진리가 각양각색으로 달라진다. 아니, 아예 세계관이 다르다. 그러므로 '자기와 타자'는 모든 판단과 주장의 전제일 뿐 아니라 또한 결론이기도 하다. '자기'는 우리 삶에서 결정적인 기준이자 근거로 자리 잡혀 있다.

　'자기와 타자'의 관계는 '같음과 다름'의 대립이고 결국 '옳음과 그름'이라는 판단의 기준으로 작동한다. 자기와 같으면 '옳음'이고 자기와 다르면 '그름' 또는 '틀림'이다. 타자는 그냥 다르고 마는 것이 아니라 '틀림'이라는 것이다. '자기'는 이처럼 우선은 매우 자기중심적이다. '다르다'는 말과 '틀리다'는 말을 같은 뜻으로 무의식적으로 뒤바꾸어 쓰는 일상 용법도 이러한 자기중심적인 사고방식을 나타내는 증거라 하겠다. 스스로에게 묻지 않는다면 언제나 자기중심주의는 확고한 진리인양 자신에게 깔려 있을 것이다.  그런데 여기에 의문을 갖게 되면, 즉 '내가 언제나 같고, 더 나아가 과연 언제나 옳은가'를 되묻게 되면 그때 타자가 눈에 들어온다. 자기중심주의를 넘어설 길이 열리게 된다.

# 이유는
# 나에게 있다

적을 말살하고 싶은가? 진심인가? 진정 상대를 파멸시키는 것이 좋겠는가?
적은 말살될지도 모른다. 그러나 그로 인해 적이 당신 안에서 영원한 것이 되
어 버리지는 않을지 곰곰이 생각해 보았는가?

프리드리히 니체Friedrich Nietzsche, 《서광》

'적'은 우리가 살아가는 현실에서 나에게 방해가 되거나 손해를 끼
치는 사람을 가리킨다. 또는 그러한 조건이나 상황이 될 수도 있겠다.
그런데 니체는 적을 파멸시키는 것이 과연 능사인가를 되묻는다. 눈앞
에서 파멸시켰는데도 완전히 없앤 것이 아닐 수도 있다는 것이다. 설령
눈앞에서 사라졌다고 해도 적은 오히려 내 안에서 영원히 버티고 서 있
을 수 있다. 흔치는 않아도 이런 경우가 종종 있다. 적에 대한 증오심이

나를 지배하는 경우 말이다. 그렇다면 파멸시키려는 마음 자체를 버리는 것이 더 현명한 길일 수도 있다. 결국 관건은 적이 아니라 '나 자신'이다. 나 자신에게서 이유가 해소되지 않는다면 문제는 여전히 마찬가지기 때문이다.

같은 이야기인데 각도를 좀 달리 해보자. 간절히 원하는 것을 갖게되었지만 익숙해지다가 이내 싫증을 느끼는 경우다. 다음은 니체가 저서 《즐거운 지식》에서 한 말이다.

"좀처럼 간단히 손에 넣을 수 없는 것일수록 간절히 원하는 법이다. 그러나 일단 자신의 것이 되고 얼마간의 시간이 흐르면 쓸데없는 것인 양 느껴지기 시작한다. 그것이 사물이든 인간이든 마찬가지다. 이미 손에 넣어 익숙해졌기에 싫증이 난다. 그러나 그것은 자기 자신에게 싫증나 있는 것이다. 손에 넣은 것이 자기 안에서 변하지 않기에 질린다. 즉 대상에 대한 자신의 마음이 그대로 변하지 않기 때문에 흥미를 잃는다. 결국 계속해서 성장하지 않는 사람일수록 쉽게 싫증을 느낀다. 오히려 인간으로서 끊임없이 성장하는 사람은 계속적으로 변화하기에 똑같은 사물을 가지고 있어도 싫증을 느끼지 않는다."

인간의 마음은 참으로 오묘하다. 보다 넓고 큰 새 집으로 입주하면 기분이 좋다. 날마다 행복할 것만 같다. 그러나 몇 개월 지나면 그런 느낌은 다 사라진다고 한다. 새 차를 사면 처음에는 날아갈 것 같다. 그런데 몇 달 지나지 않아 어느덧 새 차를 샀다는 느낌조차 기억나지 않는다. 사람도 다르지 않다. 죽고 못 살 것 같아 매일 함께 있고 싶다며 연애 끝에 결혼에 도달했는데 이 역시 몇 년도 못 가서 생동감이 사라진다. 이것도 옛말이라 요즘은 몇 개월이라고 하는 사람들도 있다. 세상이 너무 빨리 변하니 햇수로 계산하는 것은 까마득한 시간으로 느껴지는지도 모르겠다. 익숙해지면 좋을 것 같은데 왜 이렇게 싫증을 느끼게 될까?

익숙함이란 참으로 오묘한 것이다. 우리는 일상생활에서는 익숙함을 찾는다. 그것이 편안함과 편리함을 가져다주기 때문이다. 하지만 이면에서는 싫증이 느껴지기도 한다. 하나는 좋은 것이고 다른 하나는 나쁜 것이다. 이는 원하는 것을 달성하기보다 그것에 익숙해져서 흥미를 잃어버린 자기 자신에게 느끼는 싫증일 수 있다. 바뀌지 않는 나 자신이 싫어지는 것이다. 결국 자기 자신이 문제의 근원이다. 니체는 심지어 똑같은 사물이라 하더라도 나 자신이 바뀌면 보는 관점이 달라지니 그것에 대해 싫증을 느낄 새가 없다고 이야기한다. 내가 달라지면 곧 그것도 달라진다. 그럴 수 있으면 좋겠다.

# 우리는 자신 안에서
# 스스로를 속인다

보통 우리가 안에서 밖을 대할 때 우리는 자기 자신의 근본에 있으며 자기 자신에 접하고 있다고 생각한다. 자아의식이 바로 그것이다. 그러나 밖에 대한 안으로서, 즉 밖과의 관계에서 파악되는 자기중심적인 자기는 사물에서 유리되어 자기 자신 안에만 갇혀 있는 자기이며, 항상 자기의 의식에 가리어진 자기이다.

니시타니 게이이치西谷啓治,《종교란 무엇인가》

'가청주파수'라는 것이 있다. 우리가 들을 수 있는 소리의 주파수를 말하는데 이는 20~2만 헤르츠라고 한다. 지구가 자전하는 소리를 들을 수 있을까? 만일 이 소리가 들린다면 다른 소리들은 너무 작아 들을 수 없을 것이다. 저 멀리까지 시야가 넓어진다면 좋을 수도 있지만 불필요한 것들이 밀고 들어와 더 불편할 수도 있다. 어쩌면 지금 우리 삶의 조건은 모든 것이 필요한 대로 적절하게 맞춰져 있는지도 모른다.

그런데 우리는 적절한 조건과 범위에 에워싸여 있다는 사실을 의식하지 못한다. 그러다 보니 들리는 것은 그 자체의 소리이고 보이는 것은 바로 그 자체의 모양이라고 판단된다. 사실 고막에서 일어난 진동이고 망막에 맺힌 모양일 뿐인데 말이다. 우리는 신체의 껍질인 망막이나 고막에 와서 달라붙은 것만을 감지할 수 있을 따름이다. 물론 그것이 껍질에만 머무르지는 않는다. 망막에 맺힌 모양은 시신경전달구조를 거쳐 뇌에 이르러 이리저리 판단된다. 고막에 맺힌 진동도 마찬가지다. 세상과 접촉하는 우리 몸의 막에 잡힌 모양은 안으로 빨려 들어가 새겨지고 추려진다. 그런데 그런 사실을 모르면 내가 보는 것이 '바로 그것'이라고 눈을 부라리고, 내가 들은 것이 '바로 그것'이라고 목청을 돋운다. 그렇게 해서 자기 자신이 기준이라 주장한다. 문제는 자신의 한계를 깨닫지 못하는 데 있다.

그런데 나 자신에게는 더 깊은 문제가 도사리고 있다. 한계만 발견하면 해결될 수 있는 성질의 것이 아니다. 있는 그대로, 껍질에 새겨진 대로 추리는 것이 아니다. 자신이 추리고 싶은 대로 추린다. 보고 싶은 것만 골라 보고 듣고 싶은 것만 골라 듣는다. 그래서 종교철학자 니시타니는 이어서 다음과 같이 말한다.

"'나는 생각한다'가 '나는 생각한다'의 입장에서부터 생각된 것이기 때문에 그러한 자아는 자기 자신 속에 폐쇄된 자기의 존재방식에 불과한 것이다. … 이렇게 자아는 자기 자신의 근원을 알 수 없게 된다. 그래서 그 명백성이 자기에게는 하나의 기만이나 허위가 된다."

내가 처한 상황이 나 자신에게서 비롯된 것인데도 깨닫지 못해서 사물이나 상황 때문인 줄로 잘못 알게 된다. 자신이 자신을 속일 수도 있다는 것이다. 그런데도 자기의 문제를 알지 못한다. 자기중심성이 급기야 자기기만에 이르게 된다. 자가당착의 극치다. 이렇게 해서라도 희희낙락하면서 즐거이 지낼 수 있다면 오히려 괜찮을지 모른다. 하지만 이런 즐거움은 그리 오래가지 못한다. 혼자서만 산다면 모를까 현실에서는 부득이하게 다름을 만나고 부딪치며 살 수밖에 없기 때문이다. 그때는 자신과 세계에 대한 허상이 드러나기 마련이다.

그러니 남만 탓하고 있을 수만은 없다. 자신이 상황을 만들었다는 것을 정직하게 직시하고 받아들이면 문제는 해결된다. 그러면 무너진 허상 위에 남들도 함께 뒹구는 세상이 새롭게 펼쳐질 수 있을 것이다. 문제가 자신이었으니 해결도 쉬워 보인다. 그런데 이것이 결코 쉽지 않다. 자기를 바꾸는 일은 곧 자신이 속한 우주를 바꾸는 일이기 때문이다.

# 인간은 자기 자신의
# 주인이 아니다

코페르니쿠스의 우주론 때문에 충격을 입었다. 사람이 사는 터전이 세상의 중
심이라는 나르시시즘의 환상을 허물어뜨렸다. 다음에 다윈은 생물학적으로
충격을 주었다. 사람이 동물 세계와 별개라고 하는 생각에 종지부를 찍었다.
이이서 심리학이 타격을 가했다. 사람은 우주의 주인이 아니고 생명체의 주인
도 아닐 뿐만 아니라 자기 마음의 주인도 아니다.

— 폴 리쾨르Paul Ricoeur,《해석의 갈등》

    서구에서 '근대'라는 시대를 열어준 자연과학은 교황청이 우주의
중심이라는 중세의 세계관을 뒤집었다. 땅은 내가 두 발을 딛고 서 있
을 수 있도록 든든하게 떠받쳐주는 기초였고 하늘은 낮과 밤이 번갈아
가며 나타나니 스스로 움직이는 것이었는데 오히려 정반대였다. 코페

르니쿠스의 전환이었다. 땅이 돌고 있다니? 혼란스러웠다. 사람의 터가 세상의 중심이라는 본능적 자기도취가 붕괴되었다. 저항도 만만치 않았다. 단순히 자연과학의 문제가 아니었다. 중심인 줄 알고 주변을 다스리면서 살아왔는데 우리 자신이 주변일 뿐이라는 발견은 우주의 미아로 내몰리는 듯한 천문학적 충격이었다.

그렇게 근대가 무르익어갈 무렵 이른바 '진화론'이 출현하면서 만물의 영장이었던 인간이 한낱 동물이 되었다. 거대한 생태계의 사슬에서 그저 생성 소멸하는 여러 종들 가운데 하나일 뿐인 것으로 내동댕이쳐졌다. 당연히 저항과 분노를 일으켰다. 특히 기독교계에서는 창조신앙과의 정면충돌을 불사하면서 다윈과 진화론자들에게 맹공을 퍼부었다. '어떻게 사람이 원숭이의 후손인가'라면서 말이다. 이런 오해가 여전히 난무하고 있는 것은 미성숙한 기독교계의 현실을 드러내는 것이기도 하지만, 어쨌든 중요한 것은 인간이 여러 동물들 가운데 하나로 전락했다는 사실이다. 생물학적 충격은 지금도 수습되지 않은 채 여전히 시비와 부정의 대상으로 나타나고 있다.

그러다가 현대에 들어와서는 인간이 더 이상 이성적인 주체가 아니라 모순과 부조리를 겪는 실존으로서 내던져지게 되었다. 자유의지를 근거로 주체적인 인간을 내세웠던 근대인은 두 차례의 세계대전과 대학살 등 가공할 만한 모순과 부조리를 겪으면서 이제는 '무의식'과 '비의지'라는 거대한 뿌리를 파고들게 되었다. 이성적인 주체로서가 아니라 내던져진 실존이 부득이하게 좌충우돌할 수밖에 없는 연유를 조금씩 더듬을 수 있게 되었다. 인간의 정신을 이루는 '의식'이 전부가 아니고 그 아래 무엇인가 거대한 힘이 꿈틀거리고 있음을 발견했다. 정체가 무엇인지 정확히 알 수는 없지만 그 실체를 부정할 순 없으니 '무의식'이라고 불렀다. 수면 아래 빙산이 수면 위의 얼음을 떠받치면서 뒤흔드는 것처럼, 무의식이 오히려 의식을 지배하고 조종하기까지 한다는 것을 발견하고 소스라치게 되었다. 근대를 열어준 과학과 그 동력인 이성을 기치로 내건 인간이 스스로 자유를 행사하는 주체로서 자신을 굳건히 세웠지만, 그 모든 것도 그 아래에 알 수 없는 무의식·비의지에서 비롯된 것임이 폭로된 혁명이었다. 그러면서 인간은 더 이상 자신의 주인이 될 수 없다는 것을 이제는 절실히 깨닫게 되었다.

무슨 종교를 떠올려야만 생각할 수 있는 것이 아니었다. 천문학과 생물학, 정신분석학 등에서의 전환은 명실공히 인간 스스로의 교만과 착각을 깨부수는 정신사적 혁명이었다. 그런데 아직도 자기가 자신의 주인인 줄로 착각하고 있는 부류들이 적지 않다. 자기가 자신의 주인이 아니라는 말이 언뜻 불쾌하게 들릴지도 모르겠다. 그러나 이는 부정할 수 없는 사실일 뿐 아니라 우리를 훨씬 덜 힘들게 해주는 소중한 통찰이다. 어쩔 수 없지만, 아니 그렇기 때문에, 오히려 더 편안해진다. 이좋은 소식을 마다하고 아직도 스스로 모든 것을 다하려고 몸부림친다면 이만저만 안타까운 일이 아닐 수 없다.

# 인간은 부분도 아니고
# 파편이다

인간은 그 자신에게 파편이며 수수께끼입니다. 그가 그 사실을 경험하고 알수록 그는 더욱 참된 인간이 됩니다. 바울은 자신이 난제나 결함이 없는 온전하고 완벽한 진리라고 믿었던 삶과 사상의 체계가 부서지는 것을 경험했습니다. 그 후 그는 자신이 지식과 도덕의 파편들 아래에 묻혀 있음을 알게 되었습니다. 그러나 바울은 그런 파편들로 다시 새롭고 안락한 집을 세우려 하지 않았습니다. 오히려 그는 그런 파편들과 함께 살았습니다. 그는 우리가 그런 파편들을 모아서 다시 무언가를 만들고자 시도할지라도 여전히 파편들로 남아 있으리라는 것을 알았습니다. 그 파편들이 속해 있는 '통일체'는 그것들 너머에 있습니다. 그것은 대면을 통해서가 아니라 희망을 통해 파악됩니다.

— 폴 틸리히Paul Tillich,《흔들리는 터전》

인간은 전체가 아니라 파편이다. 부분이다 못해 파편이다. 부분은 잘 모이면 서로 붙어 전체가 될 수도 있는 데 비해, 파편은 어떻게 해도 전체를 이룰 수는 없다. 부분은 전체를 전제하는 일부지만 파편은 그 자체로 부서져 흩어진 쪼가리니 달리 전체를 떠올릴 수도 없다. 신학자 폴 틸리히는 그렇게 인간이 파편이라고 주장한다.

'정체성identity'을 '동일성identity'에서 끌어냈던 긴 역사가 단지 '동일성의 신화'였을 뿐이었다는 사실이 폭로된 우리 시대에는 '파편으로서의 인간'이 보다 적나라하게 드러났다. 틸리히는 그러한 사실을 겸손하게 받아들이라고 권고한다. 온전한 전체를 회복함으로써가 아니라 파편일 수밖에 없는 현실을 받아들임으로써 삶의 지혜를 도모할 수 있다는 것이다. 눈앞에서 파편들을 모아 전체를 만든답시고 헐떡거리거나 부질없이 자기도취하지 말고 '전체라는 우상'에서 빠져나오라고 이야기한다.

《신약성서》의 서신을 많이 썼던 바울이 좋은 사례가 된다. 그는 당대에 잘 나가던 사람이었다. 유태인으로 태어났지만 당시 강대국인 로마의 시민권을 가지고 있었고 당대 최고 교육기관이었던 가말리엘에서 희랍철학을 공부했다. 서구사상의 양대 산맥이라 칭해지는 유태사상과 희랍사상을 한 몸에 지닌 강대국 시민이었다. 그러니 '난제나 결함이 없는 온전하고 완벽한 진리'를 가지고 있다고 생각했고, 이를 철저히 신봉하여 새로 일어나고 있었던 기독교의 뿌리인 '예수 운동'을 제거하고자 했다.

그랬던 그가 사상의 체계뿐 아니라 삶이 부서지는 경험을 하면서 지식과 도덕이 파편화되는 것을 보았다. 우리도 이런 체험을 하기 전까지는 완벽한 진리에 대한 신념을 갖고 있기 마련이다. 진리를 소유하진 못하더라도 '모름지기 진리는 그러해야 한다'는 신념 말이다. 그런데 격랑의 소용돌이가 언제든 일어날 수 있는 삶에 그런 진리와 신념은 맞닿을 수 없다. 그런 진리가 없다고 할 수 없겠지만 꽤나 동떨어져 있는 것이다. 삶의 충돌하는 갈래들을 겪으면서 완벽한 진리가 얼마나 허상인가를 깨닫게 된다. 그런데 이를 붙잡으려고 하면 부질없는 강박이 된다.

바울은 이를 모범적으로 보여주었다. 완벽한 진리를 구현하고 실천한 사람이 아니라 인간이 파편일 수밖에 없음을 절절하게 깨닫고 파편들과 함께 사는 법을 헤쳐나간 사람으로서 말이다. 그 자신도 '죄인의 괴수'라고 고백하는데 교회는 그를 자꾸 사도와 성인의 반열에 가두려 한다. 그가 스스로를 '죄인의 괴수'라 고백한 것은 파편들로 다시 무엇을 만들려 해도 여전히 파편일 수밖에 없음을 진술하고 겸허하게 받아들인 뜻으로 보인다. 파편을 넘어서는 것은 우리가 만들어내는 것이 아니라 다만 바랄 수 있을 뿐이기 때문이다. '대면이 아니라 희망을 통해서'라는 틸리히의 말은 이를 가리킨다. 보이지 않는다고 안달하지 말자는 것이다.

# 무엇을 얼마나
# 모르는지도 모른다

바라건대 너 자신을 꼼꼼히 살펴보고 알게 되기까지는 우리에게서 멀리 떨어져 있고 본질도 가지각색인, 해와 달을 비롯해 하늘과 세계에 있는 많은 것들에 대해 공허한 이야기를 지어내지 마라. 너 자신이 누구인지를 스스로 밝혀낸 다음 네가 다른 것들에 대해 이야기하면 아마도 우리는 너를 믿을 수 있을 것이다. 그러나 그러기 전까지는 자신이 다른 일들에서 심판관이나 신뢰할 만한 증인의 구실을 할 수 있다고 생각하지 마라.

에른스트 프리드리히 슈마허E. F. Schumacher, 《당혹한 이들을 위한 안내서》

기원전 1세기 말에 살았던 알렉산드리아의 주다이우스Philo Judaeus(필론)는 이렇게 말했다. "우주와 세계를 운운하면서 온 세상을 다 안다는 듯이 이야기하는 것은 공허하다"고 말이다. 물론 그 자체로 공허하지는 않을 것이다. 다만 그렇게 말하는 자기 자신에 대해 먼저 주제 파악을 하고서 그다음에 세상에 대해 한마디 하라고 한다. 여기서 순서가 중요하다. 세상에 대해 이러쿵저러쿵하다가 문득 자기변명을 하듯이 밝히는 것은 뒤집힌 순서라는 뜻이다.

왜 그럴까? 세상에 대한 온갖 이야기들이 언제나 거기에 그렇게 있는 것이 아니라 지금 여기에 살고 있는 나 자신에게 비추어진 것들이기 때문이다. 좀 더 솔직히 말하면 그저 내가 보는 대로의 세상일 뿐이기 때문이다. 더 심하게 말하자면 '보고 싶은 대로 보는 세상'이다. 아는 만큼 보이기도 하지만 보고 싶은 것만 골라서 보기도 한다. 그러니 '아는 만큼'과 '보고 싶은 대로'의 주인공인 '나'를 먼저 자수하라는 것이다.

경제학자이자 사상가 에른슈트 슈마허 역시 나 자신이 누구인지 먼저 밝혀내라고 했다. 내가 세상을 보는 눈이 가로, 세로, 높이의 좌표에서 영점 조준이 되어 있지 않기 때문이다. 그런데 우리는 이를 깨닫지 못하기 때문에 언제 어디서나 자기는 '가로0-세로0-높이0'에 자리 잡고 있다고 간주한다. 착각에 기초해서 바로 세상에 대한 이야기로 뛰어들어 이러저러하다고 말한다. 그것이 틀린 이야기는 아니더라도 우리는 특정한 각도에서, 더 나아가 뒤틀린 통로로 세상을 볼 수밖에 없다. 영점으로 조준되지 않았으니 좌표부터 먼저 신고하는 것이 기본 자세일 것이다.

물론 영점 조준은 현실적으로 가능하지 않다. 지금 여기가 영점일 리가 없고 무수한 '때'와 '곳'이 나를 만들고 있기 때문이다. 당연히 가능하지도 않은 영점으로 되돌리자는 것도 아니다. 내가 파악한 영점이 기준일 수 없다는 것을 진솔하게 받아들이라는 것이다. 현재의 위치나 각도, 거리 등을 담은 좌표를 밝혀내는 일도 물론 깔끔하게 처리되기는 힘들겠지만 적어도 내가 기준점에 있지 않다는 것을 분명하게 드러내 준다는 데 더 큰 의미가 있다.

자신을 안다는 것은 그런 뜻이다. 일찍이 소크라테스가 델포이 신전에 새겨진 문구에서 따온 "네 자신을 알라"는 격언은 자기 성찰의 중요성을 일깨워준다. 소크라테스가 다른 현자들과의 대화에서 한 말, "당신들이나 나나 모르기는 마찬가지지만, 그대들은 모른다는 것을 모르는 데 비해 나는 모른다는 것을 안다"고 한 것은 자기를 알기 시작하는 지름길이다.

그러나 우리는 여기서 한 걸음 더 나아가고자 한다. 바로 모른다는 것을 알 뿐만 아니라 '얼마나 모르는지를 모른다'는 사실이다. '모름의 앎'을 넘어 '모름의 모름'까지 가야 우리는 우리 자신의 주제 파악을 시작할 수 있을 것이다. 우리가 살고 있는 세상은 물론이고 우리 자신도 우리에게 그렇다. 무엇을 더 알아야만 한다고 안달복달하고만 있을 일은 아니다. 또한 모른다고 안타까워만 할 일도 아니다. 얼마나 모르는지도 모르기 때문이다.

# 편견이 '무지'인 동시에
# '폭력'인 이유

사람은 누구나 자기의 지식으로 알 수 있는 것만을 존중하며, 자기가 좋아하는 것은 신기해하고 싫어하는 것은 낡았다고 여긴다. 그러나 신기한 것이 변해 낡은 것이 되고 낡은 것이 다시 변해 신기한 것이 된다. 편견은 무지의 결과이며 인간의 편견보다 더 강한 것은 없다. 편견을 버리는 것은 언제라도 늦지 않다.

헨리 데이비드 소로Henry David Thoreau,《구도자에게 보낸 편지》

존중하는 것, 좋아하는 것, 신기해하는 것도 내가 하는 일이고 싫어하는 것도 내가 하는 일이다. 당연하다. 그러면서 자연스럽게 '나 자신'이 기준이 된다. 일상생활에서 이런 방식과 태도로 살지 않는 사람이 있을까? 그런데 이것이 잘못된 것인가? 무엇이 문제인가? 여기서 벗어

날 다른 방법이 있을까? 설령 있다고 해도 그것이 이전보다 더 좋다고
할 수 있을까?

물론 우리가 이미 살아오고 있는 방식이 그 자체로서 무조건 나쁘
다고 할 수는 없다. 그런데 문제는 그것이 편견의 결과일 수 있다는 데
있다. 편견에는 두 가지 중요한 특징이 있다. 하나는 '무지의 결과'라는
것이고 다른 하나는 '아주 강하다'는 것이다. 알지 못하는 것이 다른 어
떤 것보다 강력한 힘을 발휘한다.

'무지'와 '최강'은 언뜻 보면 모순된 특성이다. 제대로 알지 못하는
것이라면 단호하게 주장하거나 강하게 내세울 수 없을 것으로 여겨진
다. 주장에 근거가 없으니 힘을 잃을 수밖에 없다고 대부분 생각한다.
그런데 사상가 헨리 데이비드 소로는 편견이 가장 강하다고 했다. 편견
이 강한 힘을 발휘할 수 있는 이유는 그것이 바로 '무지'이기 때문이라
는 것이다. 겉으로 보면 무지와 최강은 전혀 다른 특성으로 보이지만
이 둘은 사람 안에 함께 얽혀 있다. 무지에도 불구하고 아니 바로 무지
이기 때문에 최강이다. 그리고 무지와 최강을 함께 얽는 것은 우리 자
신이다.

왜 편견은 무지일까? 자신이 아는 한에서는 낡은 것이 곧 낡은 것
이고, 신기한 것이 곧 신기한 것이다. 그런데 세상은 그렇지 않다. 낡은
것이 변해 신기한 것이 되고, 신기한 것이 변해 낡은 것이 된다. 그런데
자신이 아는 것만 존중하니 '무지'가 된다. 세상은 우리가 알고 있는 대
로만 움직여주지 않기 때문이다.

신기한 것이 낡은 것이 되는 것이야 시간이 지나면서 자연스럽게

일어나는 현상이고 피할 수 없는 것이다. 그런데 반대로, 낡은 것이 변해 신기한 것이 되기도 한다. 이것이 세상이 움직이는 원리이고 방식이다. 생명의 원리가 그렇다. 생태계뿐 아니라 존재하는 모든 것들이 생성과 소멸, 소멸과 생성의 순환 가운데 오르락내리락하고 있다. 그런데 이 거대한 순환 운동의 지극히 짧은 순간만을 살다가 가는 우리는 그것이 전부인 줄로만 착각한다. 자기 자신이 중심이 되어 살고 있기 때문이다. 그래서 무지야말로 최강이다.

자기중심적인 사고는 자기가 알 수 있는 것만 존중한다는 것이고 이는 사실 자신만을 존중하는 것에 불과하다. 그러한 자기 존중은 계속해서 유지될 수 있는 성질의 것이 아니다. 편견이 일으키는 자가당착이기 때문이다. 편견은 자가당착에 빠지게 할뿐 아니라 생성 소멸의 순환을 거부하는 폭력이 된다.

소로는 "편견을 버리는 것은 언제라도 늦지 않다"고 했다. 그러나 편견을 버리는 것은 언제나 어렵다. 뿌리가 '자기'이기 때문이다. 그렇다고 자기를 비우는 무아의 경지에 이르러야만 편견을 버릴 수 있는 것은 아니다. 그저 자기가 알고 있는 것만 존중되어야 할 것이 아니라는 깨달음, 모르는 것이 엄청나게 많다는 것만 받아들여도 한 걸음 더 나아갈 수 있지 않을까 싶다. 쉽지는 않지만 그리 어렵지 않을 수도 있을 것이다.

# 세상은 '원인과 결과'로만 이해할 수 없다

일반적으로 이 세상의 고뇌가 이처럼 크고 많게 된 이유로 이 세상의 죄가 무겁기 때문이라는 것보다 확실한 것은 없다. 그러나 이 경우 생각할 수 있는 것은 형이하학적으로 경험적인 관련이 아니라 형이상학적으로 관련된 것이다. … 인생을 살아가게 하는 확실한 나침반을 손에 쥐고 방황하는 일 없이 언제나 올바른 빛으로 보는 데 가장 도움이 되는 것은 이 세상을 보상의 장소, 일종의 형무소나 유배지로 보는 습관을 기르는 일이다.

아르투어 쇼펜하우어Arthur Schopenhauer,《인생론》

따라 읽으면 좀 어렵다는 느낌이 들기도 한다. 그러나 차분히 새겨보면 그리 어려운 말은 아니다. 세상이 돌아가는 꼴을 보고 우리는 앞날을 예측하기 위해 '법칙'을 끌어내려 한다. 법칙은 무작위로 보이는 다양하고 상충하는 현상들에서 반복 가능한 원리들을 추려 내어 다음에도 그런 일이 일어날 것이라고 예상하려는 정신 활동에서 생겨났다. 물론 예측가능성을 높이는 것은 예측 불가에 의한 불안을 극복하기 위한 것임은 두말할 나위도 없다. 한가로운 지적 유희가 결코 아니다. 이렇게 법칙을 추려내는 인간의 정신기능을 '로고스logos'라 칭하며 철학자들은 그러한 로고스의 원리가 삼라만상에도 깃들어 있다고 보았다. 여기서 철학이 탄생했고 나중에는 과학이 출현했다. 원인과 결과의 관계는 그러한 법칙들 중 대표적인 것으로서 '인과율'로 불리기도 한다.

그런데 원인과 결과라는 관계가 사물이나 사건 자체에 있다기보다는 인간의 관념에 불과한 것이라는 철학적 주장도 있다. 근세 초기 인식론 중 경험론자들이 이런 주장을 했다. 사물이나 사건 자체가 직접 연관되어 있다기보다는 우리가 그렇게 연관시키고자 의도했을 뿐이라는 것이다. 물론 당연히 그런 면이 있다. 그리고 설령 원인과 결과의 관계가 인간의 생각에서만이 아니라 실제의 사건에서 여전히 성립한다고 해도 그것이 사건들의 관계를 전부 드러낼 수는 없다.

그런데 많은 경우 우리는 원인과 결과라는 틀에다가 사건들을 집어넣어 묶고는 그 정체들을 모조리 파악하고 분석한 듯이 대하는 경우가 많다. 많은 사람들이 그렇게 생각하는 데 익숙해 있고 이것이 문명을 통해 세습되니 재론의 여지가 없는 진리처럼 간주된다. 그러나 그렇다고 해서 그것이 언제나 옳다는 보장은 없다. 다만 틀려도 다 같이 틀리면 괜찮다는 믿음으로 밀고 나가는 듯하다.

그러다가 원인과 결과로 풀어낼 수 없는 예측불허의 일이 벌어지면 당혹해한다. 이런 경우에도 우리는 아직 알려지지 않은 원인을 가정하고 여전히 똑같은 틀로 풀어내려고 한다. 인과율의 신화라 할까. 아니면 인과율의 미신일 수도 있다. 세상 일이 꼭 그런 방식으로만 이어져 있지 않을 수도 있는데 말이다.

그러나 눈앞에 벌어진 어떤 사건을 보고 무조건 앞서 어떤 원인이 있었다고 전제하기에는 세상에 '우연'이 너무도 많다. 그런데 우리는 우연을 때로 좋아하면서도 종내에는 견디지 못한다. 예상을 뛰어넘는 대박이 터진 경우라면 몰라도 대부분은 우연을 두려워한다. 그래서 어떤 식으로든지 원인과 결과로 묶어서 '필연'으로 새기려고 한다.

그런데 필연을 통해 안정을 얻는 대가로 우리는 우연이 끌고 들어오는, 아니 우연을 가능하게 하는, '자유'를 잃어버릴지도 모른다. 우연이 없으면 의미도 없고 재미도 없다. 기계적인 인과율에 자유가 어디 있으며 뻔히 예상되는 쳇바퀴에서 어떻게 재미를 기대할 수 있을까? 그래서 쇼펜하우어도 만일 그렇게 된다면 이 세상은 꼼짝달싹할 수 없는 죄와 벌의 고리로 단단히 묶여서 형무소처럼 되어버린다고 냉소적으로 경고한 것이 아닐까?

# 순수가 오히려
# 자기를 파괴한다

낮은 곳에 있는 것은 높은 곳에 있는 것과 유사하다. 따라서 노예 상태는 신에 대한 복종의 형상이며, 굴종은 겸손의 형상, 육체적 욕구는 억제할 수 없는 은총을 향한 충동의 형상이 된다. 자기 자신을 버리는 성인들의 삶은 시간을 토막 내는 범죄자나 창녀들의 삶의 형상이다.

시몬 베유Simone Weil,《중력과 은총》

우리는 우리 자신이 대체로 옳고 선하다고 생각한다. 그렇게 여기는 것이 살아가는 방법이기도 하다. 그렇게 여기지 않는다면 자학하면서 괴로워할 수밖에 없을 테니 말이다. 때로 깊은 자괴감이 들기도 하고 부질없는 자책에 휩싸이기도 하지만 헤어 나오려고 안간힘을 쓰는 것이 또한 우리의 모습이다. 그러면서 우리는 자신 안에 악이나 더럽고 추함이 도사리고 있다는 것을 인정하지 않으려 한다.

그런데 실존심리학자 롤로 메이Rollo May는 자신 안의 악이나 더러움을 인정하지 못하는 것이야말로 진정한 악이 될 수 있다고 경고한다. 자신은 악을 인정하지 않으니 '순수하다'고 주장할 수 있지만 악은 누구에게나 은밀하게 도사리고 있으니 그 주장은 '거짓순수'라는 것이다. 거짓순수는 그저 거짓에 그치는 것이 아니라 자신을 파괴하는 것이 되므로 심각한 문제가 된다.

왜 거짓순수가 자기를 파괴할까? 신경증과 유사하다든지 아동기에 고착된 상태라는 심리학적 비교가 그 이유를 설명해준다. 신경증에 걸린 사람은 자기가 옳고 선하다는 것에 대한 신념에 사로잡혀 자신에게도 강박적으로 학대할 뿐 아니라 타인에 대해서도 독단적으로 행동한다. 옳고 선한 것은 언제 어디서나 그래야 한다는 강박이 되니 그러지 못한 자신을 향한 자학에 빠져든다. 스스로는 순수하다고 생각하고 불순해 보이는 타인들을 자신의 기준으로 마구 판단하고 정죄하는 독단에 빠진다. '자기파괴'는 이런 모습으로 벌어진다.

같은 맥락에서 순수를 표방하는 자기기만을 신랄하게 고발하는 현대사상가 시몬 베유의 한마디가 큰 울림으로 다가온다. '중력과 은총'이라는 책의 제목은 이 땅에 두 발을 딛고 사는 한 벗어날 수 없는 '중력'과 이를 벗어나려는 영혼의 몸부림인 '은총'을 절묘하게 엮으면서 뿜어낸 역설을 담고 있다. 겉보기에는 도저히 함께 있을 수 없을 것 같은 굴종과 겸손, 욕망과 은총, 급기야 창녀와 성인을 가로지르는 적나라한 폭로를 통해 우리는 선과 악이 뒤얽힌 복잡한 현실로부터 도망칠 수 없음을 깨닫고 홀연한 해방을 선물로 얻는다. 거짓순수가 만들어낸 자기강박으로부터의 해방 말이다.

사실 자신을 알고 세상을 아는 일은 그리 간단하지 않다. 그런데 우리가 무엇을 '안다'고 할 때 그 앎은 이미 앞서 있는 무엇에 대한 앎이라고 생각한다. 그래서 이미 있는 '있음'을 잘 드러내고 새겨내는 것이 앎이 해야 할 일이라고 간주한다. 그러니 있음에 대해서는 어떠한 왜곡이나 굴절도 해서는 안 되는 '순수한 앎'이어야 한다고 생각한다.

순수한 앎, 이것이 일찍이 서구 근대 인식론이 꿈꾸었던 앎이었다. 앎의 통로로 이성을 내세운 사람들이 말하는 '보편이성'은 날 때부터 타고나니 누구에게나 같은 것이어야 한다. 경험에 주목하는 사람들은 우리가 대상을 만나기 전 '백지상태'에서 경험이 시작된다고 주장한다. 어느 쪽이나 앎의 통로는 순수하다고 주장했다.

그러나 앎은 이미 있는 있음에 대한 '순수한 앎'이라기보다는 앞서 살아온 삶이 내뻗는 '몸짓'이었다. 삶은 '보편이성'이나 '백지상태'에서 시작되는 것이 아니라 '모르면서도 내던져진 것'이었으니 순수할 수 없었다. 아니, '불순한 삶'이다. 그것도 충동과 욕구가 이끌고 가는 불순한 삶이었다. 그런데 이 불순을 인정하는 것이 오히려 자기파괴를 막는 길이다. '순수한 앎'은 사람을 죽이지만, '불순한 삶'이 오히려 사람을 살리기 때문이다.

# '괴로움'이라는
# 진리

태어나는 것은 괴로움이다. 늙는 것도 괴로움이다. 병드는 것도 괴로움이며, 죽어야 하는 것도 괴로움이다. 사랑하는 사람과 헤어지는 것 또한 고통스러운 일이다. 원한이 있는 사람과 만나는 것 또한 고통스럽다. 구하나 얻어지지 않는 것도 고통스러움이니 요컨대 번뇌의 수풀 위에 뿌리를 박고 있는 내 몸이 존재하는 것이 고통이다. 비구들아, 이것이 괴로움이라는 진리이다.

《중아함경中阿含經》 제7권

《중아함경》이 가르쳐주는 이 말씀은 삶의 괴로움에 관해 조목조목 새겨준다. 우리 인간이 덧없이 무상한데도 영속하는 것으로 착각하고 이를 붙잡으려는(집集) 욕망 때문에 괴롭게(고苦) 된다고 일깨워준다. 그러니 삶이 덧없다는 것을 겸손히 받아들이고 이로써 집착의 욕망을 비우라는(멸滅) 것이다. 그리고 그렇게 비우는 길(도道)을 구체적으로 제시한다. 이것이 사체四諦다. 그리고 비우는 길에 여덟 가지 방법이 있으니 팔정도八正道가 바로 그것이다.

살면서 겪는 거의 모든 것이 괴로움이라고 한다. 늙고 병들고 죽어야 하는 것이 괴로움이라는 것은 두말할 나위도 없다. 사랑하는 사람과 헤어지는 괴로움은 겪어보지 않은 사람이라면 공감하기 어려운, 살을 애이고 가슴을 후벼 파는 듯한 괴로움이다. 그런가 하면 미워하는 사람과 만나는 괴로움도 있다. '사랑하는 사람과 헤어지는 것'과 '미워하는 사람과 만나는 것' 중 어떤 것이 더 괴로울까? 한 마디로 단정하기가 어렵다. 개인의 상황과 처지에 따라 저울질이 달라질 것이다. 여하튼 만만치 않은 괴로움인 것임에는 틀림없다.

심지어 태어나는 것도 괴로움이라고 한다. 내 몸이 존재하는 것이 고통이라고 한다. 태어나서 살고 있는 것이 괴로움이고 고통이라는 말이다. 이 대목에 이르면 의견과 입장이 매우 갈라질 것으로 예상된다. 살아 있는 것이 괴로움이라는 말에 공감할 수도 있지만 부정할 수도 있다. 우리 삶에 괴로움이 없지는 않지만 살아 있는 것 자체가 괴롭다고 할 수는 없다는 식으로 말이다. 그러다 보니 불가의 가르침이 지나치게 비관적·염세적이라고 비판하기도 한다.

그렇게 보일 수도 있다. 그러나 《구약성서》의 〈창세기〉에서도 환상의 에덴동산으로 시작하지만 이내 뱀이 등장하여 인간이 유혹받고 타락하며 부부가 서로에게 핑계를 대고 책임을 전가하는 장면이 나온다. 급기야 형제 간에 질투로 인한 끔찍한 살인이 벌어지기도 한다. 아름다운 에덴이 무색해지고 위대한 창조의 첫 장면이 흔적도 없이 사라진 듯하다. 어찌 보면 성악설을 연상시키는 이러한 대목만 봐도 유대교·기독교 역시 비관적이기는 만만치 않다. 종교 경전들이 우리 인간의 적나라한 모습을 에누리 없이 이토록 비극적으로 폭로하고 있다. 무엇을 말하려는 것일까?

괴로움과 고통, 악이 난무하는 현실이야말로 우리 삶의 출발점이라는 것을 고발하는 뜻으로 보인다. 삶이 덧없는 괴로움이라면 그나마 힐끗 맛보게 되는 기쁨과 즐거움은 참으로 소중하다. 당연한 것이 아니고 감사해야 할 일이다. 또한 인간의 깊은 곳에 도사린 근본악은 우리가 고상한 우아함으로 위선을 떨 것이 아니라는 사실을 일러준다. 도덕을 명분으로 하는 지나친 '도덕주의'가 함께 잘 살게 하기는커녕 도리어 인간을 억누르는 반인간적 이념으로 작동해온 인류사를 보면 이는 더욱 분명해진다. 그러나 우리 삶의 시작이 더럽고 추하다는 것을 진솔하게 받아들이면 할 일이 보다 현실적이고 구체적으로 드러난다. 흠과 허물일 수밖에 없음을 겸허하게 인정하고 여기서부터 현실의 과제를 도모할 수 있기 때문이다. 경전들은 바로 이러한 근본적 삶의 조건을 가르치는 것이 아닐까?

# 과연 불만족한
# 소크라테스가 되고 싶을까?

만족하는 돼지보다 불만족한 소크라테스가 되고 싶다.

———————————————————————————— 존 스튜어트 밀John Stuart Mill

    당신은 이 말에 동의하는가? 한 번 따라 읽으면 당연히 동의할 만
한 격언으로 들린다. 당신은 이 말에 진정으로 동의하는가? 다시 물으
면 그리 간단하지 않다는 것을 알게 된다. '이것보다는 저것이 더 좋다'
는 식의 표현이지만 어찌하여 '이것'과 '저것'만 있을까?

    굳이 가능한 경우의 수를 쪼개자면, 적어도 이론적으로는 네 가지
를 들 수 있다. '만족하는 돼지'와 '불만족하는 돼지', '만족하는 소크
라테스'와 '불만족하는 소크라테스'로 나누어지겠다. 그렇다면 이 넷
중에 당신이 가장 좋아할 만한 것은 무엇인가? 누군가는 '만족하는 소

크라테스'를 택할지도 모르겠다. 그리고 가능하기만 하다면 가장 그럴 듯해 보인다. 그러나 이는 사실상 '둥근 사각형'처럼 모순이어서 현실적으로 불가능하다. 소크라테스는 "네 자신을 알라"라는 경구가 가르치듯 끊임없이 자기를 되돌아보는 비판적 성찰의 정신으로 인해 어느 순간에도 만족할 수 없기 때문이다.

그렇다면 좀 더 정직하게 '돼지' 쪽으로 눈을 돌려보자. 어떤 돼지가 더 좋은가? 두말할 나위 없이 '만족하는 돼지'가 더 좋다. 그리고 솔직히 말하면 만족하는 소크라테스보다 더 좋을 수도 있다. 이 말을 했던 존 스튜어트 밀이 들으면 유감스러워하겠지만 말이다. 사실상 우리들 대부분은 '만족하는 돼지'의 삶을 원할 것이다. '불만족한 돼지'는 사실 위험하다. 언제 배가 터져 죽을지 모르기 때문이다. 그런데 문제는 이런 위험에도 불구하고 우리들 대부분이 '만족하는 돼지'를 목표로 끊임없이 더 많이, 더 크게, 더 높이 뛰어오르려는 '불만족한 돼지'로 살고 있다는 것이다. 현실적으로 밀이 말했던 대조법에서 '불만족한 소크라테스'는 내키지 않는 반면에, '만족하는 돼지'는 아예 불가능할지도 모른다. 그래서 이 명제에 대해서는 보다 현실에 부합되는 방식으로 검토할 필요가 있다.

어느 날 갑자기 대지진이나 해일 같은 자연재해나 핵발전소 붕괴와 같은 인재가 닥쳐오고, 주식이나 채권이라는 이름으로 도박 같은 금융자본주의가 위력을 떨치는 세상에 우리는 살고 있다. 게다가 세계를 뒤덮을 만한 바이러스의 출현으로 미래를 예측하기가 더 어려워지고 있다. 더욱 심각한 것은 그런 일들이 다반사로 일어날 것이라는 앞으로의 전망이다. 혼자 '만족하는 돼지'로 평생 살 수 있을 가능성이 점차로 줄어드는 세상이 되고 있는 것이다. 이런 상황에서 '만족하는 돼지'를 꿈꾼다 하더라도 최소한 휩쓸려 떠내려가는 '불만족한 돼지' 신세가 되지 않기 위해서는 미리 앞당겨 삶의 대책을 세워 두는 것이 좋지 않을까 한다. 사실 이것은 선택의 문제가 아니다. 반드시 직면해야 할 삶의 필수 과제다.

그렇다면 어떤 길이 우리에게 마땅하고 적절할까? 똑같지는 않더라도 만족과 비슷한 개념으로 '행복'을 생각해본다면 그 실마리를 보다 효과적으로 얻을 수 있다. 물론 행복도 쉬운 문제는 아니다. 게다가 많은 사람들이 생각하고 추구하는 행복의 내용이 세상의 다양성과는 정반대로 점점 더 비슷해지니 더욱 도달하기 어려워지고 있다는 점도 문제다.

행복하다고 느끼는 순간이 행복의 정점이고 이후에는 하강할 수밖에 없다는 생리가 가르쳐주는 것처럼, 참된 행복은 오히려 '행복하다'는 의식조차 없는 상태일 수 있다. 그렇다면 오히려 스스로 비우고 넘어서는 것이 행복의 길이 아닌가 한다. 만족만 추구한다면 거꾸로 불만족이 계속될 수밖에 없다는 이치와 비슷하다. 만족에 이르려는 마음을 비우고 넘어서면, 그래서 어느 순간엔가 만족이나 행복에 대한 의식조차 없어진다면 이야말로 최고의 행복에 이른 순간이 아닐까? 물론 쉬운 길은 아니다.

# 거친 땅이
# 오히려 걷기 좋다

우리는 갈등 없는 언어를 찾으면 삶이 매끈해질 것이라 생각했다. 그런데 그렇게 추려낸 아름다운 언어로 만들어진 세상은 너무도 매끈하여 미끄러웠다. 마찰이 없는 미끄러운 얼음판으로 잘못 들어섰던 것이다. 갈등이 없는 언어를 찾는 것은 이상적인 것이었지만, 그로 말미암아 우리는 걸을 수 없게 되었다. 그러나 우리는 걷고 싶다. 그러므로 마찰이 필요하다. 거친 땅으로 되돌아가자! 갈등의 삶으로 되돌아가자.

—— 루트비히 비트겐슈타인Ludwig Wittgenstein, 《철학적 탐구》

우리들 대부분은 비트겐슈타인이 말한 것처럼 '갈등 없는 언어'를 찾으려고 한다. 어떻게 해서든지 갈등을 조정하고 제거하여 평화를 도모하고자 한다. 한 개인의 삶이나 인간관계로 얽힌 공동체를 막론하고 그러하다. 사실 갈등을 좋아하거나 편안해하는 사람은 없을 것이다. 물론 예외적으로 즐기는 사람도 있겠지만 그 역시 궁극적으로는 갈등의 해소를 바라고 있을 것이다. 어떤 방식으로든지 우리는 갈등을 줄이고 극복하려고 애쓴다. 사소한 긴장에서부터 크고 작은 충돌이 빈번한 우리 삶에서 갈등 조정은 필수 과제이기까지 하다.

그러나 갈등을 조정하는 방안들을 끌어내고 서로 조율하는 과정은 그리 쉽지 않다. 그래서 좋은 게 좋은 거라면서 서로 받아들일 만한 언어들을 찾아 주고받는다. 그렇게 해서 추려진 아름다운 언어들이 우리 주변에 적지 않다. 언어들로만 보자면 이미 세상의 갈등을 해소하기에 충분한 것 이상으로 넘치기까지 한다. 아름다운 언어를 주고받고 있다 보면 세상은 일사천리로 매끈하게 굴러갈 것처럼 보이기도 한다. 개인들의 관계는 물론이거니와 이익집단 사이도 그렇게 아름다운 언어로 소통하면 참으로 매끈하다. 국제관계 역시 마찬가지다.

그런데 비트겐슈타인은 그렇게 다듬어낸 아름다운 언어가 세상을 매끈하게 하다못해 급기야 미끄러지게 한다고 말한다. 왜 그럴까? 현실과 동떨어진 언어이기 때문이다. 미사여구들로 포장된 세상은 현실이 아니기 때문이다. 앎의 차원에서 보면 매끄러운 세상이지만 삶의 현실에서 매끄러운 것은 미끄럽다. '미끄러짐'은 현실로부터 밀려난다는 것을 가리킨다. 그러니 걸을 수 없게 된다. 말하자면 현실을 살 수 없게 된다. 걸어야 하는 현실을, 살아야 하는 삶을 아름다운 언어로 뒤덮어 버렸기 때문이다.

사실 여러 종교들에서 듣게 되는 달콤한 언어가 이런 부류에 속한다. '값싼 은총'이나 '헤픈 자비'라고 지적받을 만한 행동들이 너무도 많다. 그런데도 사람들은 그리로 쏠려간다. 아름답고 매끈한 언어에 기만당하는 경우가 많다. 미끄러지는 줄도 모르고 매끄럽게만 느끼도록 도취되어 있다.

그래서 언어철학자 비트겐슈타인은 갈등의 삶으로, 거친 땅으로 되돌아가자고 호소한다. 왜 애써 되돌아가자고 할까? 갈등 없는 아름다운 언어가 당장은 매끄러운 세상을 만들어준다 할지라도 곧 사람들을 미끄러지게 할 수 있기 때문이다. 물론 갈등이 좋다는 것은 아니다. 무조건 거친 땅이 좋다는 것도 아니다. 다만 거친 땅에서는 미끄러지지 않을 수 있다. 걸어갈 수 있고 심지어 중간에 쉬어갈 수도 있다. 미끄러질 수밖에 없는 얼음판에서는 꿈도 꿀 수 없는 쉼터가 오히려 거친 길에 있다. 마찬가지로 갈등은 무조건 없애버려야 할 것이라기보다는 삶에 머무르듯 스쳐 가는 마찰이다. 거친 길이 쉼을 주듯이 말이다.

# 공상적 사랑과
# 실천적 사랑

공상적 사랑love in dream은 기분 좋은 사랑이다. 인류애까지로도 확장되는데 범위가 넓고 크지만 결국 추상적이다. 칭찬꺼리가 되기도 하고 자랑하기 위한 것도 있다. 그러나 실천적 사랑love in action은 개인 단위로 구체적인데 책임과 의무가 따르는, 그래서 쉽지 않은 사랑이다. 심지어 아픈 사랑이다. 여기서 사랑은 정신의 한 요소인 감정이 아니라 온 몸과 마음이 얽힌 실천이다. 중노동이다. 그래서 견디어내는 것이라고까지 새겨진다. "나는 존재한다, 고로 사랑한다"고까지 하는 경지이다.

표도르 도스토옙스키Fyodor Dostoevsky,《카라마조프 씨네 형제들》

러시아의 대문호 톨스토이는 "세상에 있는 모든 책은 다 불태워도 도스토옙스키의 책만은 남겨 놓아야 한다"고 했다. 그중에서도《카라마조프 씨네 형제들》은 대표작이다. 이 작품은 한 가정의 몰락에서 인간성을 심도 있게 드러내는 불후의 명작으로 손꼽힌다. "하느님과 악마가 서로 싸우는데 바로 그 전쟁터가 인간의 마음"이라는 장남 드미트리의 대사를 비롯하여 인간을 깊이 있게 통찰하는 명대사가 넘쳐나고 선과 악이 무 자르듯 갈라질 수 없는 실타래의 얽힘이 줄거리를 포괄하는 주제의식으로 나타난다. 여기서 세세한 줄거리를 소개하진 않더라도 특별히 주목을 요하는 구절로 사랑에 대한 한마디를 곱씹어보고자 한다.

　'꿈속에서의 사랑'과 '행동하는 사랑'은 일단 표현으로만 봐도 지극히 대조적이다. 공상이라고도 할 꿈속의 사랑은 그야말로 환상적인 사랑이다. 영롱한 빛처럼 찬란하게 희망하며 온 세상을 향해 뻗어나가니 사람들에게 칭송을 받기도 한다. 인류의 복지를 위한 거대한 자선사업으로 비춰지며 존경도 받는다. 멀리까지 나아가고 규모도 크게 펼칠 수 있는 사랑이다. 그런데 그렇게 기분 좋은 사랑은 사실 '자기'의 확장이다. 자기를 확장시키는 사랑은 감정에서 시작하여 감정에 머무른다. 어떤 행동을 취했어도 그것은 감정이 시킨 것에 불과하다.

　그런데 행동하는 사랑은 시작부터 다르다. 구체적으로 개인 단위에서 시작하며 감정이 아니라 행동에 기반을 두고 있다. 감정은 정신의 주요한 세 갈래 중 하나일 뿐인데 비해 행동은 쪼갤 수 없는 마음과 몸이 엮어내는 전인적 사건이다. 그러니 중노동일 수밖에 없다. 기분이 좋기보다는 견디어야 하는 일이다. 물론 부모가 자식을 사랑할 때도 견뎌야 하는 경우가 아주 많다. 그러나 자식은 자기의 분신이니 자기의 확장이기도 하다. 그러니 본능적으로 하는 사랑이다. 그러나 타인이라면, 그것도 사르트르의 말처럼 구역질날지도 모르는 타인이라면, 행동하는 사랑이 쉽지 않다. 그래서 견뎌내야 하는 중노동이다.

꿈속에서의 사랑이라고 했지만 이는 자기를 확장하는 것이니 결국 자아집착이 그 근본 동기다. 이런 사랑으로 기분이 좋다면 자기도취의 쾌감 때문일 수 있다. 분명하게 대상이 있고 타자가 있지만 모두 자기를 둘러싸고 있는 들러리일 수 있다. 그런데 행동하는 사랑은 자기를 넘어서야 하는 노력이 필요하다. 그런데 자기를 초월하는 것이 어디 말처럼 쉬울까? 그래서 중노동이다. 어쩌면 불가능하다고 보는 것이 보다 정직하다.

자기집착의 사랑은 잡는 사랑이고 자기초월의 사랑은 놓아주는 사랑이다. 확장하는 사랑이 아니라 넘어서는 사랑이다. 기분 좋은 사랑이 아니라 힘들고 괴로운 사랑이다. 헤어진 연인을 그리는 사랑이 아니라 피고름을 빨아내는 사랑이다. 그래서 도스토옙스키는 이렇게 말한다. "멀리 있는 사람을 사랑하는 것은 어렵지 않다. 그러나 가까이서 이꼴 저꼴 다 보아 함께 있기도 싫은 사람을 사랑하는 것이 훨씬 더 어렵다."

# 무관심보다
# 미움이 더 낫다

무관심이 문제가 되는 것은, 타인들에 대한 일종의 '맹목'이기 때문이다. …
나는 타인들에 대해 나 자신의 맹목으로 있다. 이 맹목은 내가 타인들을 보지
않도록 가려 두려고 스스로 마음에 정한 것이다. 이에 반해 미움은 다른 의식
개체를 말살하는 것이다. 그러나 설사 미움이 그것을 이룬다 하더라도, 미움
은 타인을 존재하지 않았던 것으로 만들 수는 없다. 말하자면, 미움은 타자가
'실제로 존재했다'는 분명한 승인을 품고 있다.

장폴 사르트르Jean-Paul Sartre,《존재와 무》

　　액면 그대로 보면 사랑과 미움은 두말할 나위도 없이 반대다. 감각
과 판단의 차원에서는 분명히 그렇다. 사랑은 사랑이고 미움은 미움이
니까. 좋아하는 것과 싫어하는 것이 다르듯 사랑과 미움의 관계는 대조

다. 그러나 우리가 살아가는 현실에서는 사랑이 미움과 반대이기만 한 것은 아니다. 오히려 자주 함께 간다. 사람들 사이에서 애증愛憎이 교차하는 복잡다단한 관계가 얼마나 많은가? 이것만 보아도 사랑과 미움은 단순한 반대라기보다는 오히려 함께 굴러갈 만큼 복잡한 관계다. 마음이 그렇고 몸이 그러하며 삶이 그러니 사람이 그렇다. 그러니 미움이 사랑으로 바뀌고 사랑이 미움으로 바뀌는 것은 아주 흔히 일어나는 일이다. 게다가 미움과 사랑은 수시로 뒤섞이기도 한다.

헨리 데이비드 소로도 그의 작품《소로우의 일기》에서 이렇게 말한다. "우리가 사랑할 수 있는 사람들을 증오할 수는 있다. 그러나 그 밖의 다른 사람들에 대해서는 무관심하다." 이처럼 겉보기에는 정반대로 보이는 사랑과 미움이 함께 공존하거나 서로 뒤바뀌기도 하는 결정적인 이유는 이 둘을 관통하는 '관심' 때문이다. 사랑도 관심이고 미움도 관심이다. 그렇기 때문에 대립적이지만 공존하기도 하고 교차하기도 한다. 관심이 관건이다. 관심이 삶을 결정한다. 삶이 그렇게 생겨먹었기 때문이다.

많은 이들이 삶의 목적으로 행복을 말하지만 행복도 관심에 따라 그 내용은 서로 다르다. 물론 오늘날 우리들의 관심이 사회적 관념에 의해 한쪽으로 쏠려가는 현실이 안타깝기는 하지만 말이다. 하여튼 우리가 살아가면서 수많은 선택을 할 때 그 기준은 여러 가지이더라도 거슬러 올라가자면 결국 관심이다. '관심interest'은 재미나 흥미라는 뜻도 있지만 이익이나 이자를 가리키기도 한다. 결국 관심으로 맺어진 관계가 우리 삶을 이끌어가는 동인이나 계기가 된다.

관심과는 정반대로 무관심도 있다. 관심이 재미나 이익과 관련된다면 무관심은 재미도 없고 이익도 되지 않는 것에 대한 우리의 태도를 가리킨다. 관심을 가리키는 독일어 'interesse'는 '서로inter'와 '있음esse'이 붙어서 만들어진 말이다. 서로 주고받으면서 함께 있음을 가리킨다. '상호관계'라고 해도 좋겠다. 그렇다면 무관심은 관계가 없거나 일방적이어서 결국 관계가 사라지는 상태다. 그래서 무관심은 '무관계'다. 지나친 관심이 피로를 낳을 수도 있지만 무관심은 맹목이다. 보지도 않을뿐더러 보이지도 않는다. 관심이 없으니 그럴 수밖에 없다. 흔히들 '투명인간'이라는 말을 하는데 이는 그야말로 '있어도 없는 것'을 가리킨다.

이에 비해 미움은 없애고 싶어 하는 것이지만 그렇다고 없어지지는 않는다. 아니, 없애고 싶어 하기 때문에 더욱 크게 있게 된다. 잊어버리려고 노력할수록 더욱 진하게 기억되는 것과 같은 이치다. 그러니 남에게 미움을 받거나 남을 미워하게 된다면 그냥 그렇게 놔둬도 좋을 듯하다. 여전히 관심이 오가고 있는 중이니 말이다. 더 중요하게는 언제든 다시 사랑으로 바뀔 수도 있기 때문이다.

# 돌아보지 않으면
# 길이 아니다

돌아보지 않으면 길이 아니다 지구 반 바퀴를 뜬눈으로 날아야 하는 철새는 긴 목을 가슴에 비빈다, 얼마나 가야 할지를 따지는 것은 몸 밖으로 나간 정신 처럼 얼마나 되돌아올 수 있을지를 가늠하는 것이다, 아무도 없는 산, 올라갈 땐 괜찮았는데 왼쪽 무릎뼈가 쑤셔 주저앉았다가 한쪽 발로 하산할 때, 나는 내가 지난 세월에 얼마나 날뛰었는지를 잘 알고 있었으므로 울지도 못했다

김중식, 〈늦은 귀가〉

우리는 살면서 무수한 길을 걸어간다. 다른 장소로 가기 위해서도 길이 필요하다. 잘 포장되어 자동차로 달리기 좋은 고속도로도 있고 두 메산골 찾아가는 험한 비탈길도 있다. 비행기도 관련 협약에 따라 항공 로를 배분받아 지정된 방향과 범위로 다니니 비행기에게도 길이 있다.

배도 마찬가지다. 시에 등장하는 새도 지구 반 바퀴라는 엄청난 거리를 날지만 되돌아가는 길을 염두에 두고 앞으로 날아간다. 나간 만큼 되돌아가야 계절에 맞춰 먹고살 터전을 찾을 수 있기 때문이다. 그냥 아무 생각 없이 날아가는 것처럼 보이지만 그렇지 않다. 삶의 본능이 이끄는 대로 먹을 것과 잘 곳을 찾아 움직인다.

그러나 눈에 보이는 길만이 길은 아니다. 아니 더 크고 넓고 깊어서 길인지도 모르는 길이 우리가 살아가는 인생이다. 때로는 어디로든 갈 수 있을 것 같다가도 때로는 어떤 길로 가야 할지 막막하기도 하다. 그렇게 한치 앞을 내다보기 어려울 때 시인은 돌아보라고 이야기한다. 미리 만들어져 잘 닦인 길이 탄탄대로처럼 눈앞에 놓인 순간은 우리 인생에서 그리 흔치도 않고 길지도 않다. "돌아보지 않으면 길이 아니다"라는 말은 앞길이 막막할 때 우리가 가져야 할 지혜다.

돌아보았을 때 보이게 되는 길은 어떤 길일까? 살다 보니 갈고 닦인 길이다. 이 길이 매끈하고 반들반들하라는 법은 없다. 여전히 거칠고 황량해서 심지어 여태껏 왔던 길인가 하고 갸우뚱할 수도 있다. 그래도 겪었던 길이고 거쳤던 길이다. 우리가 그 길의 모든 것을 다 훑고 새기면서 왔다고 할 수는 없다. 우리가 살아온 과거를 우리의 생각과 판단으로 모두 장악하고 조정해왔던 것은 아니다. 얼마간 짚고 다녔겠지만 많은 길들이 겉핥기로 지나버려 여전히 생소할 수 있다. 그렇다면 더더욱 되돌아볼 이유가 있고 거기서 무언가 새로이 배우고 깨달을 것들이 있다.

"돌아보지 않으면 길이 아니"라는 말은 돌아보면서 비로소 길이 된다는 뜻이다. 지나온 길은 앞으로 갈 길에 대한 지침이 될 수 있다. 그래서 과거는 그저 박제되거나 끝나고 지나가버린 것이 아니다. 현재와 미래에 의해 이전에는 없었던 뜻이 덧붙여지면서 새로이 드러날 수도 있다. 그래서 '아직 끝나지 않은 과거'라고 한다. 그런가 하면 '이미 지나가버린 미래'도 있다. 되돌아보지 않으면 길이 아니니 반성하지 않는 삶에서는 미래의 많은 가능성들이 알지도 못한 채 사라져버릴 수 있다는 뜻이다. 이렇게 되면 과거는 그저 과거가 아니고 미래도 그저 미래가 아니다.

《신약성서》의 마지막 책인 〈요한계시록〉에는 이런 말씀이 있다. "나는 네가 한 일을 잘 알고 있다." 한 문장만 떼어 읽으면 무섭게 느껴진다. 이어지는 내용이 사실 무섭기도 하다. 그러나 여기서 그 '나'는 곧 독자 자신일 수 있다. "나는 내가 지난 세월에 얼마나 날뛰었는지를 잘 알고 있었으므로 울지도 못했다"고 한 시인처럼 돌아본 길에서의 모습을 되새기고 반성하는 일은 신이 대리해주는 것이 아니라 철저한 자기 자신의 몫이자 통감이다. 시인은 울지도 못했다고 했지만 되돌아보면서 울면 좀 어떤가? 그 눈물은 새로운 길로 가는 이정표가 될 수 있을 것이다.

# '왜 사는가?'라는
# 물음의 뜻

삶에 대한 자신의 이유인 '왜냐하면'을 가진 자는, 거의 모든 방법, 거의 모든 '어떻게'를 견뎌낼 수 있다.

———— 프리드리히 니체,《우상의 황혼》

   우리는 무엇으로 살아가는가? '무엇'이라고 물으니 대답할 것이 많다. '무엇'이 살아갈 '거리'를 가리킨다면 저마다에게 무엇에 해당하는 것들이 다양하게 있을 터다. 생계를 위한 직업도 있고 삶을 더 촉촉하게 해줄 재미롭고 의미 있는 취미 등도 있다. 심오한 성찰의 과정에서 고민하고 씨름하는 삶도 있겠고 그런 모든 것들이 부질없다는 듯 가볍게 표피적으로 사는 삶도 있겠다.

   그런데 그런 '무엇'을 '어떻게 선택하고 행동할까'라는 물음으로 옮겨가면 복잡해진다. '무엇'이 목적 물음이라면 '어떻게'는 수단 물음이고, '무엇'이 정체물음이라면 '어떻게'는 방법 물음이다. 목적이 하나라도 수단이 여럿일 수 있고, 정체가 동일해도 방법은 가지각색일 수 있다. 그런데 '어떻게'가 그렇게 여럿이고 가지각색이라는 것이 다양한 선택을 제공하는 듯해서 좋을 수도 있지만, 다른 한편 어떤 '어떻게'가 최고의 선택인지를 놓고 고민하고 갈등할 수밖에 없게 한다. 그 많은 '어떻게들'이 우리가 원하는 '무엇'에 이른다는 보장을 제공해주지 못하는 현실에서 우리의 고민은 더욱 깊어질 수밖에 없다.

사실 오늘날 우리가 살아가는 현실은 '어떻게들'의 각축장이라고 해도 과언이 아니다. 이미 '무엇'은 두말할 나위도 없이 정해져 있다는 식으로 말이다. 모두 행복하기를 원하고 그것도 물질적인 조건에 크게 의존하는 형태로의 행복이니까 말이다. 그래서 또한 모두들 '어떻게'로 온 관심이 쏠려가고 있다. 과학과 기술의 발전도 이 욕구를 충족시켜주고자 총력을 기울이고 있고, 정신문화라는 이름의 활동도 역시 이를 목표로 하는 듯하다. 종교라고 예외가 아니어서 이를 더욱 부추기기까지 하니 '무엇'은 재론의 여지가 없다는 듯 '어떻게'만이 관건이 되었다. 그런데 보장도 해주지 못하는 '어떻게'를 놓고 서로 치열한 경쟁을 벌인다. 모두 뛰니 나도 뛰어야 하겠고 뛸 수밖에 없다.

그런데 한참동안 땀을 뻘뻘 흘리면서 뛰다 보니 뛰고 있는 자신을 홀연히 돌아보게 된다. 아니 자신이 드러나게 된다. 결국 보다 더 근본적인 물음으로 끌려들어간다. 왜 뛰는가? '왜'라는 물음이 나온다. 반드시, 아니 불가피하게 나온다. '왜'는 근거물음이기 때문이다. 이유를 묻는 것이다. 이유로 말하자면 원인도 있고 목적도 있을 터다. 우리는 왜 뛰는가? 왜 사는가? 그런데 근거물음은 정체나 방법물음보다는 대답하기가 훨씬 더 어렵다. 뿌리를 파고 들어가는 물음이기 때문이다. 그러다 보니 잊어버린다. 심지어 잃어버린 듯하다.

그러나 '왜'를 잊어버리고 잃어버렸다고 해도 없어지는 것은 결코 아니다. 오히려 '무엇'도 '왜'라는 뿌리가 맺으려는 열매이다. 그냥 밑도 끝도 없이 '무엇'이 선택될 수도 없을뿐더러 가치나 의미를 지닐 수도 없기 때문이다. 말하자면 '무엇'은 '왜'가 원하는 것이다. 연장선상에서 '어떻게'도 '왜'가 '무엇'으로 이어가는 길이니 '왜'의 선택이다. 적어도 얽힘은 그렇다. 그런데 우리가 '무엇'과 '어떻게'에 마음을 뺏긴 나머지 우리 자신의 '왜'를 잊어버리고 잃어버리다 보니 마치 아예 없는 듯이 '무엇'과 '어떻게'에만 골몰하게 되었을 뿐이다. 그리고 이것이 우리 삶을 더 피곤하게 했을 수 있다. '왜'가 관건이라는 니체의 일갈도 이를 가리킨다.

물론 대답될 수 있는 '왜'보다는 그렇지 않은 '왜'가 더 많다. 삶이 던진 물음이기 때문이다. 그럼에도 '왜'는 여전히 중요하다. '왜'가 이유를 찾는 물음이라면 '자기自己의 이유理由'일진대 바로 '자유自由'의 실마리가 되기 때문이다. '무엇'이나 '어떻게'에 시달려온 '삶을 건져내는 자유' 말이다.

# 썩어 없어지는 가운데
# 솟아나는 생명

존재가 시드는 방식에는 두 가지가 있다. 썩는 것과 마르는 것. 아름다움이 절정을 다한 뒤에도 물기가 남아 있으면 썩기 시작한다. 그것이 꽃이든, 음식이든, 영혼이든. 그러나 썩기 전에 스스로 물기를 줄여나가면 적어도 아름다움의 기억은 보존할 수 있다. 이처럼 건조의 방식은 죽음이 미구에 닥치기 전에 스스로 죽음을 선취함으로써 영속성을 얻으려는 욕구에서 비롯된 것이다. …
어느 날 책상 위의 마른 석류를 들여다보니 주변에 검붉은 가루가 흩어져 있었다. 몇 년째 썩지 않는 석류를 보며 '불멸'이라는 말을 떠올리기까지 했는데, 그 단단한 껍질을 뚫고 작은 벌레들이 기어 나오고 있었다. 아, 육체란 얼마나 덧나기 쉬운 것인가. 견고해 보이는 고요와 평화 속에는 얼마나 많은 관능의 벌레들이 오글거리고 있는가. 나는 그 순간 삶이란 완벽한 진공 포장이 될 수 없다는 사실에 차라리 안도했다. 그리고 내 풍장의 습관도 앞으로 몇 번이고 생명의 기슭 앞에 무릎 꿇어야 하리라는 걸 예감했다.

나희덕,《사라진 손바닥》작가 후기

살아 있던 것이 스러져갈 때는 썩어서 분해되거나 마르면서 남게 되거나 한다. 이 차이는 공교롭게도 '물기' 때문이다. 물은 생명을 유지하는 데 필수적인 것이지만, 이미 생명을 잃어버린 것들에게는 썩어 없어지게 하는 것이다. 물은 따로 떨어져 있는 것들을 뭉치게 하는가 하면 동시에 녹여 흩뜨려버리기도 한다. 응집력과 용해력이라는 상반된 성질을 동시에 지니고 있으니 물의 작동원리가 이처럼 역설적이다.

그런 물이 삼라만상을 이룬다. 서양 최초의 철학자로 불리는 탈레스는 만물의 근원을 물이라고도 했다. 나희덕 시인은 생명체를 썩게 하는 물이 재빨리 빠지면 오히려 죽음을 앞당겨서 말라버린 채로 그 모양새를 유지시키는 영속성이 나타난다고 보았다. 그런데 불멸인 듯 보였던 이런 영속성도 결국 와해될 수밖에 없다. 단단한 껍질을 뚫고 작은 벌레들이 기어 나오고 있으니 말이다. 겉으로는 견고해 보이는 고요와 평화 속에 관능의 벌레들이 오글거리고 있었던 것이다.

무릇 모든 생명이 그러하다. 우리가 살아 숨 쉬는 동안 우리 몸 안에는 수조 마리의 미생물이 우글거린다. 생체만 우글거리는 것이 아니라 사체도 무수히 쌓였다가 밖으로 나간다. 그래서 삶이란 완벽한 '진공포장'이 될 수 없다. 그런데 이 사실이 차라리 우리를 안도하게 한다. 우리 생명체가 미생물들의 생체와 사체로 뒤범벅되어 있는데 진공으로 포장된다면 어떻게 될까? 생각만 해도 끔찍하다. 오히려 와해되고 분해되는 것이 마땅하고 더 바람직하다. 그래야 잘 스미고 녹아들어 생명이 살아갈 수 있기 때문이다.

'나' 역시 앞선 생명체가 묻히고 분해되었던 토양에서 태어났고 거기서 양분을 흡수하며 자라왔다. 나의 생명은 다른 생명들에게 의존하고 있다. 그것이 '내'가 살아가는 방법이다. 내가 생명을 사는 것이 아니라 생명이 나를 살고 있기 때문이다. 물론 나 역시 다음 세대가 의존하고 섭취할 양분이 될 것이다. 슬프기도 하지만 무릎을 꿇게 하는 생명의 이치다. 체념하자는 것이 아니라 순리에 대해 겸허하자는 것이다.

우리는 죽음을 먹으면서 살아왔기에 또한 죽음으로써 새 삶의 먹이가 된다. 나를 살고 있는 생명이 '태어난生 목숨命'일 뿐 아니라 더 근본적으로는 '삶生이 명령命한 것'이기 때문이다.

# 몸이 몸에서
# 몸으로 깨달아야

온전해지려면 몸을 되찾아야만 한다. 몸의 고통과 한계를 자기 것으로 껴안아야만 한다. … 깨달음은 하나의 이상으로 꽃피는 것이 아니다. 그것은 즐거움과 괴로움이 한데 뒤섞인 이 인간적 현실 속에서 꽃핀다. 깨달음이 우리 몸의 취약성을 없애주는 것도 아니다. 붓다도 병을 앓고, 허리가 아팠다. … 그들의 본보기는 우리가 병이나 건강 속에서, 기쁨과 괴로움 속에서, 있는 그대로의 인간의 몸 안에서 깨달음을 찾아야 함을 보여준다. 티베트의 스승 총카파는 이렇게 가르쳤다. "이 인간의 몸은 가장 귀한 보석보다도 더 귀하다. 그것은 오직 이번에만 너의 것일 뿐이다. 곧 사라져버릴 아름다운 것이다."

_____ 잭 콘필드Jack Kornfield, 《깨달음 이후 빨랫감》


우리는 무엇으로 사는가? 우리를 이루는 것은 몸과 마음이니 이 둘로 산다고 해도 좋을 것이다. 그런데 몸과 마음의 관계가 엎치락뒤치락해왔다. 몸이 제대로 대접을 받지 못하고 마음이 더 중요하다고 생각한 역사가 오랫동안 이어졌다. 그리고 마음을 다스리는 것을 가장 중요한 과제로 삼아왔다. 그러다가 몸이 몸부림을 치게 되었다. 잘 먹고 잘 살 때는 몸이 소중한 줄을 미처 몰랐다. 당연한 줄 알았다.

그러나 괴로움, 취약함, 병 등을 겪으면서 마음도 마음대로 되지 않는다는 것을 발견했다. 그동안 몸을 뒤로 밀어 넣고 마음만으로 우리 삶을 살려고 했고, 마음만으로 우리의 정체성을 엮어보려고 했다. 그 결과 인간은 근거 없는 오만과 착각에 빠지면서 부질없이 자학해왔다. 마음은 즐거움과 기쁨만 찾고자 하지만 몸은 즐거움과 기쁨은 물론 괴로움과 아픔도 피할 길 없이 마주한다. 말하자면 마음은 스스로를 속이기도 하지만 몸은 희노애락을 모두 솔직하게 겪으면서 살아낸다. 마음은 모순을 불편해하지만 몸은 모순을 역설로 엮어내는 지혜로 살아간다. 몸을 들여다보면 더 깊은 삶의 지혜를 끌어올릴 수 있다.

임상심리학 박사인 잭 콘필드는 총카파의 말을 빌어 그런 몸이 '오직 이번 한 번만 나의 것일 뿐'이라고 이야기한다. 몸은 곧 사라져버릴 귀한 것이라는 통찰이다. 이미 누구나 알고 있는 사실일 수도 있지만 새삼 슬프게 다가오는 구절이다. 그러나 우리는 여기서 한 걸음 더 나아갈 수 있다. 과연 몸이 '나의 것'인가?

몸이 나의 소유물이라면 아무리 귀한 것일지라도 그것 없이도 살 수 있고 여전히 나는 나일 수 있어야 한다. 그러나 몸 없이 나는 살 수도 없고 내가 될 수도 없다. 내가 몸을 갖고 있는 것이 아니라 내가 바로 몸이고 몸이 바로 나이기 때문이다. '내 마음 나도 몰라'라는 노랫말도 있지만 우리가 더 모르는 것은 몸이다. 몸이 나를 살고 있기 때문이다. 정반대로 보이는 기쁨과 괴로움, 병과 건강이 뒤얽힌 채 드러나 있는 것이 몸이다. 그러면서 우리에게 살아갈 길을 가르쳐준다.

같은 맥락에서 철학자 마크 존슨Mark Johnson은 《몸의 의미》에서 다음과 같이 말한다.

"마음은 몸의 집을 일시적으로 방문하기 위해 그저 우연히 들렀다 가는 신비로운 형이상학적 나그네가 아니다. 인간의 마음은 몸에 포함되어 있는 것이 아니라, 몸으로부터 발생하고 몸과 함께 진화한다. … 인간은 몸-마음이다. 연속적으로 발전하는 사건의 유기적 과정이다. … 우리의 의미는 곧 인간의 의미인 것이다. 즉 인간적으로 접하는 환경에 있는 인간의 몸에 기초한 의미인 것이다."

서로 반대되는 병과 건강, 즐거움과 괴로움이 한데 얽혀 뒹구니 몸이 참고 견디는 폭이 마음보다 훨씬 더 크다. 그래서인지 오히려 몸의 소리를 듣기가 쉽지 않다. 마음에도 쉼을 주어야 하지만 몸에도 쉼을 주어야 하는 까닭이다.

# '우주'라는 이름이
# 지니는 뜻

한처음에 하느님께서 하늘과 땅을 지어내셨다. 땅은 아직 모양을 갖추지 않고 아무것도 생기지 않았는데, 어둠이 깊은 물 위에 뒤덮여 있었고 그 물 위에 하느님의 기운이 휘돌고 있었다. 하느님께서 "빛이 생겨라!" 하시자 빛이 생겨났다. … 하느님께서 "물 한가운데 창공이 생겨 물과 물 사이가 갈라져라!" 하시자 그대로 되었다.

《구약성서》공동번역, 〈창세기〉, 1:1~3, 6

우리가 살고 있는 우주宇宙는 한자 대로 풀이하자면 '하늘 아래 지붕이 있는 집'이다. 낱글자로 따져 보자면 '우宇'는 지붕이나 처마를 가리키고 '주宙'는 하늘을 뜻하므로 합쳐서 '집 중의 집'으로 풀이된다. 그런데 우주가 과연 우리 인간의 집인가? 우리를 그렇게 안락하게 보호해주는가? 끝을 알 수 없는 우주는 고사하고 지구만 놓고 보더라도 자연으로서 지구는 지극히 작은 안락한 부분을 제외하고는 험하고 무시무시하다. 우리가 먹고살기 위해 함께 모여서 사회를 이루고 문화를 엮으면서 길들여가고 있기 때문에 편안해 보이지만, 이도 때로 예측불허의 대재앙을 만나면 뿌리째 흔들리니 지구조차도 그저 '집'이 되는 것은 아니다. 그런데도 우주를 집이라고 불렀다. 왜 그랬을까? 그랬으면 좋겠다는 희망을 담았기 때문이다. 염원이라고 해도 좋고 기도라고 해도 좋다.

영어에서도 우주를 '코스모스cosmos'라고 부르는데 이는 '질서'를 뜻한다. 질서라면 이전의 '혼돈'이라는 상태를 전제한다. 《구약성서》의 〈창세기〉에서도 태초 창조의 순간을 혼돈과 흑암으로 묘사한다. 창조를 '없음으로부터 있음으로의 전환'이라고 보는 라틴 기독교계의 공식과도 달라 보인다. 물론 혼돈이 '없음'을 가리키는 형이상학적 표기로 읽힐 수도 있지만 말이다. 어둠과 혼돈이 드리워진 곳에 빛이 새로이 비춤으로써 시간의 질서가 세워진다. 물과 뭍이 갈라짐으로써 공간의 질서가 세워진다. 이런 방식으로 혼돈의 뒤범벅에서 벗어나 질서에 이르기를 기대하는 염원이 경전에 담겼다. 질서는 예측 가능하고 따라서 안정을 제공해줄 것이기 때문이다. 우주를 부르는 또 다른 표현인 '유니버스universe' 역시 마찬가지다. '조화'를 뜻하는 이 말은 갈등과 충돌이 범람하는 현실을 넘어서려는 희망의 뜻을 지닌다. 말하자면 우리가 부르는 이름들은 그 이름이 가리키는 것의 정체를 밝힌다기보다는 오히려 우리의 염원과 희망을 담아 붙인 호칭일 수 있다.

이런 희망과 염원의 언어들은 눈앞의 모습과는 오히려 정반대의 깊이를 향하는 통찰을 담고 있다. '~에도 불구하고, 아니 오히려 ~ 때문에'라는 혜안이다. 혼돈에도 불구하고, 아니 오히려 혼돈 때문에 질서가 의미를 지니고 희구된다. 선불교의 가르침도 이런 지혜를 전해준다. 불이 모든 것을 태우지만 스스로는 타지 않는다. 만일 스스로를 태우면 다른 것들을 태울 수 없었을 것이다. 태우지 않음으로써 태우며, 태움으로써 태우지 않는다는 것이다. 말장난처럼 들릴지도 모르지만 삭히듯 숙고해보면 실로 오묘하다. 험난한 세상을 살아가는 지혜이고 방법이다.

이러한 역설은 구체적으로 어떻게 드러나는가? 로마제국 시대에 대화재가 났었다. 화재 예방을 위해 나무 들보 사용을 금지하는 법이 제정되었다. 대책을 세우려는 노력 끝에 화산재를 첨가한 콘크리트가 건자재로 개발되었다. 덕분에 나무로 만든 직각형 천장 대신 반원형 아치의 천장이 만들어질 수 있었다. 화재가 새로운 자재를 발견하게 했을 뿐 아니라 새로운 건축술을 발명하게 했던 것이다. 전화위복 정도가 아니다. 이전에는 없었던 새로운 세계를 열어준다. 폭삭 망한 것처럼 보인다고 해도 눈앞에 보이는 것이 전부가 아니다. 그 위를 보라고, 그 뒤가 드러나고 있음을 기다리라고 자연은 우리에게 가르친다. 그렇게 해서 일찍이 인류가 간절한 희망을 담아 '우주'라고 불렀고 '질서'와 '조화'라고 불렀던 것이다.

# 알고 있는 것은
# 부분일 뿐이다

세계를 영원의 관점에서 직관하는 것은 세계를 전체—한계 지어진 전체—로서 직관하는 것이다. ⋯ 한계 지어진 전체로서의 세계에 대한 느낌은 신비스러운 느낌이다.

— 루트비히 비트겐슈타인, 《논리-철학논고》

우리는 '전체'를 알 수 없다. 누군가 전체를 안다고 하면 독단이 된다. 자신이 알고 있는 것이 전체고 당연히 옳다고 주장한다면 독단이 될 수밖에 없다. 그런데 인간이 이것을 깨닫게 된 것은 근대로 들어서면서부터다. 인간이 자의식을 갖기 시작한 기원전 5세기경 이른바 '축의 시대'를 기점으로 한다면 지금까지 2,500여 년의 세월에서 2,000년 이상 인간은 전체를 중요한 문제로 생각해왔다. 고대와 중세가 그런 시대였다. 초자연에서 자연으로, 자연에서 인간으로 초점이 바뀌었지만 여전히 인간은 보이는 대로 사실이라고 생각했으니 자신이 마주하는 세계나 신에 대해 전체를 알 수 있다는 듯이 착각해왔다. 이른바 '형이상학'이었다. 있음이 그저 있음 그대로 군림한다는 생각이었다. 신도, 세계도, 인간도 그런 식으로 '전체'를 구성하고 있다고 새겨왔다.

그런데 과학이 선도하는 근대로 넘어오면서 대전환이 일어났다. 천동설에서 지동설로의 대체가 이루어졌고 이에 발맞추어 있음이 그대로 있음이기보다는 '앎'이라는 행위를 통한 있음이라는 것이 드러났다. 물론 앞서 데카르트와 흄이 군불을 지폈지만 칸트의 예리함이 이른바 '코페르니쿠스적 전환'을 완성했다. 이제는 앎에 담긴 만큼만 알 수 있을 뿐이고 그 바깥의 있음을 알 수는 없다. 결국 앎을 넘어서는 전체가 없다고는 할 수 없지만 그렇다고 알 수 있는 것은 아니라는 한계를 철저하게 깨닫게 되었다. 그럼에도 불구하고 한계 안에서나마 앎의 힘을 키우고자 했다. '인식론'이 바로 그러한 노력이었다. 이성이 비추는 찬란한 빛으로, 경험이 받아들이는 반사의 빛으로 사물을 정확히 파악하려 했다. 그것이 근대였다.

그러나 과학에 힘입어 한없이 비출 것만 같던 앎의 빛은 그와는 비교도 할 수 없는 더 큰 삶을 비추기에는 역부족이었다. 애당초 한계를 지닌 앎이니 그럴 수밖에 없었다. 이제 앎의 빛으로 드러나지 못하는 삶의 어두움이 세계에 짙게 깔려 있음을 우리 시대는 발견하게 되었다. 빛으로 다 드러나고 해결하지 못하는 삶의 소외와 허무를 겪으면서, 불안과 절망으로 내몰리면서, 삶의 어두움이 얼마나 크고 넓고 깊은지 헤아릴 수도 없다는 것을 깨닫게 되었다.

바야흐로 우리의 시대인 '현대'는 이렇게 시작되었다. 그래서 연구실과 강단을 뛰쳐나온 삶의 철학이 등장했다. 실존의 절규도 터져 나왔다. 이렇게 '이성'에서 '삶'으로 초점이 옮겨진 지도 벌써 한 세기나 지났다. 지금은 소용돌이를 거쳐 혼돈의 시대를 살고 있다. 혼돈chaos에서 혼동fusion/fuzzy을 거쳐 혼종hybrid으로까지 나아간다. 갈수록 복잡하고 혼란스러운 현실을 보다 긍정적이고 적극적으로 헤쳐나가려는 몸부림이다.

그런데 '있음 그대로 있음'이라 했던 고대와 중세는 그만한 두께의 나이테처럼 아직도 우리 사고에 깊이 깔려 있다. 종교적 세계에서는 더욱 그렇다. 인간이 '신의 섭리'를 운운하다 보면 전체에 대해 알고 있다는 듯이 착각과 독단에 빠지게 된다. 사실 자신이 알고 있는 것을 전체라고 주장하는 것일 뿐이다. 그러나 인간은 전체를 알 수 없다. 따라서 부득이하게도 모든 문제에 대한 해답을 얻을 수는 없다. 결국 우리가 알고 있는 것은 부분일 뿐임을 인정하면 정답 없는 현실을 보다 편하게 받아들일 수 있을 것이다. '신비'라는 것은 바로 우리의 그러한 한계를 가리킨다. 무슨 기이한 현상이 아니다.

# 물음만으로
# 충분하다

왜 아무것도 없지 않고, 무언가가 존재하는가?

토마스 아퀴나스 등 수많은 철학자들

이런 물음을 물어본 적이 있는가? 아니 들어본 적은 있는가? 한가하게 이런 물음이나 물을 시간이 어디 있나 하고 반문할 수도 있다. 그러나 홀연히 이런 물음이 고개를 쳐들 때가 있다. 삶이 아주 힘들거나 정반대로 더할 나위 없이 즐겁고 행복할 때도 문득 이런 물음을 떠올릴 수 있다.

서양에서는 일찍이 중세에 토마스 아퀴나스Thomas Aquinas가 이 질문을 했었다. 근대로 넘어오면서 전기에는 인식론자 라이프니츠 Gottfried Wilhelm Leibniz가, 그리고 후기에는 관념론자 셸링Friedrich Wilhelm

Joseph Schelling이 같은 질문을 했다. 우리 시대인 현대로 와서는 실존철학자 하이데거Martin Heidegger가 역시 이 질문을 했다. 시대정신에 따라 그 의미는 달라졌겠지만 이 물음이 시대를 넘어 집요하게 던져졌다는 점은 우리의 특별한 주목을 요한다. 그만큼 중요하지만 어떤 대답으로도 종결되지 않고 있다는 것을 드러내기 때문이다.

왜 여기에 그 무엇이 있을까? 도대체 나는 왜 있을까? 사실 반드시 있어야 할 이유는 없다. 내가 있지 않았어도 세상은 그런대로 굴러갔을 것이다. 세상이라고 부르는 그 무엇조차도 꼭 있어야 할 이유는 없다. 하지만 여기에 이렇게 존재한다. 왜 그럴까? '왜?'라고 하면 이유를 묻는 것인데 대답을 하기에는 너무도 막막하다. 사실 만족스러운 대답은 아직까지도 나오지 않은 것 같다. 그러니 시대를 넘어서도 이 물음이 계속되는 것이 아닌가 한다.

혹자는 대답도 되지 못할 물음이 도대체 무슨 의미를 지니느냐며 아예 물음 자체를 거부할 수도 있다. 그러나 대답될 수 있어야만 물음이 뜻을 지니는 것은 아니다. 사실 우리 삶에서는 대답될 수 있는 물음보다 그렇지 않은 물음이 훨씬 더 많다. 사실 비교도 되지 않을 정도로 많을 것이다. 다만 대답하기 어려운 물음을 지레 포기하니 대답 가능한 물음만 의미 있는 것처럼 생각하게 되었을 뿐이다. 대답을 가져야 한다는 강박이 우리로 하여금 질문-대답의 공식으로 세상을 보도록 만들어왔을 뿐이다. 대답을 얻지 못하면 안달하거나 어떤 것이라도 대답으로 부여잡도록 몰아쳐왔을 뿐이다. 그러나 대답될 수 없더라도 그 자체로서 오히려 삶에 뜻을 주는 물음들이 적지 않다. 그리고 우리가 여기서 관심하는 이 물음도 그런 물음들 가운데 하나다.

　왜 그 무엇이 없지 않고 있는가? 이 물음에서 '없지 않고'는 우리에게 '있음'이라는 것이 없었던 적이 있고 없어질 때도 있을 것이라는 점을 상기시켜준다. 그냥 밑도 끝도 없이 '있는 것'이 아니라 '없지 않고 있는 것'이다. 없음이었던 것이 있음이 되었다는 말이다. 있음은 무조건적인 전제가 아니다. 있음이 당연하지 않다는 것이다. 그래서 우리 시대에 와서 이 물음을 다시 물은 철학자 하이데거는 "있음에 대해 생각하는denken 것은 있음에 대해 감사하는danken 것"이라고까지 말했다. 감사까지는 못하더라도 최소한 당연한 것이 아니라는 점을 깨닫는 일은 매우 중요하다. 내가 여기 있어야 할 필연도 없고 내가 여기 있는 것이 당연한 것도 아니다. 먼저 이것을 인정하는 일이 중요하다.

　그렇게 되면 타인들과 관계하는 자세와 방식이 달라질 것이다. 세상을 보는 눈과 그 안을 걸어가는 발도 달라질 것이다. 미안하지만 우리는 뭐 그리 대단한 것이 아닐 수 있다. 그렇다고 우리가 별 볼 일 없다는 것은 결코 아니다. 그저 대단하지 않다는 것을 받아들이는 일만으로도 우리는 한결 더 편안하고 넉넉해질 수 있다. 꼭 잘나고 대단해야만 한다는 부질없는 강박에서도 벗어날 수 있고, 제기된 물음에는 무조건 대답으로 마무리해야만 한다는 어리석음도 넘어설 수 있다. 물음만으로도 충분하다.

# 어른이 되어
# 마주한 노을

하루 종일 지친 몸으로만 떠돌다가 / 땅에 떨어져 죽지 못한 / 햇빛들은 줄지어 어디로 가는 걸까 / 웅성웅성 가장 근심스런 색깔로 서행하며 / 이미 어둠이 깔리는 소각장으로 몰려들어 / 몇 점 폐휴지로 타들어가는 오후 6시의 참혹한 형량 / 단 한 번 후회도 용서하지 않는 무서운 시간 / 바람은 긴 채찍을 휘둘러 / 살아서 빛나는 온갖 상징을 몰아내고 있다.

도시는 곧 활자들이 일제히 빠져 달아나 / 속도 없이 페이지를 펄럭이는 텅 빈한 권 책이 되리라. / 승부를 알 수 없는 하루와의 싸움에서 / 우리는 패배했을까. 오늘도 물어보는 사소한 물음은 / 그러나 우리의 일생을 텅텅 흔드는 것. / 오후 6시의 소각장 위로 말없이 / 검은 연기가 우산처럼 펼쳐지고 / 이젠 우리들의 차례였다. / 두렵지 않은가.

밤이면 그림자를 빼앗겨 누구나 아득한 혼자였다. / 문득 거리를 빠르게 스쳐

가는 일상의 공포 / 보여다오. 지금까지 무엇을 했는가 살아 있는 그대여 / 오후 6시 / 우리들 이마에도 아, 붉은 노을이 떴다. / 그러면 우리는 어디로 가지? / 아직도 펄펄 살아 있는 우리는 이제 각자 어디로 가지?

────── 기형도, 〈노을〉

　　다소 긴 시지만 어떤 문장도 생략할 수 없을 듯하다. 바쁜 하루를 보내다가 문득 검은 연기처럼 보이는 노을을 마주한 시인은 새벽부터 저녁까지 이르는 긴 시간, 소각장, 그리고 그림자를 빼앗아가는 밤까지 예리하게 쪼개면서 하루의 싸움을 돌이키고 있다. 붉은 노을을 마주하는 오후 6시가 되어서야 지나온 시간을 되돌아보게 되니 우리네 '인생의 노을'도 그와 비슷하지 않을까 싶다.

　　'단 한 번의 후회도 용서하지 않는 시간'이 무섭다고 했다. 그런데이도 노을에 이르러서야 깨닫게 된다. 새벽 그리고 아침에 우리는 무엇인가 새로운 시작을 할 수 있으리라는 희망을 가지기도 한다. 오늘도 뻔한 하루일 것이라는 풀죽은 시작도 적지는 않겠지만 말이다. 그러나 어느 경우든 간에 우리는 모두 노을에 이른다. 아니 노을이 우리에게 밀려들어온다. 도망칠 수도 없다. 그때서야 흘러온 시간들이 참으로 무섭게 느껴진다. 지나가버린 과거다. 신도 되돌아가지 못한다는 과거다. 어둠이 깔리고 땅거미가 밀려오는 소각장으로 내몰리면서 돌이켜보게 되는 과거다. 쉼 없이 몰아치는 승패의 물음에 대답할 겨를도 없이 바람의 채찍에 내몰려 소각장으로 들어가는 폐휴지 신세처럼 오늘 하루의 삶이 힘겹다. 소각장의 검은 연기! 아름다울 수도 있었던 노을이 이렇게 비친다. 그리고 이제는 우리 차례라는 것이다.

　노을은 어린이들의 시에서도 많이 다뤄지는 소재다. 그런데 이 작품에서 다뤄지고 있는 노을은 동시童詩에서 그려지는 모습과는 사뭇 다르다. 무엇이 그렇게 만들었을까? '단 한 번의 후회도 용서하지 않는 시간'이 무서운 줄 모르고 보내왔던 우리 삶이 그렇게 만든 것은 아닐까? 승부를 알 수 없는데도 오직 이겨야만 한다는 강박으로 몰아치며 어느덧 폐휴지 신세로 전락한 우리 삶이 그렇게 만든 것은 아닐까? 밤은 그림자마저 빼앗아간다. 시간만 무서운 것이 아니라 밤도 무섭다.

　사실 그림자로 말하자면 햇빛이 쨍쨍할 때 가장 선명하지만 이때 우리는 그림자에 별로 눈길을 주지 않는다. 보이는 것들만 바쁘게 쫓아다니다 보니 그럴 겨를도 없다. 그러다가 해가 기울어 가장 근심스러운 색깔로 소각장을 향해 노을이 지면 그림자는 가장 길어진다. 우리의 곁에 늘어진 그림자는 우리를 되돌아보게 한다. 그러나 이도 매우 짧은 순간이다. 그저 잠시일 뿐이다. 하루에서도 그렇고 인생에서도 그렇다. 자신을 돌아볼 수 있는 시간도 그렇게 길지 않다는 말이다.

　곧 밤이 온다. 그림자를 빼앗아가버리는 밤 말이다. 그림자를 빼앗긴다는 것은 되돌아볼 여지가 없다는 뜻이다. 후회를 허락하지 않는 무서운 시간은 드디어 되돌아볼 여지마저 빼앗아가는 공포로 들이닥친다. 노을은 밤으로 들어가는 마지막 순간이다. 가장 길어졌던 그림자가 바로 없어진다. 노을은 아름다움에도 불구하고, 아니 바로 그렇기 때문에 가장 무섭다. 그 무서움을 넘어서는 길은 시간의 소중함을 되새기는 것뿐이다. 그러면 노을이 다시 아름다워질 수 있을 것이다.

2장

# 인간의 틀

우리가 한계에 부딪히고
넘어서려는 이유

인간은 본능으로만 살지는 않는다. 본능과 밀접하게 연관되지만 매우 다른 '욕망'이라는 것으로도 산다. 본능은 유한하여 만족할 줄 알지만 욕망은 무한하여 어느 순간에도 만족하지 못한다. 끝없는 불만이 한편으로는 문명 발전의 원동력이 되었지만, 다른 한편으로는 어떤 것들에도 만족하지 못하는 방황으로 이어질 수 있다. 양극단 사이를 널뛰는 욕망은 한계를 놓고 씨름하는 인간의 결정적인 동인이 된다. 인간은 끊임없이 한계를 넘으려 하면서 유한성을 진하게 겪는다. 반대로 유한성을 겪는 만큼 한계를 넘으려는 초월지향성이 점증한다. 유한과 초월은 반대인데 유한성 의식과 초월지향성은 얽혀서 '종교성'을 이룬다. 종교성을 지니면서 인간은 비로소 '종교적 인간'이 된다. 종교적 인간이 마주해야 하는 삶의 씨름은 무엇이고, 이를 어떻게 극복해야 할까? 함께 실마리를 더듬어보고자 한다.

# 인간이
# '종교적'인 까닭

법의 수호자이시며 능하신 아디트야(태양신)들이시여, 비밀 속에 잉태하신
그녀처럼 내 죄를 도말하소서. 바루나시여, 미트라시여, 그리고 기도를 들으
시는 모든 신들이시여, 저를 도와주시기를 구하나니, 저는 당신들의 선하심을
알고 있나이다.

당신들께서는 곧 섭리이시며 권능이니이다. 나를 증오하는 이들을 즉시 제거
하여 주소서. 좋은 것들을 선사하시는 신들이시여 우리를 자애롭게 대하여 주
소서. 바로 오늘, 그리고 그 이후로도 우리에게 은총을 내리소서.

《리그베다》 제2권, 〈시편〉 29편, "비베데바스Vivedevas"

　힌두교 경전의 한 구절이다. 신을 복수로 표기하니 다신론을 표방
하는 것으로 보인다. 그러나 이것이 관건은 아니다. 삶의 온갖 역경과

죽음의 위협을 극복하게 해주는 힘을 부르고 갈구한다는 점에서 일신론이든 다신론이든 간에, 인간이 하는 기도는 별 차이가 없다. 일단 신은 '힘'이다. '섭리이며 권능'이라는 표현은 이를 가리킨다. 신과 힘의 관계는 종교적 인간을 이해하는 데 있어 중요한 실마리가 된다. 신과 힘 중 무엇이 주어이고 무엇이 술어일까? 달리 묻는다면, 신이어서 힘일까, 아니면 힘이어서 신일까?

간단하다. 힘이 없으면 신이 아니다. 따라서 힘이어서 신이다. 즉 신으로 하여금 신이 되게 하는 결정적인 것은 힘이다. 그래서 힘이 먼저다. 그 힘을 신이라고 불렀다. 이쯤 되면 힘을 주어로 하는 것이 타당하겠다. 그러나 종교 안에서는 '신은 힘이다'라는 주술구조에 더 익숙하다. 종교에서는, 특히 신을 믿는다고 말하는 종교에서는 당연히 신이 주어가 되어야 하기 때문이다.

그런데 그런 '신god'이 '선하시다good'고 고백한다. 사실 인간이 이를 판단할 위치에 있지는 않다. 그러나 인간은 신이 그러기를 바란다. 그랬으면 좋겠다는 것이다. 그래야 우리 인간의 염원을 들어주실 것이기 때문이다. 그러한 염원은 심지어 나를 미워하는 이들을 제거해달라는 고백으로까지 나아간다. 신은 '착한 것善'이라기보다는 우리가 '좋아하는 것好'이라고 해야 할지도 모르겠다. 유대교와 기독교의 경전 《구약성서》에도 이와 비슷한 기도들이 많다.

"야훼여, 악인들의 원욕을 채워주지 마시고
그 간계를 꺾어 주소서.

나를 에워싸고 나에게 머리를 치켜들지 못하게 하시고

내뱉는 악담을 도로 뒤집어쓰게 하소서."

〈시편〉 140편에 등장하는 기도의 한 구절이다. 종교를 논하기 전에 인간부터 먼저 살펴야 하는 이유를 우리는 여기서 또 확인하게 된다. 이 기도가 잘못되었다는 것이 아니다. 인간이 나쁘다는 것도 아니다. 우리 인간은 그럴 수밖에 없다. 사실 이러한 모습은 당연하고 불가피하다. 다만 그 불가피함을 겸손하게 인정하는 것이 중요하다. 종교를 빌미로 공연히 거룩한 체하는 위선을 떨지 말자는 것이다. 그런데 종교 안에서 거룩한 척하는 모습이 많다. 너무도 많다. 그런 점에서 이런 원초적인 기도는 차라리 우리의 모습을 적나라하게 드러냄으로써 되돌아보게 하는 뜻을 지니고 있다.

내가 축복받고 원수가 처벌받길 원하는 것이 솔직한 기도의 출발점이다. 고고한 윤리나 이상적 가치를 내세우기 전에 우리의 성정을 있는 그대로 인정하는 것이 중요하다는 뜻이다. 이것을 받아들이게 되면 우리는 다음 단계로 나아갈 수 있다. 성장과 성숙이 생물학적으로, 심리적으로만 일어나는 것은 아니다. 종교도 그럴 수 있고 그래야 한다. 그것이 종교적 인간이 기도하는 뜻일 테다.

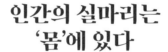

# 인간의 실마리는
# '몸'에 있다

교회는 말한다: 몸은 죄악이다.

과학은 말한다: 몸은 기계다.

광고는 말한다: 몸은 사업이다.

몸은 말한다: 나는 성휴일聖休日이다.

———— 에두아르도 갈레아노Eduardo Galeano

    인간이 자기 자신을 보는 모습은 유구한 역사를 거치면서 다양하게 변해왔다. 서구 역사에서도 일찍이 아리스토텔레스가 인간을 '이성적 동물'이라고 칭한 이후 다양하면서도 서로 충돌하는 인간에 대한 정의들이 이어져왔다. 고대를 지나 근대로 넘어오면서 파스칼은 인간을 '생각하는 갈대'라 정의했다. 1,300년 이상의 시간이 흘렀는데도 상당히 비슷한 방식으로 표현되고 있다는 것이 놀랍다.

　'이성적 동물'과 '생각하는 갈대'는 상반되어 보이는 두 단어를 묶어 인간의 복잡한 꼴을 오묘하게 그렸다는 공통점이 있다. '이성'과 '동물'의 관계나 '생각'과 '갈대'의 관계가 그러하다. 이성은 합리적으로 생각하고 행동하는 특성을 의미하고, 동물은 먹고 싸고 자면서 살아가는 변화무쌍한 생명체를 가리킨다. '이성적 동물'은 인간을 인간이게 하는 조건을 이성에서부터 찾고자 하는 표현이었고, 따라서 인간의 동물성은 억눌려졌다. '생각하는 갈대'도 사정은 마찬가지였다. 주변 상황에 따라 흔들릴 수밖에 없는 갈대이지만 그럼에도 생각으로 추려 나가는 것이 인간이라 했으니 여기서도 갈대는 억제되었고 생각이 부추겨졌다. 인간은 이성이자 생각이기 때문에 정신이 중요했고, 육체는 저급한 것으로 여겨졌다. 철학은 몸을 절제의 대상으로 여겼다면, 교회는 한술 더 떠 몸을 죄악이라고 했다. 지금까지도 계속되는 비극이다.

　그러다가 과학이 발달하면서 정신과 마주하는 '자연'에 주목하게 되었다. 말하자면 이제 자연의 눈으로 인간도 보고 세계도 보고 신도 보게 되었다. 그런데 과학적 인과의 법칙에 따라 세상을 보니 자연도 기계로 보이고 '인간의 자연'인 몸도 기계로 보였다. 영혼이라는 말은 옛날이야기로 치부되었고 기계가 된 인간은 더 발전하는 과학에 이끌려 더욱 물질적인 존재로 스스로를 몰아갔다. 다른 한편 과학과 함께 의학의 발전이 가속화된 덕분에 영아사망률이 급격히 감소하고 평균수명이 높아지면서 인구의 급팽창으로 이어졌다. 산업이 발전하며 거래가 왕성해지니 광고와 홍보가 중요해졌다. 이제 사람들은 사업적 광고의 대상이 되었다. 정신보다는 육체가 더욱 주목을 받게 되었고 몸이 그 자체로 사업이 되었다. 오늘날 몸의 중요성이 부각되면서 몸 관련 사업은 새로운 욕망을 창출했고 미디어의 영향으로 이러한 경향은 더욱 가속화되었다. 모든 것이 찬란하게 발전하는 듯 보였다.

그러나 몸은 어디서도 몸 둘 곳을 찾지 못했다. 일찍부터 철학과 종교는 몸을 저급하게 보고 심지어 죄악의 근원이라고까지 다그쳤으니 거기서는 숨도 쉴 수 없었다. 교회가 인간적인 것을 얼마나 억압했는지는 역사가 증명한다. 근대에 자연을 전면에 들고 나온 과학이 몸에 주목하는 듯했으나 기계적 세계관을 명분으로 쉴 새 없이 인간을 몰아붙였다. 과학 역시 몸이 앉아 쉴 곳이 아니었다. 그런데 우리 시대에 미디어를 비롯한 각종 사업들은 몸을 더 매혹적으로 만들어준다고 하면서 앞의 것들 못지않게 우리를 가혹하게 내몰고 있다. 아무도 그래야 한다고 강요하지 않았는데 모두가 '완벽한 몸'을 열망하며 쫓고 있다.

왜 그렇게 되었을까? 첫 매듭부터 잘못 꼬인 것은 아닐까? 교회가 몸을 죄악이라고 규정하면서부터 시작된 일이 아닐까? 죄악에 대한 반대급부로 솟아오르는 욕망을 억누르니 위선에 빠지면서 비극이 시작된 것은 아닐까? 그렇다면 '몸'의 관점에서 종교와 인간의 실마리를 새롭게 풀어나가야 하지 않을까?

# 종교가 아편으로
# 작동할 때

당신이 말하는 소위 그 종교라는 것은 단지 아편 역할을 할 뿐.

_____ 노발리스Novalis, 〈꽃가루〉

종교적 고통은, 현실의 고통의 표현이자, 현실의 고통에 대한 저항이다. 종교
는 억압된 피조물의 탄식이며, 심장 없는 세상의 심장이고, 영혼 없는 현실의
영혼이다. 이것은 인민人民의 아편阿片이다.

_____ 카를 마르크스Karl Marx,《헤겔 법철학 비판》

　배가 아픈 사람에게 급한 나머지 감기약을 주면서 위장약이라고
한다면 그는 그 약을 먹고서 속이 편해질 수도 있다. 맞지 않는 약인
데 맞는 약이라고 믿는다면 원하는 효과를 얻는다. 잘 알려진 대로 이

를 '위약효과placebo'라 한다. 그런데 이와 반대로 아무리 효과가 탁월한 명약이라도 제대로 나을까 하고 의심하면 원하는 효과를 얻지 못하는 '의약무효nocebo'도 있다. 이야기는 정반대지만 모두 약 자체의 성능보다도 이에 대한 믿음이 그 효과를 더 크게 좌우한다는 뜻을 담고 있다. 약보다 믿음이 더 큰 힘을 발휘한다는 것이다. 어찌 보면 믿음이 가짜를 진짜로 만들기도 하고 진짜를 가짜로 만들어버리기도 하는 것 같다.

혹자는 이렇게 반문할 수 있다. "위약효과라도 효과를 보면 좋은 게 아닌가?" 물론 그 자체로 문제라는 것은 아니다. '꿩 잡는 게 매'라는 말처럼 원하는 효과를 보면 그것대로 좋다. 그러나 "위약효과가 과연 계속해서 일어날 수 있는가?"라고 묻는다면 이야기는 매우 달라진다. 게다가 "설령 계속된다고 해도 과연 좋은가?" 하는 것은 또 다른 문제다. 위약효과라는 것이 잠깐 먹히기는 하겠지만 계속해서 효과를 볼 수는 없을뿐더러 맞지 않는 약을 계속 복용하게 되면 더욱 심각한 문제를 일으킬 수밖에 없기 때문이다.

여하튼 감기약을 위장약으로 알고 먹은 경우처럼 위약효과가 급할 때 임시방편의 효과를 나타낸다는 점마저 부정할 수는 없다. 그리고 연속적으로는 아니더라도 간헐적으로라도 작동한다면 위약효과가 상당한 위력을 자랑할 수 있다. 이처럼 믿음이 참으로 오묘한 것임은 분명하다. 약뿐만 아니라 나날의 삶에서 이모저모로 작동하는 믿음이 우리의 일상에 미치는 영향에서도 마찬가지일 것이다. 그리고 종교 역시 이러한 위약효과를 발휘한다.

좋은 말을 해주는데 그에 대해 딱히 싫다고 할 사람은 없을 것이다.

그리고 좋은 말을 해주면 실제로 좋아지기도 한다. 빈말이라도 좋은 말은 그래서 일단 하고 보는 것이다. 이런 원리가 종교에서도 십분 작동한다. 그런데 좋은 말이라고 해도 같은 말이 계속 반복되면 약발이 좀 떨어진다. 그래서 약발이 떨어지려고 하면 또 다른 약을 들이댄다. 내용은 거기서 거기인데 모양새를 살짝 바꾸면 좀 달라 보인다. 그런 약발이 또 의외로 먹힌다. 주는 쪽에서 맞는 약이라고 하고 더 좋은 약이라고 하면 받는 쪽에서 넙죽 받아먹고서는 약발이 떨어지려 한다며 또 달라고 한다.

그러나 그 약 자체에 대해서 묻는 것은 금기시된다. 맞는 약이라면 맞는 약이고, 좋은 약이라면 좋은 약이다. 약에 대해 물어서는 안 된다. 묻는 순간 약발이 떨어지고 효과가 사라진다. 위약효과라도 보아야 할 텐데 효과가 사라지면 낭패다, 아니 어쩌면 위약의 정체를 알게 될까 두렵다. 그래서 묻지 않는다. 그렇다면 그런 줄 알고 먹어야 한다. 믿고 먹으면 낫는다는 선포의 말씀을 따라 믿고 먹는다. 그리고 정말로 약발이 먹힌다. 믿음의 오묘한 생리 덕분이다. 그러나 이와 같은 '묻지마 믿음'에서 중요한 것은 믿음이 아니라 신묘한 효과다.

물론 우리네 일상의 삶은 잠시 먹혀드는 위약효과로 지탱하기에는 훨씬 길고 복잡다단하다. 그러나 종교의 영역으로 들어오면 이야기는 달라진다. 종교는 단순하다, 아니 단순해야 한다. 그래야만 약발이 먹히고 위약효과를 볼 수 있기 때문이다. 오늘날 종교들이 이 위약효과를 무리하게 지속시키다가 병이 깊어졌다. 기독교는 이 지점에서 아마 선두에 서 있을 것이다. '종교는 민중의 아편'이라는 말은 바로 이러한 현상을 두고 나왔을 것이다. 위약효과 정도가 아니라 '아편 중독'이라고까지 진단이 나왔음에도 아직도 이런 진단을 외면하고 '묻지마 믿음'을 외치는 '종교중독증'을 치료하기 위해서라도 '묻지마 믿음'에 대해물어야 한다.

그런가 하면 위약효과의 논리를 따라 종교의 유용성을 말하는 사람들이 있다. 그들은 종교가 가르치는 것의 진위 여부는 덮어두고 보험드는 셈 치고 일단 믿어보라고 한다. "천당이 있으면 죽은 후에 갈 수있으니 좋고, 만일 없다면 밑져야 본전이니 괜찮다"는 것이다. 거꾸로"만일 지옥이 있다면 어떻게 할 것인가?"라는 협박과 함께 말이다. 그런데 요즘은 이마저도 약발이 먹히지 않는 시대가 되어가고 있다. 종교를 반대하는 입장과는 달리 어떤 종교에 대해서도 별 관심이 없고 종교라는 것에 대해 어떤 의미도 부여하지 않는 무종교인들이 종교인들보다 빠른 속도로 늘어나고 있다.

인간에게는 특정 종교가 있든지 없든지와 무관하게 죽음의 한계를의식하고 그 한계를 넘어서려는 성정이 있는데 이를 훗날 '종교성'이라 일컬었다. 그리고 종교성이 있는 인간을 '종교적 인간'이라고 한다.그러나 이제 무종교인들은 '종교적 인간'이기를 거부한다. "천당 가고싶으면 너나 열심히 믿고 잘 가라!", "난 이렇게 살다 죽을 테니 날 내버려 둬!" 이런 외마디 앞에 종교의 유용성을 이야기하는 것은 아주 무력하다. 차라리 종교에 대해 거품 물고 반대하는 사람들은 진한 가능성을지녔다고 할 수 있다. 그러나 종교에 대해 아예 무관심하고 종교의 의미를 부정해버리는 경우에는 이야기가 간단치 않다.

그런데 돌이켜보면 '묻지마 믿음'을 내세운 신앙인들이 무종교인들로 하여금 더욱 종교에 관심 없게 만드는 데 일조했을지도 모른다. 오늘날 종교의 본래 의미를 되찾고 이를 현대인들에게 필요한 삶의 태도로 길어 올리기 위해서라도 우리는 '묻지마 물음'에 대해 더욱 묻고 따져야 한다.

# '구원받았다'는
# 착각과 강박

겁에 질린 종교인 방문객에게 스승이 말했다.

"왜 그렇게 걱정을 하시오?"

"구원받지 못하게 될까봐 그럽니다."

"그런데 구원이 무엇이오?"

"해탈! 해방! 자유"

스승은 껄껄 웃으며 말했다.

"그러고 보니 당신은 자유로워지도록 강요당하고 있군요. 해방되도록 속박당

하고 있지 않소?"

바로 그 순간 방문객은 마음이 놓였고 겁에서 벗어났다.

앤소니 드 멜로Anthony de Mello, 《일분 지혜》

'종교적 인간'의 적나라한 모습을 폭로하는 듯하다. 종교의 존재 이유라고 할까, 인간이 신앙하는 목적이라고 할까, 하여튼 '해방'이 종교에서 최대 관건인 것은 분명하다. 기독교의 경우 구원은 죄와 죽음으로부터 벗어나는 해방이라고 풀어질 테고, 불교에서 해탈은 고통의 끝없는 윤회로부터 벗어나는 해방을 가리키니 말이다. 그런데 우리가 종교 안에서 종교를 통해 해방을 꿈꾸고 앙망한다는 것은 뒤집어 말하면 우리가 살고 있는 현실이 그만큼 억압적이고 속박되어 있음을 반증하는 것이다.

우리의 현실이 그렇다는 증거들은 차고 넘친다. 죽음만이 우리를 공포로 옥조인다거나 고통만이 삶을 허무로 몰아내는 것이 아니다. 우리 삶에 가해지는 크고 작은 상처와 피해는 어느 누구도 믿을 수 없게 하고 우리를 더욱 강퍅하게 만든다. 누구에게도 속박되지 않는 상황이라 해도, 심지어 모든 방해되는 것으로부터 자유로운 삶일지라도 이에 대해 권태와 싫증을 느끼고 벗어나려고 하니 우리 인간은 참으로 이상한 동물임에는 틀림없다. 그래서 해방을 향한 욕구는 어느덧 우리에게 '강박'이 되어버렸다.

우리는 종교 안에서도 해방에 대한 집념을 무엇보다도 가장 강하게 갈고 닦는다. 기독교의 경우에는 이른바 '구원의 확신'이라는 것이 결정적인 기준이고 믿음 좋은 사람의 핵심으로 간주된다. 구원에 대한 확신이 신앙의 최고 경지이고 마땅히 이르러야 할 목표가 되자 자신을 완전한 신앙인으로 내세우려 하고 타인들에 대해서도 이를 기준으로 평가한다. 그러다 보니 확신을 갖지 못한 사람들은 안달하게 되고 불안으로 내몰리기도 한다. '회의론자'들은 확신으로 가득 찬 종교 공동체에 적응하지 못하고 쉽게 나가떨어진다. 결국 종교 공동체 안에서 구원에 대한 강박은 더욱더 공고해진다.

그러나 이것은 종교 안에서 벌어질 수 있는 최대의 자가당착이다. 적어도 두 가지 면에서 그렇다. 하나는 앞서 지적한 바와 같이 구원과 해방에 집착하고 속박되는 모순이다. 구원에 대한 확신을 말하는 사람들에게서 해방의 모습보다는 강박과 독단의 성향이 훨씬 더 강하게 나타나는 것이야말로 탁월한 증거다. 오죽하면 '확신의 죄'라는 말이 나왔을까? 또 다른 하나는 기독교의 경우 구원은 하느님의 절대적 주권에 의한 것일뿐 인간이 가지는 확신의 대상일 수 없다는 점이다. 하느님이 확신을 주셨다고는 하지만 반복해서 많은 사람들한테 입증하고 전달하려니 강박적이게 될 수밖에 없다.

따라서 구원에 대한 강박을 내려놓아야 한다. 믿음은 잡는 것이 아니라 놓는 것이기 때문이다. 여전히 노파심이 발동한다면 믿음도 아니고 구원은 더욱 아니겠다. 그래서 놓아야 한다. 놓아야 한다는 것마저 놓는 것 말이다.

# 자유를 달라고 해놓고
# 도망치는 인간

신앙이 살아 있었던 시대가 훨씬 행복했다고 앞에서 말한 것은 바로 이 때문입니다. '무엇을 하든, 무엇을 믿든 자유'라는 말은 사실 괴로운 말입니다. …일반적으로 사람은 자유를 동경한다고 생각하지만 의외로 그렇지 않습니다. 자유로부터 도망쳐 절대적인 것에 속하고 싶어 하기도 합니다. 진리라는 명분의 교리나 신조, 이념이 위력을 발휘하는 이유입니다.

강상중,《살아야 하는 이유》

'자유가 아니면 죽음을 달라!'는 투쟁 구호가 있었다. 목숨과도 바꿀 만큼 자유가 소중하다는 뜻일 것이다. 그런데 한편으로 우리 인간은 그토록 소중한 자유로부터 도망쳐 절대적인 것에 속하고 싶어 한다. 사회심리학자 에리히 프롬Erich Fromm이 쓴 책의 제목 '자유로부터의 도피'처럼 말이다.

왜 그럴까? 목숨을 걸고 쟁취한 자유가 그저 좋기만 한 것이 아니라 때로 우리를 괴롭히기 때문이다. 무엇을 하든, 무엇을 믿든 자유라고 한다면 마냥 좋기보다는 갈팡질팡 불안하여 견딜 수가 없어 한다. 한번 더 생각하면 나의 선택이 최선인지 의문을 가질 수밖에 없고, 오늘이 아무리 좋아 보여도 내일은 달라질 수 있으니 불안하게 된다. 그래서 도망치려 한다. 자유가 싫어서가 아니라 자유가 끌고 오는 불안이 싫어서다. 그래서 안정을 제공해줄 것들을 찾아간다. 교리나 신조, 이념처럼 내가 절대적이라고 간주할 만한 것들을 붙잡으려 한다. 그러한 절대성을 진리로 모시고 이것을 신앙이라고 한다. 이렇게 절대, 진리, 신앙은 한데 얽혀 간다.

그런데 자유는 대척점으로 보이는 가치들과 단순히 동떨어져 있는 것이 아니라 매우 깊은 대조적 긴장관계를 유지하고 있다. 대조적인 긴장이란 둘 사이에 균형이 깨져 어느 한 쪽으로 쏠리면 파행과 왜곡이 벌어질 수밖에 없는 관계를 가리킨다. 따라서 대조적인 긴장관계를 잘 유지하는 것이 관건이 된다.

우선 자유는 삶의 가장 기본적인 차원에서 운명과 대조적인 긴장을 이룬다. 운명과 자유의 축에서 어느 한쪽으로 기울면 운명은 꼼짝할 수 없는 숙명이 되고, 자유는 예측을 불허하는 무작위가 될 뿐이다. 심리적으로는 앞서 말한 대로 자유가 언제나 불안을 끌고 온다. 그런데 이 역시 한쪽으로 기울면 불안은 아무런 대책도 없는 절망이 되고, 자유는 허황된 환상으로 날아간다. 다른 한편 윤리적인 차원에서 자유는 책임과 한데 얽혀 있다. 이 역시 한쪽으로 기울어지면 책임은 주체적인 결단이 없는 강박이나 강제가 되고, 자유는 어떤 책임의식도 없는 방종으로 전락한다.

자유는 밀고 당기는 관계에 있는 대조적인 요소들을 잘 끌고 가야 하는 과제를 안고 있다. 따라서 자유는 생각보다 훨씬 더 실현하기 힘든 가치다. 그래서 자유로부터 도망치고 싶은 것이다. 신앙에서 자유를 찾아보기 힘든 것도 이러한 이유에서다. "진리가 너희를 자유롭게 하리라"는 예수의 가르침에도 불구하고 말이다.

기독교가 배경이 되는 서구문화사에서 자유는 슬픈 역사를 갖고 있다. 중세가 시작되는 시대적 전환기에 나타난 아우구스티누스는 자유를 그저 악과 죄에 대한 책임과 연결시키는 데 집중했다. 죄악이 넘쳐나는 세상에 대한 책임을 창조주에게 돌리지 않으려면 인간이 자유를 남용해서 죄를 지었다고 설명해야 했다. 그런데 인간이 타락했으니 '죄를 짓지 않을 자유'는 없어졌고 '죄를 지을 자유'만 남았다고 했다. 자유에 대한 이야기가 안타깝게도 매우 비극적인 연유에서 시작됐다. 근대로 와서 칸트는 자유를 행복과 대비시키면서 가장 바람직한 최고선을 이루는 덕목으로 간주했다. 너무나 고상한 가치였다. 자유가 종교적 죄나 도덕적 의무를 넘어 삶 전체를 아우르는 전인적 가치로 넓어지고 깊어지게 된 것은 실존의 씨름을 거친 오늘날에 이르러서다. 물론 이도 아직 시작에 불과하지만 말이다.

# 우리가 만든 세계에
# 도리어 포로가 되는 우리

미완의 모습으로 태어난 우리 인간은 세계를 구축해나가고, 그 후 이 세계는 실재로서 우리와 맞서 객관화된다. 우리는 그러한 형성물이 우리의 것이라는 사실을 잊어버린다. 그것은 혼돈의 공포에 대한 보호책으로서 삶에 영속적인 질서를 제공하고 그 결과 우리에게 가치 있게 된다고 여겨진다. 하지만 우리가 만든 형성물을 객관적 실재로 구체화함으로써 그 형성물은 변화에 대항하게 되고, 우리는 자신이 만든 것의 포로가 된다. 종교는 우리의 사회적 형성물을 정당화하는 가장 강력한 세력 가운데 하나다. 우리의 불확실한 피조 세계를 궁극적 실재에 근거 짓기 때문이다.

셀리 맥페이그Sallie Mcfague, 《은유 신학》

근대만 하더라도 인간은 인간을 둘러싼 세계를 대상으로 보고 관계하는 주체였다. 따라서 인간에게 세계를 운영하는 주도권이 주어졌고 바야흐로 '인간중심주의'의 시대가 되었다. 그러나 너무도 빨리 인간이 세계의 중심이 아니라는 뼈아픈 붕괴들이 일어났다. 지동설이나 진화론은 고전적인 계기들이었고 의식 아래에서 인간을 뒤흔드는 무의식이 발견되면서 혁명적인 지각변동이 일어났다. 우리 시대인 현대는 이제 인간이 세계에 대한 주체가 아니라 서로에게 속해 있고 서로를 만들어가는 관계라는 것을 더욱 강하게 드러냈다. 현대철학자 하이데거가 말하는 '세계-내-현존'이라는 말도 이를 가리키는 것이었다. 인간과 세계는 서로 얽혀 있을 뿐 아니라 누가 먼저랄 것도 없이 함께 만들어나가고 만들어지는 것이었다. 명사로 있던 인간과 세계가 동사가 되는 전환이 벌어진 것이다.

그런데 함께 만들어져온 세계가 어느 순간에 인간에게 맞서는 객관적 실재로 등장한다. 함께 얽히면서 만들어져왔다는 사실은 잊혀버린다. 공포와 위협이 우글거리는 자연을 길들여 만들어진 세계는 이제 인간을 보호해주고 안정을 제공해주는 '체계system'가 되었기 때문이다. 그렇게 만들어진 체계는 체계 자체가 지니고 있는 원리로 움직이기 때문에 인간의 새로운 필요나 요구에 바로 부응하지 않는다. 오히려 우리 인간이 세계라는 체계에 지배를 받게 된다. 대대적인 역전이 일어난다.

종교는 오히려 이러한 상황을 부추긴다. 종교는 체계를 더욱 확실하고 견고하게 다지는 기능으로 작동하기 때문이다. 종교사회학에서 말하는 종교의 가장 중요한 기능 가운데 하나가 바로 '사회통합'이라는 것도 이를 뒷받침해준다. 기독교적으로 표현한다면, 지어진 세계는 여전히 불확실할 수밖에 없지만 그럼에도 불구하고 창조주인 궁극적 실재로부터 비롯된 것이기 때문에 세계가 인간의 울타리가 되어주는 것이 정당하다고 보장해준다. 그러므로 종교인은 창조주를 신앙하는 것의 연장선상에서 세계에 의존하게 된다.

물론 혼돈과 공포로부터의 보호는 우리 인간에게서는 너무도 당연하고 절실한 것이다. 영속적인 질서는 미래에 대한 예측을 가능하게 해주기 때문에 우리가 추구하고자 하는 안정 욕구를 충족시켜준다. 이런 점에서 세계는 우리의 보호막으로서, 울타리로서 삶의 터가 된다. 그런데 여기에 결정적인 문제가 있다. 인간이 세계의 포로가 된다는 것이다. 세계가 신을 매개한다는 듯이 어느덧 신의 역할을 떠맡게 된다. 심지어 세계만으로 충분하다는 생각도 하게 된다. 그리고 종교도 이를 떠받쳐주는 한에서 받아들이고 믿을 만한 것이 된다.

이렇게 되면서 인간은 세계의 포로가 될 뿐 아니라 종교에도 노예가 된다. 세계와 종교가 한통속으로 굴러가면서 종교의 본뜻, 즉 이 세계가 전부가 아니고 우리 삶이 우리가 알고 있는 것만으로 이루어져 있지 않다는 것을 잊어버리게 만든다. 그러면서 눈에 보이는 것들만 붙잡도록 몰아간다. 우리가 만든 것에 스스로 포로가 되어 들어가는 것이다.

# 인간을 노예로
# 만드는 종교

종교의 실제적 율법들은 제의적 행위, 종교행사에 대한 참여, 종교전통에 대한 공부, 기도, 성례전, 그리고 묵상 등을 요구합니다. 그것들은 도덕적 복종, 비인간적인 자기통제와 고행, 우리의 한계를 넘어서는 사람과 일들에 대한 헌신, 우리의 능력을 넘어서는 개념과 의무들에 대한 순종, 한없는 자기부정, 그리고 한없는 자기완성 등을 요구합니다. 그러나 바로 그것 때문에 우리 존재 안에서 균열이 발생합니다. 완벽은 비록 그것이 진리라고 할지라도 우리의 능력을 벗어나며 우리와 맞서며 우리를 심판하고 정죄하기 때문입니다. …

이런 완벽주의자들, 청교도들, 그리고 도덕주의자들에게는 예수조차 우리에게 모든 짐들 중 가장 무거운 짐인 그분의 율법을 부과하시는 종교적 율법의 교사가 됩니다. 우리 모두는 예수를 새로운 종교의 창설자, 즉 더 정교하고 사람들을 더 속박하는 또 다른 율법을 가져오신 분으로 여김으로써 그분을 영원히 매도할 위험이 있습니다. 그러나 이것은 우리가 예수에 대해 행할 수 있는 가장 큰 왜곡입니다.

── 폴 틸리히, 《흔들리는 터전》

---

 종교로서의 그리스도교에 대한 적나라한 비판이다. 틸리히는 종교를 옹립하는 행태들이 종교의 본래 취지를 대체하니 본말전도가 극에 달한 상황이라고 개탄한다. 특히 이를 명분으로 한 '완벽'에 대한 질타는 통쾌하기까지 하다. 종교와 도덕에서 완벽주의 이념들이 인간을 얼마나 옥조이고 억눌러왔는가? 율법주의로도 불리는 종교적 강박들을 일상에서 얼마나 쉽게 볼 수 있으면 '종교는 신경강박증'이라는 비판까지 나왔을까? 종교적 명분을 앞세운 도덕적 복종이나 의무에 대한 순종 뿐 아니라 종교가 쉽사리 휘두르는 비인간적 통제는 강박을 넘어서 억압으로 이어진다. 종교제의와 행사에 대한 참여를 규범이라는 형식으로 강요하는 작태가 비일비재한 종교적 현실은 분노를 일으키다 못해 슬프기까지 하다. 도대체 왜 이렇게까지 되었는가?

 여러 가지로 분석할 수 있지만 무엇보다도 신과 신앙을 구별하지 못한 데 결정적인 이유가 있다. 신은 세계와 관계하면서 자신을 드러내고 그 이면에는 알려질 수 없는 절대의 차원이 있지만, 신앙은 어디까지나 인간에게서 일어나는 것이니 상대적일 수밖에 없다. 그런데 신앙마저 절대적인 것으로 착각한다. 절대란 마주하기를 끊은 것인데 인간이, 인간에서의 신앙이 어떻게 절대적일 수 있는가? 그런데 이런 착각이 당연한 것으로 둔갑하면서 어느덧 종교가 신의 자리를 차지한다. 그래서 종교의 이름으로 이념과 제도, 습관과 전통 등을 강요한다. 결국 종교에 속한 사람들에게 강박을 일으키니 이들은 자발적으로 노예가 되기를 서슴지 않기에 이르렀다.

　이런 왜곡의 역사에 대해 일찍부터 저항이 있었다. 사실 기독교가 지배했던 중세를 거친 서구에서는 근대로 넘어와 종교를 벗어나는 탈종교화가 과학이 이끄는 세속화의 방향으로 본격적으로 전개되었다. 그런데 짧은 근대를 뒤로 하고 현대에 들어와서는 종교를 비판하는 반동적 움직임이 나타났다. 그러나 이도 잠시였으니 오늘날에는 아예 종교에 대한 무관심이 지배적인 흐름을 이룬다. 반동은 그래도 애정과 관심을 갖는 태도이지만 무관심은 종교의 존재 이유를 부정하는 태도다. 여러 가지 이유가 있겠지만 위와 같은 비판을 받을 수밖에 없는 '종교주의'가 가장 큰 원인이라 하겠다.

　그런데 아직도 예수를 종교적 율법교사로 각색하고 맹종과 희생을 부추기는 방식으로 종교가 작동하고 있다. 종교지도자들만의 문제가 아니다. 더 많은 종교인들이 평안을 대가로 종교에 맹목적으로 복종하고 있기 때문이다. 무모한 확신에 차 있기보다 먼저 자신의 신앙과 행동을 살필 일이다.

# 우리가 믿는다고 할 때
# 과연 무엇을 믿는가?

궁극적으로 믿는다는 것은 어떤 것을 믿는다는 것이 아니라 자기를 믿는다는
것을 의미합니다. 다른 말로 하면, 일인 종교, 즉 자기가 교주인 것입니다.

———————— 강상중,《살아야 하는 이유》

"누구나 자기 자신을 교주로 삼는다." 이 말을 듣는 순간 폐부가 드
러난 듯한 느낌을 지우기 어렵다. 이를 '자기중심주의'라 해보자. 우리
삶에서 매우 중요한 사랑이라는 가치를 살펴봐도 '자기애'와 같은 방
식의 '자기중심성'이 매우 강하게 드러난다. '자기'라는 것이 우리가
생각했던 것보다 훨씬 더, 비교도 안 될 정도로 깊게 우리 삶의 뿌리에
깔려 있다는 것을 발견하고 소스라치게 된다.

예를 들어 부모가 자식을 사랑한다고 하는 경우, 그 부모들은 과연

누구를, 무엇을 사랑하는 것일까? 부모에게 자식은 자기의 확장이고 분신이다. 결국 부모에게 자식은 '자기 자신'이다. 남의 자식을 자기 자식처럼 사랑하는 것은 성자라면 몰라도 범인으로서는 불가능하다. 마음으로 다짐한다고 쉽게 되는 것이 아니다. 세포가 안으로 굽고 호르몬이 그렇게 하라고 시킨다. 그러니 부모의 자식 사랑에서도 '타자'는 없다. 이에 대해 슬퍼할 필요는 없다. 겸손하게 인간의 한계를 받아들이면 된다. 그러면 그다음 해야 할 일에 대해 생각할 수 있다.

또 다른 사례로, 연인들의 경우를 보자. 이 경우는 타자의 만남이니 좀 다른 모습이 있지 않을까 기대하게 된다. 그런데 연인들이 서로 사랑한다는 경우, 그들은 과연 누구를, 아니 무엇을 사랑하는가? 선남선녀가 만나 사랑하게 되었다고 했을 때, 그들은 서로 어떻게 만나게 되었을까? 왜 하필이면 다른 선남이 아니고 그 선남이며, 다른 선녀가 아니고 그 선녀일까?

플라톤의 에로스 분석은 좋은 설명을 보여준다. 제우스신이 남녀 간의 완전한 사랑을 질투하여 하트 모양을 일일이 쪼개버렸다고 한다. 그 이후 찢어진 모든 반쪽은 온전한 하트를 다시 이루고자 나머지 반쪽을 찾아 온 세상을 헤매고 다닌다. 그러다가 불이 반짝하게 되는 사건이 일어난다. 그래서 만남이 이루어지고, 온전한 하트가 다시 만들어진다. 이때 서로에 대한 반쪽은 어떻게 선택하고 선택되는가? 당연하게도 '나'라는 반쪽의 찢어진 모양을 기준으로 선택하고 선택된다. 무수한 타자들 가운데 탁월한 반쪽으로 선택되는 기준은 오직 '나'로부터 비롯된 것이다.

물론 모든 만남이 다 성공하는 것은 아니다. 콩깍지가 잘못 씌워진 경우도 종종 있으니까. 하여튼 타자 속에서 자기를 발견함으로써 그 타자를 사랑하게 된다. 타자를 자기화시켜서 사랑하므로 결국 자기를 사랑하는 것이다. 아니라면 하필 그 선남에 그 선녀여야 할, 죽고 못 살 이유가 있을까? 이처럼 타자와의 만남으로 시작하는 것만 같은 연인 간의 사랑에서도 타자는 없다.

우리가 하는 대부분의 사랑에 타자는 없다. 이 사실을 먼저 절실하게 깨닫고 정직하게 인정하는 것이 중요하다. '내가 믿고 싶은 대로 믿는 하느님'에서 기독교 신앙이 시작된다는 말도 이를 가리킨다. '내가 믿고 싶은 대로'일 수밖에 없는 것은 타자 없는 자기 사랑이기 때문이다. 이름은 '하느님'이지만 자기가 원하는 것, 자기가 바라는 것을 모아 그려낸 그림일 뿐이다. 그러니 자기의 투영이고 투사다. 자기라는 것은 이토록 뿌리 깊은 존재의 이유다. 물론 이것이 그 자체로 잘못된 것은 아니다. 오히려 솔직하게 인정하지 못하는 것이 문제다. 인정하지 못하면 스스로를 절대화하기 때문이다. 결국 '내가 믿고 싶은 대로 믿는 하느님'만이 아니라 '그렇게 믿고 있는 나'를 볼 수 있어야 할 것이다.

# 우리는 과연 누구에게 기도하고 있는가?

기도할 때 인간은 신에게 '당신'이라는 말을 사용한다. 그것은 인간이 큰 소리로 분명하게 신을 인간의 다른 자아로 선언한다는 의미이다. 인간은 자기에게 가장 가깝고 가장 친밀한 본질로서의 신에게 다른 사람이 들을까 두려워하는 자기의 가장 은밀한 생각이나 가장 깊은 마음속의 소원을 고백한다. … 자기의 탄식에 대하여 조금도 귀를 기울여주지 않는 본질에 인간이 어떻게 의존할수 있겠는가? 이들 소원을 실현시켜주는 본질은 자기 자신의 말을 들어주고, 자기 자신에 동의하며, 어떤 이의나 항의를 제기하지 않는 채 자기를 긍정하는 인간의 심정 이외의 무엇이겠는가?

루트비히 포이어바흐Ludwig Feuerbach, 《기독교의 본질》

흔들림 없는 신앙을 중요시하는 사람들에게 위 구절은 꽤 불편하게 다가올 것이라 짐작된다. 열심히 기도를 바치는 대상이 바로 그렇게 기도하는 인간의 마음일 뿐이라고 하고 있으니 말이다. 자신이 가장 좋아하는 모습을 마음에 그려놓고 그 마음에다가 기도를 한다는 것이다. 기도하는 행위의 주체와 대상이 같다니, 이런 황당한 말이 어디 있겠는가? 신앙인들에게는 불쾌한 표현일 수 있지만, 다른 한편으로는 속내가 드러난 듯 부정하기도 쉽지 않아 보인다.

게다가 다른 사람이 들을까 두려워하며 자기의 가장 은밀한 생각이나 마음속 깊은 소원을 고백한다는 대목에서는 내면의 치부마저 드러난 듯한 느낌을 떨치기 어렵다. 물론 이것이 잘못된 것은 아니다. 누구나 다른 사람에게는 말하지 못하는 자신만의 은밀한 염원을 갖고 있기 마련이다. 드러나게 되면 매우 부끄러울 수밖에 없는 것들이 우리 삶의 깊은 곳에서 일렁이고 있다. 그리고 이것을 가장 가까운 누군가에게는 털어놓고 싶어 한다. 이는 자연스럽고 당연한 인간의 성정이며 불가피한 욕구다. 그리고 이러한 욕구를 들어주는 것이 바로 종교의 존재 이유며, '종교적 인간'이 탄생하는 배경이다.

그런데 종교적 인간이 기도하는 대상은 신이 아니라 단지 자기 자신이 그려놓은 모습일 수 있다. 이런 경우를 문법적으로는 '재귀동사'라고 한다. 다만 여기서 오해하지 말아야 할 것이 있다. 기도하는 대상이 신이 아니라고 해서 신이 존재하지 않는다고 말하는 것은 결코 아니라는 점이다. 포이어바흐는 이른바 신 존재 문제를 다룬 것이 전혀 아니다. 오래전에 궁극적 실재를 탐구하는 형이상학과 이에 토대를 둔 스콜라철학이 신 존재 증명에 몰두했지만, 포이어바흐는 형이상학이 불가능하다는 근대의 비판을 넘어서 설령 가능하더라도 의미를 가질 수 없다고 이야기하며 현대 사상의 혁명적 전환을 일궈낸 사람이다. 그런 그가 관심을 보인 것은 신의 존재가 아니라 신의 의미였다.

포이어바흐는 기도하는 인간이 끊임없이 자신의 말을 들어주고 동의하며 긍정하는 신의 모습을 그리고 있다면, 결국 그 신은 그렇게 기도하는 인간의 마음에서 비롯된 것일 수밖에 없다고 이야기한다. 신실한 신앙인이라면 이런 말에 그저 분노만 하고 있을 수는 없을 테다. 바로 '나 자신'이 그럴 수도 있기 때문이다. 나름대로는 신실하다고 하지만 재귀동사가 가리키는 것처럼 '자기도취'에 빠져 있을 수도 있기 때문이다. 포이어바흐는 이와 같은 '자기도취의 신앙'을 경계하고 있다.

그래서 그의 분석은 '종교 비판'에 해당할지언정 신의 존재를 부정하는 '무신론'으로 치부될 만한 것은 아니다. 두 범주를 뒤섞는 것은 인간학과 형이상학을 구별하지 못하는 것에 불과하다. 포이어바흐의 종교 비판은 종교를 넘어서 공히 인간을 향하고 있다. 자아도취의 쾌감을 기도의 힘으로 착각하고 있지 않은지 되돌아보게 한다.

# 의심 없는 믿음은
# 죽은 믿음이다

믿음은 거룩함에 대한 체험인 한에서는 확실하지만 유한자가 관계하는 무한자가 유한자에게 받아들여지는 한에서는 불확실성을 지닌다. 이러한 불확실성이 제거될 수는 없고 다만 받아들여져야 한다. 믿음은 확실성과 불확실성을 동시에 지닌다. … 믿음의 위험은 바로 이러한 역설을 견디지 못하여 확실성만 붙잡으려는 맹신에 있으며 거룩함의 모호성은 바로 악마적이게 될 수 있는 가능성에 있다. 우리의 궁극적 관심은 우리를 치료할 수도 있으며 우리를 파괴할 수도 있다.

폴 틸리히,《믿음의 역동성》

우리의 삶은 시간의 흐름을 따라 흘러간다. 과거는 돌이킬 수 없더라도 미래에는 무언가 더 좋은 일이 일어날 것을 기대한다. 그러나 우리가 기대만 할 수 있는 것은 아니다. 어떤 일이 벌어질지 모르기 때문에 불안하고 걱정하게 된다. 이를 '의심'이라 해도 좋다. 그런데 굳이 저울질을 한다면 '희망·기대'와 '불안·걱정·의심' 중 무엇이 더 크고 무거울까? 사실 이런 질문은 하고 싶지도, 받고 싶지도 않다. 생각도 하고 싶지 않은 주제이기 때문이다.

우리는 이미 알고 있다. 미래에 대한 희망을 갖지만 이와 함께 불안이 찾아오는 것을 피할 수 없음을 말이다. 따라서 굳이 불안을 떠올리게 하는 질문은 하고 싶지 않다. 물론 그렇다고 해서 불안이나 의심이 사라지는 것은 아니다. 다만 생각하기를 거부하거나 미룰 뿐이다. 그러나 좀 더 용기를 낸다면, 아니 정직하고자 한다면, 불안과 의심이 희망이나 기대보다도 훨씬 더 크다는 것을 부정할 수 없다. 굳이 견준다면, 비교도 할 수 없을 정도로 의심이 클 수밖에 없다. 가린다고 가려지는 것이 아닐진대 이것이 바로 우리 삶의 모습이다.

이런 대목에서 종교를 떠올리기도 한다. 불안을 극복하고 안정을 주며 의심을 넘어서 믿음을 갖게 해준다는 종교 말이다. 보다 확실한 안정감을 주기 위해서 종교는 구원에 대한 확신으로까지 사람들을 끌고 가려고 한다. 그러나 틸리히의 말이 가리키는 것처럼 불확실성이 완전히 제거된 확실성이라면 오히려 종교가 필요 없을 것이다. 왜 그럴까? 의심의 여지가 전혀 없는 확신이란 자기가 믿고 있다는 것을 믿는 것이고 자기 믿음을 믿는 것이니 사실상 '자기에 대한 확신'이기 때문이다. 그런 태도에 굳이 종교가 필요할 리 없다.

그런데 절묘하게도 종교가 사람들을 이런 방향으로 몰고 간다. 급기야 종교가 '확신의 죄'를 조장한다는 비판까지 나온다. 확신을 가진 사람들에게도 그렇지 않은 사람들에게도 강박을 심어주기 때문이다. 확신이라는 것은 결국 자기에게는 기만이요 타인에게는 억압일 수밖에 없다. 종교가 '치료도 할 수 있지만 파괴도 할 수 있다'는 것은 이러한 '확신의 죄'로부터 비롯된 말이다.

그렇다면 참된 믿음에 이르는 길은 무엇일까? 틸리히는 믿음이 의심과 함께 얽힘으로써 가능하다고 이야기한다. 믿음은 확실성과 불확실성을 동시에 지니기 때문이다. 아니 불확실성 때문에 믿음이 필요하고 가능하다. 그래서 '행위 없는 믿음' 못지않게 '의심 없는 믿음'도 믿음이 아니다. 의심 없는 믿음이야말로 거룩함을 악마적이게 만들고 혼자만 옳다는 독단에 빠지게 하기 때문이다.

그렇다고 믿음 없이 의심만 하는 것도 능사가 아니다. 단순한 '앎'으로 보면 믿기가 어렵지만, 우리의 '삶'은 알지 못하는 것들로 가득하고 바로 그 생리로 인하여 믿게 하기 때문이다. 중세에는 '알고 믿는다'고 했지만 이제는 모르고 믿는 것이다. 비율로 계산하면 의심보다 믿음이 훨씬 작아 보일지라도 그 작은 믿음은 의심과 불안을 함께 끌고 가는 힘이 있다. 특정 종교에 속하는가의 여부는 전혀 관건이 아니다. 삶이 우리로 하여금 살게 하고 삶이 우리로 하여금 믿게 하기 때문이다.

# 참된 믿음은 '못 믿겠다'는
# 절규에서 시작된다

신을 믿으려는 사람은 그 자신이 이른바 진공 중에 서야 한다는 것을 알아야
한다. 안정성을 포기하는 사람은 참된 안정성을 찾을 것이다. 인간은 언제나
신 앞에 빈손으로 있을 뿐이다.

루돌프 불트만Rudolf Bultmann, 《예수 그리스도와 신화》

어린 자식이 죽어가는 상황에서 몸부림치지 않을 부모가 어디에
있을까? 무엇이든지 붙잡고 애원하지 않을 부모가 어디에 있을까? 종
교를 갖고 있지 않더라도 부모들은 울부짖으며 기도할 수밖에 없다. 물
에 빠진 사람이 지푸라기라도 잡겠다는 심정으로 말이다. 살려만 주신
다면 무엇이든지 하겠다고 빌고 또 빌 것이다. 그런데 이토록 절박할
때 아이가 죽지 않을 것이라고, 내 말만 들으면 그리 될 것이라고 말하

는 부류들이 꼭 나타난다. 어찌 신흥종교뿐일까? 인류사에 등장했던 수많은 종교들이 그렇게 속삭이면서 혹세무민해왔으니 새삼스러울 것도 없다. 무엇이라도 하겠다는 약자들을 대상으로 종교적 사기를 치는 것은 너무도 쉽다.

부모의 몸부림에도 불구하고 많은 경우 아이는 결국 죽게 된다. 그러면 '하느님도 부처님도 없다!'고 절규하게 된다. 실제로 많은 사람들이 그렇게 한다. 아니, 그렇게 된다. 그럴 수밖에 없기 때문이다. 아이만 살려준다면 무엇이라도 하겠고 심지어 내 목숨이라도 내놓겠다고 절박하게 애원했는데, 아이가 죽고 만다면 하늘이 무너지는 것이다.

이럴 때면 기독교에서는 십자가에서 울부짖는 예수의 절규를 떠올리곤 한다. 숨이 끊어지기 전에 하느님을 향해서 "어찌하여 나를 버리셨습니까?" 하고 몸서리쳤던 예수의 '버림받음'의 체험 말이다. 이를 '신 없음'의 체험이라고도 한다. 아무리 아우성쳐도 신의 대답이 없으니 신 부재를 겪는 것이다. 물론 신 존재 여부에 관한 논의가 전혀 아니다. 신이 계신다한들 버림받음으로 내동댕이쳐지는 현실에서는 아무런 의미도 없으니 말이다. 실재 여부가 아니라 의미 구현이 관건이다.

성서해석학자 불트만은 이렇게 버림받은 듯 아무것도 가지지 못해 안정성을 포기할 수밖에 없는 삶의 꼴을 '진공 중에, 빈손으로'라고 했다. 그리고 이것이 인간이 신을 마주하는 본래의 모습이라고 했다. 나치체제 저항에 가담했던 신학자 디트리히 본회퍼Dietrich Bonhoeffer는 이를 '무신성Gottlosigkeit의 신앙'이라고 했다. 무신론이 아니라 무신성이다. 무신론은 신의 존재에 대한 부정이라면, 무신성은 존재하더라도 의미를 지니지 못하는 상황을 가리킨다. 사실 우리네 삶에서는 무신론보다도 무신성이 훨씬 더 큰 문제다. 무고한 사람들이 고통당하고 죽임을 당하는데 "신이 존재한다면 이럴 수가 있는가" 하고 절규하면서 불가피하게 무신성에 직면하지 않을 수 없다.

이러한 절규는 성서에서도 익숙하게 등장한다.《구약성서》에서 수많은 선지자들은 나쁜 사람들이 착한 사람들을 괴롭히는데 신이 잠자코 계시다고 아우성쳤다. 그런데 이른바 '신실하다'는 종교인들은 선지자들과는 매우 다른 길을 가려고 한다. 모든 것은 신의 섭리에 의한 것이고 자신은 착실하게 따를 뿐이라고 목청을 돋운다. 이것은 참된 의미에서의 종교를 파괴하는 행동이다. '신의 섭리'를 빌미로 인간을 억누르고 있으니 말이다. 그러나 선지자들처럼 '신 없음의 체험'으로부터 절규하는 것이야말로 참된 의미에서의 종교가 시작될 수 있는 터전이다. '참된 종교vera religio'는 믿어서 시작하는 것이 아니라 못 믿겠다는 데서 시작하기 때문이다. "의심의 불안 속에서 하느님이 사라져 버린 때 나타나는 하느님"이라는 틸리히의 말처럼, 못 믿겠다는 절규야말로 참된 믿음의 시작이다.

# 미워할 수 없는 신은
# 신이 아니다

하느님으로부터 도망치려 해본 적이 없는 사람은 참으로 하느님이신 분을 경험해보지 못한 사람이라고 말해도 좋을 것입니다. 나는 하느님에 관해 말할 때 우리가 만들어낸 여러 신들, 즉 우리가 편안하게 더불어 살 수 있는 신들에 대해 말하는 게 아닙니다. … 그것들은 하느님에 대한 묘사가 아닙니다. 그것들은 인간에 대한 묘사이고 하느님을 우리 인간의 형상대로 또 우리 자신의 위안거리로 만들려는 것에 불과합니다. …

우리가 쉽게 견딜 수 있는 신, 우리가 그로부터 숨을 필요가 없는 신, 우리가 잠시라도 미워할 이유가 없는 신, 우리가 결코 그의 파멸을 원하지 않는 신은 결코 하느님이 아니며 아무런 실체도 갖고 있지 않습니다. …

하느님은 인간의 근거와 깊이를 꿰뚫어봅니다. 인간의 숨겨진 수치와 추함을 꿰뚫어봅니다. 모든 것을, 그리고 인간마저도 꿰뚫어보는 하느님은 죽어야 하는 하느님입니다. 인간은 그런 목격자가 살아 있는 것을 견디지 못합니다.

— 폴 틸리히,《흔들리는 터전》

'하느님으로부터 도망친다'는 것은 무엇을 가리키는가? 우리가 원하는 것을 들어주고 이뤄주는 분으로 믿는 하느님으로부터 왜 도망가려고 할까? 하느님이 그렇게 활동하지 않을 수도 있기 때문이다. 물론 많은 사람들이 대체로 하느님을 쉽게 견딜 수 있고 숨을 필요가 없으며 미워할 이유도 없는 신으로 믿는다. 이렇게 믿는 것이 자기에게 좋기 때문이다. 하지만 틸리히는 이런 신이 인간의 형상대로 만들어진 신일 뿐이라 이야기한다. 진짜 신이 아니라 우상일 따름이라는 것이다.

참으로 하느님이신 분은 사람을 보살피기도 하지만, 사람의 수치와 추함을 알고 있기 때문에 숨고 싶고 피하고 싶은 분이다. 또한 그분은 어찌할 수 없는 고통에 그저 침묵하고만 계신 듯하니 미움의 대상이 되기도 하는 분이다. 나아가 사람의 깊이를 꿰뚫어보기까지 하니 사람은 그런 하느님을 심지어 죽이고 싶어 한다. 사람의 치부를 깊이 들여다보는 목격자를 그냥 둘 수 없기 때문이다. 틸리히에 따르면 참된 신은 우리가 좋아하는 신이 아니라 도망치고 싶거나 그렇지 않으면 죽이고 싶어 하는 신이다.

틸리히는 사람이 믿고 싶은 대로, 좋아하는 대로 신을 그려놓고 하느님이라고 믿고 있는 것에 대해 경고한다. 그런 신은 언제나 우리가 원하는 것을 이루어주고 필요한 것을 주는 분이다. 그래서 '참 좋으신 하느님'이다. 교회에서 부르는 복음성가 중에도 이런 가사의 노래가 있다. 맞는 말이다. 그런데 좋으신 하느님이 만든 세상에서 살아내고 버텨낸다는 것이 결코 만만치가 않다. 다들 잘 먹고 잘 사는데 저주는 홀로 다 받은 마냥 힘들게 살아가는 인생들도 있다. 성서에 "감당할 수 없는 시련은 주시지 않는다"고 했지만 그런 시련을 겪다가 죽는 경우도 무수히 많다. 죽음이 감당인가? 이런 경우 '좋으신 하느님'은 절규의 대상이 되거나 결국 부정당한다. 잘 먹고 잘 살 때는 괜찮아 보이지만, 그렇지 않은 경우에는 무력하기 때문이다. 힘도 없고 의미도 없다.

이와는 달리, 히브리 성서의 어느 선지자는 '그리 아니할지라도!'라고 절규했다. 내가 원하는 대로 이뤄주지 않더라도, 내가 좋아하는 것을 주지 않더라도, 여전히 믿고 따르겠다는 것이다. 이러한 고백은 경지가 아니고서는 불가능할 것이다. 그 틈바구니에 바로 우리가 믿고 싶은 대로 움직여주지 않아서 그로부터 도망치고 싶고, 미워할 이유가 있고, 심지어 죽이고 싶은 참된 신이 있다. '그리 아니할지라도'의 경지에 이르지는 못할지언정, 내 소원을 들어주지 않는다고 내던져버리는 우상 숭배에 빠지지 않게 해주는 오묘한 통찰이다. 미워할 수 없는 신은 신이 아니기 때문이다.

# 고통은 극복되기보다는
# 겪어가는 것

하느님께서는 의인을 먼저 데려가신다는, 예수쟁이들의 상투적 위로는 딱 질색이었다. 내 아들은 물론 의인도 아니었지만, 만약 그런 소리를 조금이라도 믿어야 한다면 세상에 어느 에미가 자식에게 정의나 도덕을 가르칠 수가 있단 말인가. 하기야 그런 말 잘하는 사람일수록 돌아서서 저 여편네는 무슨 죄를 얼마나 많이 지었길래 외아들을 앞세웠을까 하고 에미 죄를 묻기에 급급하리라. … 하느님은 제아무리 독한 절규에도 애타는 질문에도 대답이 없었고, 제 경우 고통은 극복되지 않았다. 그 대신 고통과 더불어 살 수 있게 되었다.

박완서,《한 말씀만 하소서》

《한 말씀만 하소서》는 한국 현대문학의 대표적 작가인 박완서 씨가 아들을 잃은 참척의 고통을 절규하면서 쓴 자전적 수필이다. 가톨릭 신자인 그녀는 미사에 나오는 기도문의 한 구절을 사용하여 '한 말씀만 하소서'라는 제목을 붙였다. 설명할 필요도 없이 '한 말씀'이면 된다는 간절함이 깊이 배어 있는 표현이다.

그녀는 아들을 잃은 슬픔을 위로한답시고 방문한 지인들이 즐겨 하는 표현을 놓고 분노한다. "하느님께서 의인을 먼저 데려가신다"는 것이다. 세상이 너무도 혼탁하여 당신의 아들처럼 깨끗한 의인을 그냥 둘 수 없어 아름다운 천국에 먼저 데려가서 귀한 일을 맡겼다는 것이다. 하느님이 좋은 일에 쓰시기 '위하여' 의인인 아들을 우선적으로 골라 데려가셨다는 위로의 말은 그러나 위로가 아니다. 작가는 '그렇다면 어떤 부모가 자식을 올바르게 가르치려고 하겠는가'라고 되물으며 절규한다. 그런 말은 하느님을 악마나 폭군으로 만드는 것이기도 하다. 과연 좋은 일에 쓰이는지 여부는 확인할 길도 없거니와 '아니면 말고'가 되어버린다. '나쁜 수단이기는 하지만 좋은 목적을 위한 것'이라고 위로했는데 이는 자칫 무책임한 기만이 될 수도 있다. '위하여'라는 말이 지닌 양면이다.

그런데 그런 말을 하는 사람들이 돌아서서는 '저 여편네는 무슨 죄를 얼마나 많이 지었길래 외아들을 앞세웠을까?' 하고 '에미의 죄'를 묻는다. 죽어 마땅한 죄를 지었기 '때문에' 그 벌로서 죽음을 당한 것이라고 말이다. 물론 '죄 때문에 벌을 받는다'는 법칙은 황당무계해 보이는 고통이나 죽음에 나름대로 타당한 이유를 부여하는 것이기도 하다. 이른바 '착하게 살라'는 권선징악을 포함하기도 한다. 그런데 '나쁜 결과'가 무조건 '나쁜 원인' 때문에 일어나는 것이라면 모두를 꼼짝도 못하게 하는 정죄와 저주의 법칙에 가두는 꼴이다. 합리화와 권선징악의 이면에 정죄와 저주가 얽혀 있다. '때문에'의 양면이다.

그러나 《구약성서》에 등장하는 수많은 선지자들이나 예언자들은 결코 '위하여'나 '때문에'라는 설명에 갇히지 않았다. 오히려 절규와 의문을 제기했다. "하느님이 왜 잠자코 계시는가, 못 본 체 하시는가" 하고 말이다. 심지어 의인이 고통당하고 악인이 잘 되니 차마 그 꼴을 볼 수 없어 "헛되고 헛되다"고도 했다. 고통의 현장에서 환자들의 피고름을 직접 빨아내던 테레사 수녀는 "하느님이 과연 살아 계시기나 한지 모르겠다"고 탄식했다. 같은 맥락에서 작가 박완서는 '하느님의 대답 없음'을 절규했다. 그러다가 '대답 강박'이 아니라 '대답 없음'을 견뎌야 하지 않겠느냐면서 스스로를 다독였다.

나치에 저항했다가 희생된 본회퍼가 말한 '무신성의 신앙'과도 같은 맥락이다. 신이 계시지 않는다는 '무신론'이 아니라 신이 계신다고 하더라도 그로부터 대답을 듣지 못하는 현실인 무신성을 살아내는 지혜 말이다. 고통이 극복되는 것이 아니라 그저 '고통과 더불어 살 수 있게 되었다'는 것도 이와 같은 맥락이다. 겪으면서 견디고 견디면서 겪는 오묘한 삶의 길이다.

# 성급하게 소유하지 않는 '기다림'의 힘

이런 상황을 망각한 종교는 그것이 제아무리 황홀하고 활발하고 이성적인 것일지라도 하느님을 우리 자신이 창조한 하느님의 형상으로 대체합니다. 그런데 하느님을 갖지 않은 채 그분을 기다리는 것은 쉽지 않습니다. 우리가 우리 자신과 다른 이들에게 우리가 하느님을 갖고 있고 그분을 우리 마음대로 다룰 수 있다는 확신을 주지 못하면서 매주일 설교를 하는 것은 쉽지 않습니다. … 그러나 나는 기독교에 대한 수많은 거부의 원인은 그리스도인들이 하느님을 소유하고 있다고 공공연하게 혹은 암묵적으로 주장하기 때문이라고, 또한 그런 까닭에 그들이 선지자들과 사도들에게 그토록 분명하게 나타났던 '기다림'이라는 요소를 결여하고 있기 때문이라고 확신합니다.

— 폴 틸리히, 《흔들리는 터전》

인간은 하느님을 가질 수 없다. 이렇게 말하면 모두들 당연히 그렇다고 생각한다. 그러나 많은 종교인들이, 특히 기독교인들이 하느님을 가지려고 애를 쓴다. 가질 수 없다는 것을 잊어버리고서는 가지려고 안달이 나 있다. 그러다가 여의치 않으니 하느님의 형상을 만든다. 십계명도 무색하게 말이다.

우리가 만든 모양은 우리가 원하고 좋아하는 모습이다. 믿고 싶은 대로 믿는 하느님이다. 이것 없이 막연하게 하느님이 나타나시기를 기다리기는 쉽지 않다. 설교자도 자신이 하느님을 갖고 있지 않고 기다리고 있다고 한다면 설교의 권위가 떨어지게 된다. 그래서 가지고 있다는 듯이 설교한다. 수많은 설교들이 이 유혹을 이기지 못하고 교단에서 선포를 명분으로 거침없는 확신의 언어를 남발한다.

하지만 여기에 함정이 있다. 설교자는 설교의 권위를 위해서, 신자들은 자신의 확실한 믿음을 위해서 하느님을 가지고 있다고 주장하지만 바로 이것 때문에 오히려 더 많은 사람들이 기독교를 거부한다. 이런 자가당착이 또 어디에 있을까? 권위와 확신을 위한 '소유의 선언'이 어째서 거부당하게 되었을까? 하느님을 가지고 있다고 주장하는 사람들은 착각일지언정 그렇게 믿으면서 붙잡고 늘어지겠지만, 옆에서 보면 만들어놓은 허상일 뿐이라는 것이 이내 드러나기 마련이다. 무슨 대단한 통찰이 있어야만 눈치 챌 수 있는 것이 아니다. 자신이 원하고 좋아하는 대로 만들었기 때문에 자신과 닮아 있어서 그대로 탄로 나기 마련이다.

정반대의 상황에서도 마찬가지다. 원하지 않고 싫어하는 상황이 되어도 '모든 것은 하느님의 뜻'이라 여기며 덮어버린다. '우리 자신이 창조하는 하느님의 형상'은 세상만사와 삼라만상을 우리가 알고 있는 범위 안에 가두려는 심산이다. 그래야만 모르는 것이 없게 되고 불안을 극복할 수 있기 때문이다. 이렇게 되면 믿음이란 자신이 알고 있는 것을 복습하면서 얻는 안정감일 뿐이게 된다. 여기에 모험이란 있을 수 없고 결단은 필요하지도 않다. 물론 자신의 믿음 안에 갇혀 한평생 안온하게 사는 것이 그리 나쁘지 않을 수도 있다. 그러나 삶은 그보다 훨씬 더 역동적이고 예측을 불허하기 때문에 '소유를 주장하는 믿음'은 오래갈 수 없다.

우리는 한치 앞도 알 수 없는 삶을 살아가고 있다. 붙잡지 못하는 것은 하느님뿐 아니라 우리의 삶 그 자체다. 성서에 등장하는 인물들은 삶의 그런 모습과 정직하게 대면하면서 씨름했다. 하느님의 형상을 입맛대로 창조하기보다는 기다렸다. 견디다 못해서 절규하기는 했지만 형상을 마음대로 만들지는 않았다. 기다리지 못한 백성들이 형상을 만들었지만 이내 우상의 노예가 되는 것을 보면서 선지자들은 단호히 거부했다. 무력해 보이지만 그러한 기다림에서 새로운 역사가 시작되었다. 우상 파괴를 통해 자유를 얻는 새로운 역사 말이다. 성서는 갖지 않고 기다리는 것이 비록 힘들기는 하지만 적어도 노예로 전락하지는 않게 해줄 것이라고 지금도 우리에게 가르친다.

# '무소유'를
# 소유하려는 유혹

제자: "모든 것이 공空하다는 것을 알았습니다."

스승: "그래, 내려놓아라."

제자: "다 공한데 무엇을 내려놓습니까?"

스승: "내려놓기 싫으면 들고 있던지…"

《직지심체요절直指心體要節》

바로 앞의 이야기를 한 번 더 뒤집어서 살펴보겠다. 종교적 인간이 종교적 대상을 가지기를 원하는 것은 매우 당연하다. 독실한 신앙이나 확신이 그런 경지를 가리키기도 한다. 하지만 '하느님을 소유하는 것은 문제'라고 한다. 기독교의 경우 하느님을 가지면 더 좋을 것 같고 많은 신자들이 원하기도 하는데 무엇이 문제라는 말인가? 자고로 확실하게 무엇을 가지려고 하는 경우 결국 손에 잡힐 만한 것으로, 마음에 담을 만한 것으로 가공할 수밖에 없다. 그리고는 들고 다니면서 필요하면 언제든지 불러내어 아뢰곤 한다. 이렇게 우상이 만들어진다. 하느님을 갖고 있다는 생각과 태도가 우상이 되어 버린다. 무엇이 그 자체로서 우상인 것이 아니라 우리가 소유함으로써 우상이 된다.

불교에서도 마음을 비우라는 가르침을 무아론이나 공을 통해서 강조한다. 그래서 열심히 수양하고 수행해서 비움의 경지에 이르기를 앙망한다. 그런데 이것 역시 '비운 마음'을 소유하려는 태도로 변질될 수 있다. 위 구절에서 제자는 스승에게 버젓이 마음을 비웠다고 하지만, 스승에게는 그러한 비움조차 소유하고 있는 것으로 보여 제자에게 '내려놓으라'고 권고하고 있다.

기독교에서도 신과 관련하여 우리의 마땅한 모습은 '무소유'라고 가르친다. 그리고는 신이 오시기를 기다리라고 강조한다. 그러나 기다림과 무소유의 삶이 쉽지는 않다. 막연하다. 그러다가 참지 못하고 무소유를 자랑하려는 마음이 종교적 인간인 우리 안에서 일어날 수 있다. 신학자이자 종교철학자 틸리히도 《흔들리는 터전》에서 강변한다.

"우리는 기다림이 무서운 긴장임을 잊어서는 안 됩니다. 그것은 아무것도 갖지 못한 것과 관련된 자기만족, 무언가를 가진 사람들을 향한 무관심이나 냉소적인 경멸, 그리고 의심과 절망에의 탐닉 등을 낳습니다. 우리는 아무것도 갖지 않은 것에 대한 우리의 오만함을 새로운 소유물로 만들어서는 안 됩니다. 그것은 우리 시대의 커다란 유혹거리 중 하나입니다.

우리는 하느님을 소유하고 있지 않다고 자랑할 때 동일한 유혹에 넘어갑니다."

애써 소유를 넘어서 무소유로 나아갔는데 이를 자랑하고 싶은 마음이 생긴다. 무소유를 소유하는 자가당착에 빠질 수 있다는 것이다. '산 너머 산'이라고 할 수 있는 이러한 상황에 직면하는 것이 우리 인간, 특히 종교적 인간의 어쩔 수 없는 모습이다. 관건은 이를 인정하는 것이다. 공연히 아닌 체 하지 말고 그럴 수도 있다는 것을 인정하고, 또 그럴 수밖에 없음을 겸허하게 받아들이는 것이 중요하다.

오죽하면 불교에서도 "부처를 만나면 부처를 죽이라"고 가르칠까? 듣기만 해도 섬뜩한데 말이다. 대승불교에서도 비움을 의식하고 내세우는 태도마저 버리라는 뜻으로 '공마저 공하는 공'을 가르친다. 그런데 갖지 않고 기다리는 것이 아무것도 하지 않고 멈추어 서 있는 것을 뜻하진 않는다. 겸허히 모든 것을 내려놓고 앞을 향해 내딛으면서 성숙으로 나아가는 데 무소유의 본질적인 뜻이 있다. 물론 무수한 시행착오를 품는 넉넉한 과정일 것이다.

# 무엇이
# 먼저인가?

읍내에서 그를 본 것은 이번이 처음이었다 / 철공소 앞에서 자전거를 세우고 그는 / 양철 홈통을 반듯하게 펴는 대장장이의 / 망치질을 조용히 보고 있었다 / 자전거 짐틀 위에는 두껍고 딱딱해 보이는 / 성경책만한 송판들이 실려 있었다

교인들은 교회당 꽃밭을 마구 밟고 다녔다, 일주일 전에 / 목사님은 폐렴으로 둘째아이를 잃었다, 장마 통에 / 교인들은 반으로 줄었다, 더구나 그는 / 큰 소리로 기도하거나 손뼉을 치며 / 찬송하는 법도 없어 / 교인들은 주일마다 쑤군거렸다, 학생회 소년들과 / 목사관 뒤터에 푸성귀를 심다가 저녁 예배에 늦은 적도 있었다

성경이 아니라 생활에 밑줄을 그어야 한다는 / 그의 말은 집사들 사이에서 / 맹렬한 분노를 자아냈다, 폐렴으로 아이를 잃자 / 마을 전체가 은밀히 눈빛을

주고받으며 / 고개를 끄덕였다, 다음 주에 그는 우리 마을을 떠나야 한다
어두운 천막교회 천장에 늘어진 작은 전구처럼 / 하늘에는 어느덧 하나둘 맑
은 별들이 켜지고 / 대장장이도 주섬주섬 공구를 챙겨들었다 / 한참 동안 무
엇인가 생각하던 목사님은 그제서야 / 동네를 향해 천천히 페달을 밟았다, 저
녁 공기 속에서 / 그의 친숙한 얼굴은 어딘지 조금 쓸쓸해 보였다

──── 기형도, 〈우리 동네 목사님〉

    교회에서 목회를 하는 목사가 자식을 병으로 잃었다. 장마와 같은
냉혹한 환경이 자식의 죽음을 더 앞당겼을 것이라 짐작된다. 그러나 이
를 바라보는 주위의 시선은 더욱 냉혹하기 그지없다. "마을 전체가 은
밀한 눈빛을 주고받으며 고개를 끄덕였다"고 한다. 목사는 마당에 푸
성귀를 심다가 예배에 늦었다. 찬송과 기도도 열심히 하는 것 같지 않
다. 게다가 '성경이 아니라 생활이 더 중요하다'고 설교했다. 이런 행동
거지 때문에 벌을 받은 것이다. 은밀한 눈빛과 끄덕이는 고개는 목사가
벌을 받아 아이를 잃게 되었다는 신념을 주고받는 신호다.

    아이를 잃은 것만으로도 감당할 수 없는 고통이다. 목사 자신도 하
느님께 절규할 수밖에 없을 것이다. 《구약성서》의 선지자들은 이런 상
황에서 목청을 돋우었다. 왜 하느님은 외면하고 못 들은 체 하시냐고
따졌다. 대답을 들을 수 없으니 헛되다고 탄식하기도 했다. 시에 등장
하는 목사는 그런 탄식을 할 수 있을까? 꿈도 꿀 수 없다. 마을 사람들
의 은밀한 눈빛은 목사가 더 이상 그 마을에 머물러서는 안 된다는 묵
시적 퇴거명령이다. 아이를 잃은 고통에 더하여 손가락질 당하면서 쫓

겨나는 고통까지 겪어야 하는 상황이다. 이런 상황이 단지 극단적인 경우에만 해당할까?

무릇 종교는 '으뜸'을 명분으로 내세우며 재단하길 좋아한다. 예배에도 늦어서는 안 된다. 큰 소리로 기도하고 손뼉을 치면서 찬송가를 불러야 한다. 성경에 열심히 밑줄 긋고 달달 외워야 한다. '할렐루야'를 연발하면 더 좋다. 종교적인 모습을 신실하게 갖추는 것이 기준이다. 그런데 시에 등장하는 목사는 이와 너무나 딴판이다. 목사가 밭에 채소를 심다가 예배에 늦었다. 물론 그 행위가 옳다는 것은 아니지만 좀 더 인간적이라고 할 수 있지 않을까? 이것이 아이를 잃을 정도의 벌을 받아야 하는 죄일까?

길을 가던 예수와 제자들이 밀 이삭을 주워 먹었을 때 바리새인들이 안식일을 어겼다며 시비를 걸자 예수는 "사람이 안식일을 위해 있는가, 안식일이 사람을 위해 있는가?" 하고 반문함으로써 확실하게 정리해주었다. 종교가 가르치는 '으뜸'에서 중요한 것은 종교가 아니라 사람이다. 물론 인간중심주의를 말하는 것은 아니다. 우선 사람을 살리자는 것이다. 살려달라고 아우성치는 사람들의 생명이 먼저이기 때문이다. 이것이 바로 종교의 존재 이유일 것이다. 사람을 살리지 못하고 본말이 전도되니 종교가 사람들에게 외면당하는 것이다.

# '애증'으로부터 비롯되는
# 더욱 깊은 관계

We didn't ask you to fight for us! But damn it, don't fight against us! Leave us alone! How many more sacrifices? How much more blood? How many more lives?! … You want another life? Then take me!

우리더러 더 뭘 어쩌란 말입니까? 우리 힘으로 여기까지 왔어요. 당신 도움 받은 거 하나 없어요! 도와 달라고 한 적 없잖아요. 빌어먹을, 방해나 하지 마십시오! 내버려 두라고요! 도대체 더 얼마나 죽어 나가면 됩니까? 얼마나 더 피를 흘려야 합니까? … 또 한 명이 더 필요합니까? 그렇다면 이젠 날 데려가세요!

영화 〈포세이돈 어드벤처〉, 스콧 목사(진 해크먼 역)의 대사

큰 배가 암초에 부딪쳐 가라앉아가는 절체절명의 상황이다. 수많

은 생명이 몰살되는 아비규환의 현장이다. 살려달라는 아우성이 하늘을 찌른다. 절박한 기도들이 함께 터져 나온다. 그런데 아랑곳도 하지 않는 듯 신은 아무런 대답이 없다. '신이 있기나 한가'를 물으면서 절규할 수밖에 없다. 이런 상황에서 스콧 목사는 하느님을 향해 원망하고 분노한다. 욕설도 서슴지 않는다. 기도라고 보기에는 적합하지 않은 듯도 하다.

그러나 기도는 언제나 거룩하고 모범적인 표현들로만 이루어져야 하는 것은 아니다. 기도가 언제나 하느님을 찬양하거나 아부하는 듯 미사여구만 늘어놓아야 하는 것은 더욱 아니다. 이런 절박한 상황에서 아무런 대답은커녕 거들떠보지도 않으시는 하느님을 향해 원망하고 분노하는 것은 어쩌면 당연하다. 이를 꺼려하고 께름칙해 한다면 신을 폭군으로 생각하고 있는 것이나 마찬가지다. "잠시라도 미워할 수 없는 신은 신이 아니다"는 틸리히의 말처럼 이런 상황에서 신을 미워하면서 절규하는 것은 신성모독이 아니다. 오히려 신의 눈치나 보면서 '신의 뜻'이라고 하는 것이야말로 신성모독이다.

어떤 도움도 받지 못하니 차라리 '방해나 하지 말라'는 분노, '도대체 얼마나 더 희생되어야 하겠는가'라는 원망, '또 한 명이 더 필요하냐'는 조소는 급기야 '차라리 자신을 데려가라'는 역설에서 절정에 이른다. '살려 달라'는 기도가 '차라리 죽여 달라'는 기도로까지 치달아 갔다. 이 정도면 기도라고 해야 할지 의아해하지 않을 수 없다.

그러나 분노, 원망, 조소, 역설적 반항에도 불구하고, 아니 바로 그렇기 때문에, 이는 무엇보다도 간절한 기도가 된다. 그토록 신을 미워하면서 욕설을 퍼붓고 있는 기도는 신과 벗어날 수 없는 관계를 깊이 깔고 있기 때문이다. 거꾸로 신도 인간이 그렇게도 미워할 수 있다는 것을 용납하고 신뢰하고 있다. 조심스럽게 연결시켜 보자면,《신약성서》에 등장하는 "죽음도 끊을 수 없는 하느님의 사랑"이라는 바울의 고백과도 비슷한 대목이다.

스콧 목사의 기도 같지 않은 기도가 우리의 가슴을 절절히 울리는 까닭도 거기에 있다. 재난의 현장 가운데서 "우리더러 뭘 어쩌란 말입니까!"라는 기도는 "제발 우리 좀 살려 주십시오"로 읽히지 않는가? "빌어먹을 방해나 하지 마십시오!"는 "제발 우리를 도와주십시오"로 읽히지 않는가? 욕설과 분노가 가득한 절규이지만 그만큼 관계에 대한 신뢰가 밑바탕에 깔려 있기에 깊은 울림으로 우리에게 다가오는 것이 아닐까? "그렇다면 이젠 날 데려가세요!"라는 마지막 외마디는 미움과 사랑이 얽힌 역설의 절정이라 더 큰 울림으로 다가온다. 냉소적인 듯하면서도 더 이상의 희생을 막으려는 간절한 염원이 자기희생도 불사하는 결단과 절묘하게 얽혀 있으니 말이다.

# 그림은
# 한낱 그림이 아니었다

과학의 사유, 내려다보는 사유, 대상 일반에 대한 사유는, 사유에 앞서는 '있다'로, 현장으로 다시 돌아와야 한다. 감각의 세계로, 일하는 나날의 세계로 내려와야 한다. 우리의 삶에서 펼쳐지는 그런 세계로, 우리의 몸이 만나는 그런 세계로 와야 한다. … 그림은 이러한 가공되지 않은 우물에서 의미를 길러낸다. 화가는 자기 몸을 세계에게 빌려주며, 이로써 세계를 그림으로 바꾼다.

모리스 메를로퐁티Maurice Merleau-Ponty,《눈과 마음》

화가는 세계를 그림으로 바꾼다. 그러니 그림은 그저 그림이기만 한 것이 아니다. 그림이 곧 세계다. "지구는 한 개지만 세계는 살아가는 삶의 수만큼 많다"는 말도 이런 맥락일 것이다. 화가는 그저 내려다보는 사유로 좀 떨어져서 세계를 대상화하고 마는 것이 아니라 자기 몸을 세계에게 빌려준다. 말하자면 자기가 세계로 들어간다.

그래서 그림을 갖고 있으면 그림 속의 실물을 갖고 있는 것이었다. 고대인들이 그러했듯 짐승의 그림에다 대고 쏘는 것이 곧 짐승을 잡는 것이었다. 그걸 죽이면 실제로 죽이는 것이었다. 그저 가리키고 마는 상징이 아니라 그것 자체가 실재이다. 상징으로 대체해서 마음만으로 그렇게 느끼고 마는 것이 아니라 직접 몸으로 하는 행동이고 겪는 것이었다. 어떻게 그럴 수 있었을까? 마음과 몸이 따로 논다고 여기지 않았기 때문이다. 사실 우리는 이렇게 살아왔고 지금도 그렇게 살고 있다.

마음과 몸을 갈라놓은 것은 과학, 그것도 근대과학이 잠시 벌인 행동이었다. 보편타당성이니 객관성이니 하면서 진리의 기준을 내세우고 이를 옹립하기 위해서 몸을 덮어두고 마음만으로, 그중에서도 이성만으로 진리를 확보하고 인간의 삶을 영위할 수 있다고 생각해왔다. 그러나 현대로 오면서 과학도 깊이 반성했다. 자가당착이었음을 이내 깨닫고 더 이상 그런 안일한 주장을 하지 않는다. 다른 분야들이 도저히 따라잡을 수 없을 것 같은 질주에도 불구하고, 아니 바로 그렇기 때문에, 과학은 자신의 한계를 인정하는 데도 전혀 주저함이 없었다. 과학의 감격스러운 위대함이다.

현대로 넘어오면서 과학은 더 겸손한 모습을 보였다. 물론 오늘날 인공지능이나 생명과학 등 예측을 불허하는 과학의 폭주에 염려하는 시선도 있지만, 과학의 자기성찰적인 태도는 필요할 때마다 생리적으로 작동할 것임을 기대할 수 있다. 과학 스스로 한계를 선언함으로써 과학으로 모든 것을 다 해결할 수 있다는 과학만능주의를 붕괴시킬 뿐 아니라 찢어놓았던 몸과 마음을 다시 단일한 총체로 그려내고자 하니 말이다. 물론 무조건 낙관적으로 보고 있어도 좋다는 뜻은 아니다.

여하튼 다시 만나 하나가 된 몸과 마음의 뗄 수 없는 얽힘인 '통사람全人'이 우리에게 깨우치는 바는 실로 지대하다. 그림을 그림으로만 간주하던 마음이 몸과 하나가 된다면 그림은 그저 그림이 아니다. 그저 그림일 뿐이라고 치부해버리고 만다면 기적은 일어날 수 없다. 그러나 온몸과 마음으로 원하는 결과를 기대한다면 현실에서 이루어진다. 단지 그림일 뿐이었던 그림이 마술처럼 실제로 일어난다는 것이다. 고대 벽화 속의 희망이 현실이 되었던 것처럼 말이다. 그리고 그것이 바로 종교였다.

종교는 희망과 현실을 잇는 그림이었다. 물론 주의해야 할 것이 있다. 그것은 그림을 그저 상징이 아니라 이를 넘어서는 실재로 받아들이면서도 절대화하려는 유혹에 빠지지는 않아야 한다는 것이다. 절대화는 우상을 낳고 그것은 우리를 노예로 만들기 때문이다. 그러나 우리의 몸과 마음이 하나가 된다면 그림, 곧 종교는 살아 움직이는 동시에 우리의 삶이 된다.

# 천지는
# 어질지 않다

천지는 어질지는 않다. / 만물을 지푸라기 강아지처럼 다룬다.

성인聖人은 어질지 않다. / 백성을 지푸라기 강아지처럼 다룬다.

하늘과 땅 사이는 / 마치 풀무와도 같다 / 텅 비어서 작용이 끝날 줄을 모른다.

움직일수록 더욱 내뿜는다. / 말이 많으면 끝내 궁지에 빠진다.

— 노자,《도덕경》

세상이 돌아가는 이치가 바로 이와 같다. 우리가 자연을 '세계'라고 부를 때 이미 우리는 우리 삶의 터를 기대하면서 이름을 지었다. 본디 자연自然은 '스스로 저절로 그러한 것'이다. 이와 달리 세계世界는 '세'가 시간을 가리키고 '계'가 공간을 가리키니 살아가는 터에 나름대로 경계를 지어 이웃도 있고 원수도 있는 '삶의 때와 곳'을 뜻한다. 그저 무색무취한 자연이 아니라 우리 삶을 위한 시공간의 울타리로서의 세계다. 그러다 보니 우리는 우리의 세계가 우리 편이 되어줄 것이라고 기대한다. 말하자면 세상이 내가 원하는 대로 움직여주기를 바라는 것이다. '자연의 인격화' 또는 '의인화'라고도 부를 수 있을 것이다.

이런 대목에서 종교 역시 '유용한 것'으로 읽힐 수 있다. 우리가 종교적 인간으로서 기도하는 것은 자연세계에서 우리가 원하는 일이 일어나도록 초자연적인 힘에게 비는 행위라고 할 수 있다. 기도를 통해 초자연을 불러들이면서 결과는 자연적인 차원에서 나타나기를 원하는 것이다. 그래서 앰브로즈 비어스Ambrose Bierce가 쓴 《악마의 사전》에서도 기도에 대해 정의하기를, "스스로 가치 없다고 자백하는 단 한 사람의 탄원자를 위하여 우주의 법을 무효로 해 달라고 청원하는 것"이라고 했다. 인간의 탄원이 효력을 발휘하여 우주의 운행을 정지시킨다는 것이다. 그것도 극적으로 대비하고자 기도하는 사람은 '스스로 보잘것 없고 티끌만도 못한 것'이라고 고백하는데 막상 그가 원하고 비는 것은 뜨고 지는 태양을 멈추게 해달라는 수준이라고 비판한다. 인간은 한 방울의 물에 빠져 죽을 수도 있지만 바로 그런 인간을 온 우주가 삼킬 수 없다고 한 파스칼의 말이 있기는 하지만, 이 정도라면 그야말로 온 우주가 인간의 기도에 따라 춤을 추고 널뛰기를 해야 할 듯도 하다.

그러나 노자는 천지가 그렇게 어질지 않다고 했다. 어질었으면 좋겠지만 그렇지 않다. 세상은 우리가 원하는 대로 움직이지는 않는다. 수많은 자연재해나 인재가 일어날 때 우리는 살려달라고 애원하지만 마냥 그렇게 되지는 않는다. 때로는 지구 중력을 멈출 수 있다면 우리

사회에서 일어났던 수많은 재난들을 되돌려 건질 수 있었을 텐데 하는 상상을 해보지만 이내 망상에 지나지 않는다는 사실을 절감하게 된다. 지구의 중력은 언제나 무심코 작동한다. 착한 사람이라고 살려주고 악한 사람이라고 내팽개치지 않는다. 이것을 '맹목적 필연성'이라 부르기도 한다. 자연은 눈을 갖고 있지 않아서 차별하지 않을뿐더러 언제나 반드시 그렇다는 것이다.

그런데 바로 이런 맹목적 필연성이 바로 우리 인간에게 자유의 터전이 된다. 필연이 자유의 공간이 된다는 것이다. 다른 가능성 없이 언제나 반드시 그러하니 자유를 구사할 수 있게 된다. 만일 자연이 인격적으로 판단하고 행동한다면 우리에게 언제나 좋게 움직일 것이라고 기대할 수 있을까? 우리가 언제나 도덕적으로 옳게 평가받으리라는 보장이 있을까? 어림도 없다. 만일 자연이 인격적으로 움직인다면 우리는 언제 어디서 무슨 일을 당할지 알 수 없고 우리의 자유는 오히려 억압당할 수도 있다. 그러나 '맹목적 필연성'이기에 많은 비극에도 불구하고 우리는 그런대로 살아간다. 세상은 철저한 무인격성이다. 그러나 무인격적이어서 오히려 다행이다. 여러 말하면 더 복잡하게 꼬인다고 하는 것도 이 때문이다.

# 문제로 뒤얽힌
## 삶을 즐기는 법

어떤 사람이 자신의 삶을 풍요롭게 할 수 있는가? 많은 사람들로부터 경험하게 되는 모순 중에 하나는 그들이 너무나 아프기 때문에 재미있거나 흥분되거나 아름다움을 느낄 수 없다고 생각하는 것이다. 그들은 앉아서 자신의 문제, 죄책감, 실수, 증상에 대해서 성찰하며 고민한다. 하지만 신은 그렇게 자신의 문제에만 집중해 있는 대신에, 그들이 자신의 삶을 여러 가지 방식으로 즐길 수 있다는 것을 안다.

— 에리히 프롬,《정신분석과 듣기 예술》

결론부터 말한다면, 에리히 프롬은 삶에 문제가 있더라도 일단 즐기라고 하는 듯하다. 문제에만 집중하지 말고 삶을 즐길 수 있는 방법을 찾으라고 한다. 거기에도 여러 가지 방법이 있다는 것이다. 듣기는

우리가 한계에 부딪히고 넘어서려는 이유

좋지만 결코 쉽지 않다. 앞에서 언급했던 삶의 문제들만 보더라도 간단하지 않다. 어떤 경우에든 죄책감이 일어나면 떨치기가 쉽지 않다. 잊어버리려고 하면 더욱 생생하게 밀고 들어온다. 실수만 하더라도 그렇지 않았더라면 하는 아쉬움과 안타까움을 일으킨다. 시간을 되돌려놓고 싶은 마음이 간절하다. 이것에 골몰하면 시간이 그렇게 흘러버린 것이 또 원망스럽기만 하다. 아픔의 증상들도 마찬가지다. 치아가 한 개만 아파도 온몸과 마음이 아프다. 즐거운 모임에 초대받아도 내키지 않는다. 이렇듯 우리가 씨름하는 문제들은 우리의 전부를 끌고 들어간다. 빨려 들어가면 헤어 나오기도 어렵다. 과연 이런 문제들에서 벗어나 삶을 즐길 만한 방법이 있긴 할까?

관건은 그러한 문제들을 해결하는 데 있지 않다. 그저 문제를 '대신해서' 즐기는 것이 중요할 따름이다. 문제가 없어지지 않았더라도 말이다. 이것이 도대체 어떻게 가능할까? 그런데 돌이켜보면 이 조언이 옳다는 것을 발견하게 된다. 사실 문제를 없애는 것은 불가능하다. 지금 눈앞에 보이는 문제를 해결했더라도 바로 다음 순간 새로운 문제들은 언제나 튀어나온다. 결국 프롬의 조언은 모든 문제를 해결한 다음에 삶을 즐기겠다고 다짐하는 것이 별 소용이 없음을 일깨워준다. 그러니 문제 대신에, 즉 문제를 옆에 두고서라도 삶을 즐길 방법을 찾으라는 것이다.

다르게 풀이하자면 이 말은 우리 삶이 끊임없이 문제로 얽힐 수밖에 없음을 의미하기도 한다. 그럴 수밖에 없을 뿐 아니라 '그래도 괜찮다'는 것이다. 문제는 해결되어 없어져야만 하는 것이 아니라 오히려 삶의 결이고 무늬이기 때문이다. 그래야만 '문제 대신에'라는 말이 가능해진다. 대신代身이라는 말은 '몸을 번갈아 바꾸는 것'을 뜻한다. 중요한 것은 문제만도 아니고 즐거움만도 아니니 서로 번갈아 바꾸어가면서 살라는 것이다. 늘 즐겁기만 할 수는 없는 노릇이지만 늘 문제로만 골몰하지도 말라는 것이다. 반대로 보이는 것들이 한데 얽혀 뒹구는 것이 우리네 삶이기 때문이다.

한 걸음 더 나아가면 우리 자신이 그렇게 허물투성이고 언제든지 실수도 할 수 있으며 때로 죄로 인한 자책에 시달리기도 한다는 것을 겸허하게 인정하라는 뜻도 있다. 스스로 못났다고 생각하라는 것이 아니라 오히려 그런 자신을 넉넉하게 받아들이라는 것이다. '문제가 없는 결백'은 오히려 '문제가 없어야 한다는 결벽증'만을 불러올 뿐이다. 우리 삶은 그렇게 생겨먹지도 않았을 뿐더러 그렇게 문제 없는 결백은 바람직하지도 않다. 삶은 그런 것이다. 신도 그렇게 살라고 권하셨다. 깨끗한 체하지 않아도 된다.

# 자연의 벌레소리가
# 더 신성하다

지금 이 순간 안식일의 종소리가 저 멀리 골짜기에서 부서지고 있다. 종소리는 경탄을 자아낼 만큼 겸손하고 따뜻하다. 세상 곳곳에 퍼지는 이런 위선의 메아리는 교리문답이나 종교서적과 그다지 다를 바 없다. 그러나 무스케타퀴드 강의 종다리와 딱새의 울음소리는 다르다. 나는 귀뚜라미가 아침이 온 줄도 모르고 아직 깊은 밤이기나 한 듯 조용한 희망으로 울어 대는 이른 새벽이 좋다. 이때는 귀뚜라미 울음소리도 이슬에 젖어 신선하다. 귀뚜라미가 부르는 대지의 노래! 이는 기독교가 생겨나기 전부터 있었다. 삶이 부르는 마지막 노래를 듣는 기분으로 자연의 소리에 경건히 귀 기울이라. 콩코드에는 노트르담교회가 필요치 않다. 우리의 숲이 훨씬 더 웅대하고 신성한 교회이기 때문이다.

헨리 데이비드 소로, 《구도자에게 보낸 편지》

안식일에 교회 종소리가 온 마을에 울려 퍼지고 있다. 놀라울 정도로 겸손하고 따뜻하게 들린다고 한다. 그런데 바로 '위선'이라고 비판한다. 교리문답이나 종교서적에 비견하면서 말이다. 소로는 종교적 위선에 있어 가장 먼저 교리문답을 꼽는 데 조금도 주저하지 않는다. 안타깝게도 종교가 이런 비판을 면하기는 어려워 보인다. 교리문답은 종교에 처음 입문하려는 사람들에게 교리를 가르치고 신분증명서와 같은 세례증서를 수여할 때 중요한 자료로 사용되는 것이다. 그런데 왜 위선의 전형처럼 되었을까?

실제로 교리문답의 내용을 살펴보면 바로 알 수 있다. 겉보기에는 물음과 대답으로 되어 있어서 '문답'이다. 그런데 자세히 살펴보면 대답에 해당하는 교리를 소개할 목적으로 물음을 짜맞춘 형태다. 말하자면 대답이 먼저 있고 그 대답에 물음이 따라온 것이다. 우리 삶은 대답을 구하기 어려운 물음들로 넘실거리는데 교리문답은 대답부터 먼저 등장한다. 대답을 모시기 위해서 물음을 앞세워놓으니 그 물음이 우리 삶과는 동떨어질 수밖에 없다. 그러니 위선이라는 것이다. 종교서적도 사정은 다르지 않다. 나름대로 진지하게 고백하고 설파하지만 열심히 전도하고 선교할 목적으로 지어진 말이다. 듣기에는 그럴 듯하고 온갖 좋은 미사여구들이 동원되지만 이 역시 우리네 현실과는 따로 노는 이야기들로 범람하니 위선이라는 것이다.

게다가 교회의 종소리는, 더욱이 안식일을 알리는 종소리는 평화롭게 쉼을 주는 것이어야 할 터인데 현실의 교회 종소리는 요란하다. 교회로 빨리 달려오라는 자명종 같이 들린다. 종교가 우리에게 쉼을 주기보다는 더 바쁘게 만드는 것 같다. 신앙생활을 열심히 한다고 하면 의례나 행사에 규칙적으로 참여하는 것은 물론, 무언가 부지런하게 활동하고 봉사해야 할 것만 같다. 그리고 이런 모습을 '독실한 신앙'이라고 부르면서 부추긴다. 그러니 종교에서 그야말로 '안식'을 찾아보기가 어렵다. 종교가 이를 잊어버린 듯하다. 아니 사실 우리 인간들이 이를 잊어버렸다. 남 탓할 것도 없이 우리가 그렇다. 우리 책임이다.

차라리 이른 새벽 새들이 지저귀는 소리, 아직도 밤중인 듯 울어대는 귀뚜라미 소리, 뿜어내는 듯한 대지의 소리가 참된 '안식의 종소리'라 소로는 말한다. 인간에게 언제든 쉴 곳을 제공하는 숲이 더 웅대하고 신성한 교회라는 것이다. 삶이 힘들고 어려워서 쉴 곳을 찾는 영혼에게 위선을 불사하면서 교리를 강박적으로 학습시키지 않고 참된 쉼을 주기 때문이겠다. 이제 시끄러운 종교가 나직하고 넉넉한 자연에게서 배워야 하지 않을까 싶다.

# 통계로 추려낼 수 없는
# 기도의 진심

정작 중요한 건 기도가 효과가 정말 있느냐, 기도에 응답하는 신이 정말 존재하느냐, 이런 문제가 아니라 … 사람들이 이런저런 이유에서 기도라는 행위를 한다는 사실 자체가 아닐까요? … 몇 년 전 기도 비슷한 걸 한 적이 있습니다. 아버지께서 크게 위독하셔서 의식을 잃으셨을 때였는데요, 그때 저는 병동 계단에 서서 창밖 먼 하늘을 바라보며 정말로 오랜만에 '그분'에게 말을 걸었죠. '그분'이 제가 전에 알았던 기독교의 하느님인지 아니면 그저 막연한 알 수 없는 신이었는지는 잘 모르겠습니다만, 어쨌거나 기도는 진심이었습니다. … 순전히 통계적 연구만 놓고 본다면, 기도의 실질적 효과에 대한 증거는 전혀 없는지도 모릅니다. 하지만 그게 전부는 아닐 것 같습니다. 우리 인간의 삶이란 그런 통계 수치에 갇히지 않는 숱한 차원들이 있기 때문이죠.

김윤성, 장대익, 신재식, 《종교 전쟁》

사실 조금 떨어져서 보면 기도를 이해하기가 쉽지 않다. 우스꽝스럽기도 하고 모자라 보이기도 하며 미친 것 같기도 하고 안쓰러워 보이기도 한다. 평상시에는 도저히 하지 못할 것 같은 행동으로 보이기도 한다. 그런데 비상시에는 상황이 사뭇 달라진다. 평상시에 알고 있었던 것이 완전히 뒤집어지거나 부정되고 전혀 다른 삶의 차원이 들이닥치게 된다. 아버지가 의식을 잃고 사경을 헤매는 위독한 상황에서 아들은 그야말로 물에 빠진 사람이 지푸라기라도 잡는 심정으로 아버지를 살려달라고 애원한다. 누구를 향해서 하는지 알지 못하더라도 더 큰 힘에게 빌고 애원하게 된다. 그런 힘이 있기는 한지, 있다면 이름은 무엇인지, 그리고 어떤 모습인지 알지 못해도 크게 상관없는 듯하다. 그저 빌고 비는 것이다. 이래서 인간을 '종교적 인간'이라고 한다.

《종교 전쟁》의 저자들은 기도하는 행위에서 기도의 대상도, 기도의 실질적 효과도 부차적인 것으로 보는 듯하다. 증거로 보자면 확인할 길도 막연하다. 효과를 수집하여 통계를 낼 수도 없다. 게다가 설령 통계의 결과를 얻더라도 그것으로 개별적 사례에 대한 효과를 보장해줄 수도 없다. 효과, 증거, 통계 등 앎의 차원으로 추릴 수 있는 것이 전혀 없을 수도 있다. 그러나 '그게 전부는 아닐 것 같다'는 것이다. 인용한 문단에서 가장 핵심적인 말일 것이다. 그리고 이 핵심에 다시 한 번 쐐기를 박아주는 말이 이어서 나온다. "우리 인간의 삶이란 그런 통계 수치에 갇히지 않은 숱한 차원들이 있기 때문"이라는 것이다.

효과, 증거, 통계 등은 일상생활에서 객관적으로 동의하고 받아들이는 기준을 구성하는 요소들이다. 그런데 삶에서는 그것들이 전부가 아니라는 것이다. 삶은 효과에 대한 증거의 통계로 처리되거나 축소될 수 없기 때문이다. 그보다 훨씬 더 복잡다단한, 그래서 다 알 수 없는, 무수한 층과 켜들이 뒤얽혀 있기 때문이다.

여기서 가장 중요한 것은 '진심'이다. 단적으로 효과에 대한 증거의 통계와 진심을 맞대놓고 비교할 수 있을까? 우리 삶에서 증거와 통계가 얼마나 큰 비중을 차지하고 있을까? 물론 중요한 참고는 되겠지만 어디까지나 참고일 뿐이다. 평소에는 그런 것들이 대단해 보일지라도 '비상 상황'에서는 눈에 들어오지도 않는다. 핵심은 진심이다. 진심은 모든 것을 다 알고서 먹는 마음이 아니다. 삶의 마음은 알고 생각하는 것이 아니고 모르고도 사는 몸의 마음이다. 그저 간절할 따름이다. 기도의 대상이 되는 '그분'의 이름을 꼭 알아야 하는 것도 아니다. 아니 사실 기독교의 하느님일 수도 있는 윗글의 '그분'도 이름은 없다. 그저 우리 삶에서는 그토록 절실할 때 간절히 비는 마음이 중요할 따름이다. 적어도 시작은 그렇다.

# 덩달아 즐거워할 만큼
# 기뻐하라

이 세상에 존재하는 악의 4분의 3은 공포심에서 태어난다. 공포심을 가지고 있기에 이미 체험한 적이 있는 많은 것들에 대해서도 여전히 힘들어 한다. 하물며 그것은 아직 체험하지 않은 것마저도 두려움에 떨게 만든다. 그러나 사실, 공포심의 정체라는 것은 현재 자신의 마음 상태가 어떠한가에 달려 있다.

프리드리히 니체,《서광》

두려움과 공포, 불안 등은 우리가 가능하면 피하고 싶은 것들이다. 많은 경우 공포를 일으키는 것은 우리 밖에서 우리를 향해 들어오는 것이라 생각하는데 니체는 다소 다르게 말한다. 우리 자신의 마음 상태에 따라 공포가 일어난다는 것이다. 그러면서 이미 겪어서 알고 있는 것들에 대해서도 공포를 느낄 뿐 아니라 아직 일어나지 않은 것에 대해서도 두려워한다는 것이 그 증거라고 말한다. 이미 지나간 과거의 일에 대해서, 그리고 아직 일어나지 않은 미래의 일에 대해서 공포심을 가지니 그것은 '마음' 안에 자리 잡고 있다는 것이다. 어찌 보면 동의할 수 있는 말인 듯하다. 없는 것에 대해 마음이 취하고 있는 반응이고 태도라는 점에서 그렇다.

그러나 이것을 인정한다 해도 공포심이 쉽사리 사라지지는 않는다. 마음먹기에 달렸다고는 하지만 마음대로 마음먹기가 쉽지 않다. 마음이 마음대로를 따라 주지 않는다. 왜 그럴까? 해부학적으로 마음속을 들여다볼 수 있는 것도 아니니 더더욱 의문이 든다. 그런데 좀 더 살펴보면 마음에는 묘한 생리가 있다. 마음대로는 못해도 '마음먹기'는 가능할 수도 있지 않을까 싶다. 그래서 니체는 《차라투스트라는 이렇게 말했다》에서 다음과 같이 권한다.

"더 기뻐하라. 사소한 일이라도 한껏 기뻐하라. 기뻐하면 기분이 좋아질 뿐 아니라 몸의 면역력도 강화된다. 부끄러워하지 말고 참지 말고 마음껏 기뻐하라. 웃어라. 싱글벙글 웃어라. 기뻐하면 온갖 잡념도 잊을 수 있다. 타인에 대한 혐오와 증오도 옅어진다. 주위 사람들도 덩달아 즐거워할 만큼 기뻐하라. 이 인생을 기뻐하라."

그저 기뻐하라고 한다. 우스꽝스러울 수도 있고, 미친 것처럼 보일 수도 있다. 심지어 마음이 따르지 않더라도 미친 체하고 기뻐하다 보면 몸의 면역력도 좋아진다고 한다. 몸이 속는다는 것이다. 여기서 바로 위에서 말했던 마음먹기의 효과를 확인할 수 있다. 근심을 일으키는 잡념을 없애고서 기뻐하는 것이 아니고, 기뻐하면 잡념도 잊을 수 있다. 물론 순서가 중요하다. 시중에서 소개되고 있는 '웃음치료'도 바로 이런 것이 아닐까? 물론 기뻐할 일이 있어서 기뻐하는 것이 좋지만 우리 일상에서 늘 그러하기는 어렵다. 그럴 때 니체는 '그저 기뻐하라'고 권한다. 사소한 것에 대해서라도 기뻐하라고 한다. 기뻐할 일이 있어서가 아니라 기뻐하다 보면 기쁠 수 있다. 부끄러워하지 말고 싱글벙글 웃으란다. 《신약성서》에 등장하는 "범사에 감사하라"라는 구절도 이런 맥락에서 새길 만하다.

그런데 여기에 아주 중요한 힌트가 있다. "주위 사람들도 덩달아 즐거워할 만큼"이라는 기준이 바로 그것이다. 실제로 우리 주위에서도 늘 싱글벙글하는 표정을 짓는 사람들이 있다. 그런 사람을 보면 그저 나도 따라 웃게 된다. 덩달아 즐거워할 만한 기쁨을 내가 먼저 이웃들에게 주면 어떨까? 이것이 오히려 나에게 더 좋을 수 있지 않을까?

# 종교는
# 역설이다

종교가 갖고 있는 역설적인 말들은 진리에 이르는 길이 깊은 곳에 이르는 길이며, 따라서 고통과 희생의 길임을 보여 줍니다. 오직 그 길을 가고자 하는 사람만이 종교의 역설을 이해할 수 있을 것입니다. … 성서는 인생의 무상함과 불행에 관한 오래된 지혜를 드러내기 때문입니다. 성서는 영혼불멸에 관한 유창한 진술로 인생에 관한 진리를 숨기려 하지 않습니다. 성서는 인간의 상황을 진지하게 다룹니다. 성서는 우리에게 우리 자신에 관한 태평스러운 위로를 제공하지 않습니다.

— 폴 틸리히, 《흔들리는 터전》

폴 틸리히는 우리가 종교에게 기대하는 것을 정면으로 뒤집었다. 다시 새겨보자. 참된 종교는 진리에 이르는 길이 고통과 희생의 길이라고 가르친다. 성서는 영혼불멸을 가르치는 것이 아니라 인생의 무상함과 불행에 대한 성찰과 지혜를 담고 있다. 따라서 성서는 태평스러운 위로를 제공하지 않는다는 것이다. 우리가 종교적 인간으로서 종교 경전에 대해 기대하는 것을 정면으로 뒤집는다. 과연 이런 것이 종교라고 할 수 있을까를 묻지 않을 수 없을 정도다.

우리가 종교에게 기대하는 것은 무엇일까? '종교적 인간'이 의미하는 바는 우리 인간이 지상의 한계를 겪으면서 뛰어넘으려는 성정을 지니고 있음을 가리킨다. 한계를 겪는 유한성과 한계를 넘어서려는 초월성이 한데 얽혀 종교성을 이루니 종교적 인간이라 하는 것이다. 유한과 초월은 한계를 놓고 안과 밖으로 팽팽히 맞서니 서로 대조적이다. 그런데 이러한 대조가 서로를 보다 진하게 드러낸다. 한계 안에 있으면서 한계를 넘으려다 보니 초월이 드러나고, 초월 앞에서 인간의 무력함을 느끼니 더 큰 한계에 직면한다. 반대인데 서로를 부추긴다. 그래서 '종교성' 자체가 이미 역동적이고 역설적이다.

우리는 유한과 초월 사이의 거리와 그로 인한 긴장을 버티기 쉽지 않다. 나아가 그러한 긴장을 입체적으로 엮어 위에서 말하는 '역설'에 이르기는 더욱 어렵다. 그러다 보니 어느 한쪽으로 자꾸 쏠리게 된다. 보다 편하고 안락한 쪽으로 기울게 되는 것은 불가피하다. 그러면서 어느덧 종교에게는 고통과 희생이 아니라 이를 극복하거나 제거해주는 역할이 더욱 강하게 부과된다. 이를 만족시켜주지 못하는 종교는 무용지물이다. 종교적 인간에게 종교는 그렇다. 영혼불멸에 관한 유창한 진술을 요구한다. 들려주면 마음이 편안해지고 만족감을 얻게 된다.

그런데 참된 종교는 고통과 희생의 길을 거쳐야 진리를 향할 수 있다고 가르친다. 고통과 희생의 길이 진리를 향하게 된다는 것은 진리가 소유되는 것이 아니라 다만 추구될 뿐이라는 것을 에둘러 가리킨다. 물론 그렇다고 고통과 희생을 바라자는 것은 아니다. 그것을 원하는 사람은 없다. 돌아보건대, 기실 종교의 역사에서 때로 자발적으로 고통을 선택하는 고행수도의 전통도 적지 않았다. 그러나 이는 고통을 당할 수밖에 없는 이웃에 대한 모독이고 희롱이다. 자학적 고행은 할 짓이 못 된다. 그럴 힘이 있으면 고통당하는 이웃을 도와야 할 터이다.

그럼에도 불구하고 진리의 길은 고통과 희생을 감수해야 한다고 한다. 왜 그럴까? 삶이 그렇게 생겼기 때문이다. 말하자면 삶에서 고통은 피할 수 없는 것이고 때로는 희생도 요구되는 것이기 때문이다. 그래야 한다는 것이라기보다는 그럴 수밖에 없다. 당위를 말하는 것이 아니라 불가피성을 말하는 것이다. 결국 종교는 불가피한 고통을 받아 새길 수 있는 혜안을 도모하는 데 그 뜻이 있다고 하겠다.

# 자유가 너희를
# 진리하게 하리라

진리가 너희를 자유롭게 하리라.

《신약성서》 개역개정, 〈요한복음〉 8:32

　이 글의 제목과 바로 아래 인용문을 연이어 보면 혼란스러울 것이다. 성서 구절을 뒤집어 제목을 붙였기 때문이다. 경전 모독이 아닌가 할 수도 있다. 그러나 오히려 이렇게 뒤집어 봄으로써 본래의 뜻에 더 가까이 다가갈 수 있을 것이다.

　성서 구절이니 기독교인들에게 이에 대해 어떻게 새기는지 물어보았다. 대체로 교리적으로 새긴다. 예를 들어 어느 주석처럼 '진리란 하느님과 인간 사이의 올바른 관계를 가리키며, 자유란 이러한 관계를 회복하는 것을 뜻한다'고 풀이한다. 그러나 이런 식으로 읽게 되면 진리와 자유는 같은 말을 반복하는 것이 되고 만다. 표현까지 구태의연하니 우리에게는 별다른 뜻을 갖지 못하게 된다.

그러나 과연 우리 일상생활에서 진리와 자유가 같은가? 일상에서 진리는 보편적으로 타당하여 모든 사람들에게 받아들여지는 원리를 말한다. 보편타당성과 객관성을 한 마디로 묶는다면 '동일성'이다. 말하자면 '같음'이 핵심이다. 이에 반해 자유는 저마다 행동할 수 있는 조건이나 능력을 뜻한다. 말하자면 자유란 보편이기보다는 '개별'이고, 또한 객관이기보다는 '주관'이어서 같음보다는 '다름'이 핵심이다.

이렇게 볼 때 우리 일상에서 진리와 자유는 정반대로 움직인다. 진리는 같음을 근거로 누구에게나 평안을 준다면, 자유는 서로 다르기 때문에 언제나 불안을 동반한다. 안정을 제공하는 진리와 불안을 끌고 들어오는 자유는 그야말로 '반대 방향으로 달리는 두 마리 토끼' 같은 관계다. 그런데 이를 외면하고 진리와 자유를 같은 말로 풀이해왔기 때문에 저 중후한 말씀이 거의 무의미한 주술이 되어버렸다.

그렇다면 어떻게 해야 할까? 진리와 자유의 관계를 다시 보자. "하느님은 사랑이시다"라는 성서명제를 견주어도 좋겠다. '하느님'이라는 주어와 '사랑이다'라는 술어 중 어느 것이 먼저일까? 흔히 주어가 술어보다 먼저라고 생각한다. 그러나 만일 그렇다면 사랑이 아니어도 여전히 하느님일까? 아니라면 그 뜻으로 볼 때 오히려 술어가 주어보다 먼저인 것이 아닐까? 같은 방식으로, 자유하게 하는 데서 진리가 나타난다는 것으로 읽어야 하지 않을까?

그러므로 진리는 결코 자유보다 앞설 수 없다. 오히려 진리가 진리이기 위해서는 자유가 전제되어야 한다. 돌이키건대 역사상 벌어졌던 수많은 순교와 배교의 현장에서 뭇사람들을 몰살시켜가면서까지 지켜져야 했던 '진리'란 과연 무엇이었을까? 또한 역사상 얼마나 많은 살육과 억압이 진리의 이름으로 자행되었을까? 진리에 대한 숭고한 신념과 끓어오르는 희열로 가득 찬 신앙이 바로 그 진리의 이름으로 극악무도한 살인을 얼마나 많이 저질러 왔을까? 이런 사건들은 자유롭게 하지 못하는 진리가 단순히 무의미한 것이 아니라 매우 억압적이고 잔인할 수 있다는 것을 보여준다.

사실상 우리는 진리의 이름으로 남도 속이고 나 자신도 속인다. 우리는 진리의 이름으로 남도 억누르고 나 자신도 억누른다. 우리는 진리의 이름으로 남도 죽이고 스스로도 죽인다. 말하자면 자유하지 못하게 하는, 아니 오히려 우리를 옭아매는 진리가 우리 주위에, 그리고 우리 자신 안에 너무도 많다. 그러는 줄도 모르고 그렇게 하면서 신앙이 독실한 것으로 착각한다. 그동안 종교가 이것을 더욱더 부추겨왔다. 그러나 종교의 본뜻이 '인간 해방'이라면 이제는 솔직해져야 한다. "진리를 추구하는 자는 신뢰하되 진리를 붙잡았다고 하는 자는 의심하라"는 앙드레 지드Andre Gide의 말도 같은 맥락일 것이다.

3장

# 지혜의 길

정답 없는 삶을 내다보는 역설의 통찰

살아가면서 우리는 수도 없이 오류들에 부딪치고 충돌한다. 그런데 충돌하면서 부서지고 마는 것이 아니라 파편들이 얽혀 보다 큰 그림을 엮어낸다. 삶의 오묘한 생리 덕분이다. 따라서 시행착오는 단순한 시도에 그치는 것이 아니라 더 큰 깨달음을 얻게 해주는 재료다. 깨달음은 충돌하는 모순들을 버리지 않고 싸안아 함께 나아가야 한다는 통찰이다. 흩어진 것들을 모으고 시들어가는 것에 생기를 불어넣는 통찰들은 바야흐로 '역설'이라 할 수 있다. 이러한 '역설의 지혜'라 불릴 만한 것들을 몇 마디나마 함께 새겨보고자 한다.

# 해답이 없다는
# 것이 해답

해답은 없다.

지금까지도 해답이 없었고

앞으로도 해답이 없을 것이다.

이것이 인생의 유일한 해답이다.

거트루데 쉬타인Gertrude Stein

"이 세상에 절대적인 것은 절대로 없다." 이 말은 절대적인가? 만일 이 말이 절대적이라면 절대적인 것이 있으니 이 말은 틀린 것이다. 그렇다면 반대로, 이 말은 절대적이지 않은가? 그렇다면 그 말이 틀릴 때도 있다는 것이니 절대적인 것이 있을 수 있고 따라서 이 말은 틀린 것이다. 이래도 틀리고 저래도 틀린다. 악순환이다. 순환논증의 아주

고약한 사례에 해당한다고 할 수 있다.

여기서 살핀 쉬타인의 말도 비슷하다. 해답이 없다는 것이 유일한 해답이다. 그럼 해답이 없다는 것인가? 그런데 뒤에서는 그것이 유일한 해답이라고 말한다. 그렇다면 해답이 있다는 것인가, 없다는 것인가? 말장난처럼 들린다. 그러나 여기에 중요한 뜻이 있다. 해답이 없다는 것을 해답으로 삼게 되면서 해답의 자리에서 군림해오던 '진리'라는 것에 대해서 돌이켜볼 수 있기 때문이다. 우리가 얼마나 많은 진리들을 해답이라는 이름으로 받아들이면서 살아왔는가를 되돌아보게 한다. 과연 우리 삶에 맞갖은, 그래서 뜻을 세워주고 맛을 내주는, 진리가 과연 있었는지를 되묻지 않을 수 없게 된다.

그동안 진리는 거기 그렇게 있는 사물과 우리의 판단이 '일치'하는 것이라고 규정되어왔다. 그러한 일치가 앞서 말한 '해답'으로 군림해오면서 그로부터 벗어난 어떤 것도 배제되거나 거부되어야 하는 대상으로 간주되었다. 일치시키려다 보니 당장 일어나는 사건도 고정된 사물로 새겼다. 결국 진리의 이름으로 삶을 옭아매게 되면서 '진리 강박'이 생겨났다. "우리가 진리랍시고 머물러 집을 지으면 오히려 거기에 갇혀 죽게 되니 진리가 무덤이 된다"고 벨포 경의 〈진리에 대하여〉라는 시가 전한다. 인류역사에서 진리를 명분으로 잔인한 폭력이 이어져왔다는 것이 좋은 증거다.

그렇다면 어떻게 해야 하는가? 벨포 경은 이어 말한다. "우리가 최상의 진리라고 여기는 것이 절반에 불과하다"고 말이다. 사실 엄밀히 따지면 절반도 채 되지 않을 것이다. 같은 맥락에서 하이데거의 한 마

정답 없는 삶을 내다보는 역설의 통찰

디를 새겨도 좋을 일이다. 그는 《진리의 본질에 관하여》라는 책에서 "진리는 비진리와 함께 가야 한다"고 주장한다. 언뜻 황당하게 들린다. 그러나 돌이켜보면 참으로 우리를 자유롭게 하는 통찰이다. 우리가 알고 있는 진리가 전부가 아니라는 것이니 말이다. 이를 확인이라도 하듯이 그는 "진리는 '일치'가 아니라 '자유'"라고 선언한다. 자유를 제한하면서 지켜온 진리가 인간을 억압함으로써 오히려 소외와 강박으로 몰아왔으니 마땅히 진리를 해방시켜야 한다는 것이다. 이제 진리는 '명제'로 추려지는 것이 아니라 벌어지고 일어나는 '사건'으로 더듬어진다. 명사가 아니라 동사라는 것이다.

명사적 진리는 사실 진리의 한 면만을 강조한다. 요컨대 진리의 '밝히기−벗기기'만 강조한다. 말하자면 '드러나서 알게 된 것'만을 진리라고 간주한다. 앎에서 엮어내었기 때문이다. 그런데 밝혀지기만 하는 진리는 인간에게 '복종'을 요구하고, 복종하게 하는 진리는 인간에게 죄의식을 심어준다. 그러나 드러나지 않는 '감추어짐'을 가리키는 비진리는 진리를 단순히 복종의 논리가 아닌 자유의 생리로 엮어질 수 있게 한다. 그리고 그러한 자유는 저 위의 '해답' 이야기에서 한 번도 나오지 않았던 '물음'으로 우리 눈을 돌리게 한다. 자유는 물음에서 시작하기 때문이다.

# 지혜는
# '모름'에서 나온다

앎에 힘쓰는 사람은 날마다 더하지만 도를 행하는 사람은 날마다 덜어간다.
덜고 또 덜어 무위에 이르니 무위하면 이루지 못하는 것이 없다.

노자, 《노자》 통행본

    지식과 지혜는 밀접하지만 아주 많이 다르다. 단도직입적으로 지
식은 '앎'이고 지혜는 '삶'이다. 그렇다면 어떻게 다른가? 지식은 앎을
늘림으로써 모름을 줄이는 것을 목표로 한다. 모름은 불편하고 불안하
기 때문이다. 그래서 사람들은 더 많은 지식을 갖기 위해 갖은 노력을
다 한다. 그런 지식은 가질 수 있고 모을 수 있다. 더 많이 알고 가지면
더 안정감을 느끼고 더 유리하고 편리하다. 그러나 때로는 한 사람이
갖고 있는 지식들이 서로 충돌하기도 하고 사람들마다 서로 다른 지식

때문에 갈등이 일어나기도 한다. 지식이 풍부한데도 혁신적인 일을 하나도 못하는 사람들이 수두룩하다.

그렇다면 지혜란 무엇인가? 지혜는 삶이라고 했다. 앎은 모름을 줄이고 없애는 것이 목표이지만, 삶은 모르고도 살고 살고도 모른다. 삶에서 모름을 없앨 수는 없다. 무엇을 얼마나 모르는지조차 모르기 때문이다. 바로 이런 모름과 관계하는 것이 삶의 길이고 지혜다. 지혜는 모름과 더불어 사는 길이기 때문에 가질 수도 없고 모을 수도 없다. 다만 추구할 수 있을 뿐이다. 잡으려고 애쓰지만 그럴수록 뒤로 물러선다. 말하자면 가지고 있는 것이, 잡은 것이, 아는 것이 전부가 아니라는 것을 끊임없이 뒤로 물러서는 지혜가 일깨워준다.

이런 점에서 지혜는 앎이라기보다는 모름이다. 모른다는 것을 아는 일에서 나아가 얼마나 모르는지조차 모른다는 것을 깨닫는 일이다. 앞서 말한 대로 소유할 수는 없고 다만 추구할 수 있을 뿐이니 초월하거나 비약하게 하는 힘이 된다. 지식은 채워가는 것이라면 지혜는 오히려 비워가는 것이다. 더 크게 비울수록 더 크게 보인다. 이것이 바로 지식과 다른 지혜의 생리다. 그래서 지혜는 아는 것이 별로 없어 보이지만 막상 어떤 상황에 닥치든지 이를 꿰뚫어보는 통찰의 힘이 된다.

박학다식이 지혜를 주지는 않는다. 박학다식은 사실상 지식의 기억이다. 지식이 기억을 필요로 하는 것과 달리 지혜는 오히려 망각에 의해 촉발되기도 한다. 알고 있는 것을 잊어버리는 것이 통찰에 도움이 된다는 것은, 뒤집어 보면, 많은 기억이 새로운 통찰에 방해가 된다는 것이기도 하다. 기억들은 소중하지만 우리를 과거에 묶어둘 수도 있기 때문이다. 이에 비해 망각은 미래를 향한 새로운 가능성을 열어줄 수 있다. 소설가 밀러Henry Miller의 고백처럼 성공을 위해 기억과 망각이라는 정반대의 현상이 동시에 필요하다. 더욱이 망각이 기억 못지않게 중요한 역할을 한다. 심지어 '망각의 능력'이라는 말까지 생긴다. 잊어버리는 것도 능력이라는 말이다.

잊어버리는 능력은 앎에서가 아니라 모름에서, 즉 '삶'에서 나온다. 삶이 나를 살아가니 삶의 소리에 귀를 기울이면 모름이 우리에게 잊어버리는 능력을 선물로 줄 것이다. 그러니 무엇을 모른다고 통탄해하거나, 무엇을 잊어버렸다고 안타까워하기만 할 일은 아니다. 모르고 잊어버리는 것이 우리 삶에 더 넓고 깊은 새로움을 가져다줄 수 있기 때문이다. 기억하시라. 밤하늘의 별은 어두워져야 비로소 볼 수 있다는 것을. 어두워지는 것이 모름이고 잊어버림이라면 밤하늘의 별은 지혜다. 그리고는 이것조차 잊어버려야 한다. 그래서 참으로 어두운 밤으로 들어가야 한다. 밤하늘의 별이 반짝이도록!

# 손 놓고 잊어버릴 때
# 문제가 해결된다

많은 사람들에게 언제 아이디어를 얻는지 물어보았더니 대다수가 문제에서
완전히 손을 놓고 있을 때라고 대답했다.

_____ 로저 본 외흐Roger von Oech, 《헤라클레이토스의 망치》

우리가 일상에서 흔히 경험하는 것이다. 문제를 해결하려고 골몰
하다가 점점 미궁에 빠지게 되는 경우가 많다. 그럴 때 우리는 어떻게
든 해결해보려고 더욱 안간힘을 쓰게 된다. 그럴수록 미궁은 더 깊어지
고 해결은 더 멀어진다.

왜 파헤칠수록 더 꼬이게 되는 걸까? 문제와 해결을 위한 아이디
어를 단지 둘 사이의 관계로만 엮어서 생각하기 때문이다. 해결책에 집
중하다 보면 문제가 온 세상이고 전 우주인 것처럼 보인다. 그러나 어

떤 문제이든지 세상은 그것과는 비교도 안 될 정도로 더 크고 복잡다단 하다. 따라서 문제와 해법의 아이디어로만 한정시켜서 볼 일이 아니다. '즉문즉답'이 간결해 보이지만 먹혀들 수 있는 범위는 지극히 제한되어 있다. 따라서 그로부터 빠져나오는 것이 중요하다. 손을 놓고 있을 때 오히려 해결의 실마리를 만날 수 있다는 것이다.

문제는 그것이 무엇이든지 앎의 영역에만 머물러 있지 않는다. 그보다 훨씬 넓고 깊은 삶의 차원에서 벌어진다. 그것은 실험실의 선반과 같은 앎의 영역과는 사뭇 다르다. 문제 해결을 위해 더 알려고 발버둥치는 과정이 무의미하지는 않겠지만 이는 삶을 앎으로 축소시키는 행위일 수 있다. 이렇게 되면 해결을 위한 아이디어가 제한되거나 아예 나오지 않을 수 있다.

문제에서 완전히 손을 놓는다는 것은 삶을 이루는 모름과 모름의 뿌리인 없음이 작동할 시간과 공간을 내어주는 일이다. 삶이 그런 생리로 살아지고 있기 때문이다. 완전히 손을 놓고 있을 때 오히려 아이디어가 주어지는 것은 우연이 아니라 삶의 생리 덕분이다.

삶은 다양한 층위와 차원에서 역설적으로 움직인다. 그러기에 근대 사회사상가 볼테르Voltaire는 "불필요한 것은 꼭 필요하다"고 했다. 문제에서 완전히 손을 놓는 일은 해결을 위해서는 매우 불필요한, 아니 대책 없어 보이는 행동이지만, 이것이 오히려 아이디어를 얻는 기회가 되고 꼭 필요한 일이라는 것이다.

비슷한 맥락에서 고대 인생철학자 세네카Lucius Annaeus Seneca는 "시간은 우리에게 삶을 주지만, 또 우리의 삶을 빼앗아 가기도 한다"고 했다. 참으로 그렇다. 우리 삶은 새로운 시간인 미래로 나아가지만 또한 미래는 현재를 거쳐 이내 과거로 사라져가면서 우리 삶을 빼앗아가기도 하니 말이다. 문제에만 골몰하고 있는 것은 우리 삶이 그저 새로운 시간으로 계속해서 나아갈 것으로만 생각하기 때문일 수 있다. 그러나 '손을 놓는다'는 것은 시간이 우리 삶을 빼앗아가는 것에 새삼스럽게 그리고 소스라치게 주목하는 지혜다.

"빛이 강하면 그림자가 짙다"는 괴테Johann Wolfgang von Goethe의 말도 짙은 그림자에서 거꾸로 강한 빛을 떠올리는 통찰로서 뜻을 더욱 깊이 드러내 준다. 이처럼 필요한 것과 불필요한 것, 시간과 삶, 빛과 그림자와 같은 대조적인 양면이야말로 '모름'이 '앎'에 한 수 가르쳐줄 수 있다는 통찰을 가능하게 한다.

"고통을 두려워하는 자는 이미 두려움으로 고통 받고 있다"는 몽테뉴Michel de Montaigne의 통찰이나 "자신이 행복한지 묻는 사람은 행복한 사람이 아니다"라는 존 스튜어트 밀의 격언도 우리 삶에서 행복이나 고통을 앎의 영역으로 끌고 나와 분석할 것이 아니라고 일깨워준다. 행복은 원하는 것이고 고통은 피하고 싶은 것인데 모두 붙잡으려 하지 말라고 한다. 손을 놓을 때가 최고의 행복이고, 손을 놓을 때 오히려 고통을 통과할 수 있기 때문이다.

# '비움의 쓰임'으로
# '채움'이 이루어진다

서른 개의 바퀴살이 모여 한 개의 바퀴통을 만들지만

수레를 움직이는 것은 가운데의 빈 구멍.

흙을 이겨 그릇을 만들지만

그릇을 쓸모 있게 하는 것은 그릇 속의 빈 곳.

문이나 창을 내어 방을 만들지만

방을 쓸모 있게 하는 것은 그 안의 텅 빈 공간.

그러므로 있음의 이로움은 없음의 쓰임에 있는 것.

노자, 《도덕경》

수레바퀴는 바퀴살이 복잡하게 엮여 있지만 가운데 빈 구멍으로 굴러간다. 그릇은 비어 있어서 음식을 담음으로써 그 기능을 한다. 방도 바닥을 다지고 기둥을 세워 벽을 쌓은 후 천장을 얹어서 만들지만 문과 창을 내어 드나들고 안팎으로 오가니 그 안의 '텅 빈 공간' 덕분에 방으로서의 역할을 하게 된다. 핵심은 '비움'에 있다. 비어 있음이 그 본질을 채운다. 비움이 채움이다. 노자는 이를 "있음의 이로움은 없음의 쓰임에 있는 것"이라는 말로 마무리해준다. 없음은 있음을 있음으로 만드는 결정적인 요소라는 것이다.

무엇보다도 우리 몸의 구조가 이토록 오묘한 통찰을 매우 구체적으로 보여준다. 무수한 예들을 찾을 수 있지만 삶의 체험에서 단순히 끌어내도 충분하다. 우선 우리 눈을 살펴보자. 물론 눈은 생물학적 해부도로 보면 속이 꽉 차 있다. 그러나 그렇게 빈틈없이 꽉 차 있는 눈 속을 뚫고 들어가 망막에 상이 맺히는 원리를 살펴보면 더할 나위 없이 신기하다. 차 있지만 비어 있어 망막에 상이 맺힌다. 그리고 우리는 그 덕분에 보게 된다. 눈이야말로 '텅 빈 충만'을 우리에게 가르쳐주는 탁월한 기관인 듯하다. 만일 눈에 '비어 있음'이 없다면 상은 망막에 도달할 수 없을 것이고 우리는 아무것도 보지 못할 것이다. 그러나 '비움의 쓰임'으로 '채움'이 이루어진다.

입 속도 마찬가지다. 입 속의 혀를 살펴보자. 입을 다물고 있으면 입은 혀로 가득 차 있다. 그러나 우리는 입 속이 차 있기보다는 비어 있다고 느낀다. 우리가 음식을 먹을 때 입안을 채우고 있던 혀가 전혀 걸리적거리지 않는다. 아니 혀가 안에서 버티고 있다는 것을 전혀 감지하지 못한다. 감지하게 되면 불편하니 먹을 수도 없을 것이다. 있지만 없다. 채워져 있지만 비어 있다. 비어 있음의 쓰임새로 우리는 음식을 먹고, 비어 있음 덕분에 몸을 채워간다. 참으로 절묘하다.

이런 식의 원리는 우주가 운행되는 물리와 그 안에서 생성 소멸하는 생명체의 생리에도 그대로 적용된다. 사람의 마음이 움직이는 꼴인 심리도 마찬가지다. 결국 삼라만상의 원리가 '비움의 역설'이다. 이것이 우리 삶에 대해 가르치는 바는 실로 적지 않다. 있는 것만이 능사가 아니고 채우는 것만이 대수가 아니라는 것이다.

우리 몸의 꼴을 보고도 선뜻 동의하기가 어렵다면 반대로 가정하는 것도 하나의 방법이 될 것이다. 만일 오로지 있기만 하여 더 있으려하고 채우기만 하여 넘치도록 채워나간다면 우리가 살고 있는 지구가 어떻게 될까? 지구는 우리가 태어나기도 전에 이미 엄청난 쓰레기더미가 되었을 것이고 우리는 태어나는 것 자체가 저주일 수밖에 없을 것이다. 그러나 고맙게도 지구가 스스로 없애고 비우는 자정작용을 함으로써 지금껏 우리가 태어나고 살 수 있게 해줬다. 우리가 거주하고 있는 터도 삶의 마땅한 꼴이 '없음의 쓰임'이라고 가르쳐준다.

# 죽음은 삶을
# 몇 배로 사는 비결

Memento moriendum esse.

그대는 죽어야만 한다는 사실을 명심하라!

Memento te hominem esse.

그대는 인간이라는 사실을 명심하라!

Respice post te, hominem te esse memento.

뒤를 돌아보라, 지금은 여기 있지만 그대 역시 인간에 지나지 않는다는 사실
을 기억하라!

— 어느 로마 개선 장군의 관에 쓰인 문구

　중세 로마제국 시대 이야기다. 당시는 전쟁에서 승리한 장군을 위
한 개선식이 자주 벌어졌다. 환호하는 시민들 사이를 가로지르는 개선

행진은 장군이 로마인으로서 가질 수 있는 최고의 영광이었다. 그래서 개선식 하루만은 장군이 에트루리아 관습에 따라 얼굴을 붉게 칠하고 네 마리의 백마가 이끄는 전차를 타는 '살아 있는 신'이 된다. 그런데 신으로 숭배받는 장군의 영광스러운 전차에는 인간 중에서도 가장 비천하다고 할 수 있는 노예 한 명이 같이 탑승한다. 그리고 이 노예는 개선식이 진행되는 동안 끊임없이 "메멘토 모리"라는 말을 장군에게 속삭여준다. 장군이 너무 우쭐대지 말라고 경고하는 뜻으로 "죽음을 기억하라"는 말을 반복한 것이다. 죽음에 관해서는 신분도 계급도 없다는 것을 말해준다.

그런데 왜 죽음을 기억하라고 했을까? 미래에 일어날 죽음을 과거 사건처럼 '기억하라'고 하는 것이 과연 어법에 맞는 표현인가? 그런데 조금 더 생각해보면 여기에 깊은 통찰이 깔려 있음을 알 수 있다. 죽음은 미래이지만 또한 과거이기 때문이다. 태어나서 살아온 과정이 죽어가는 과정이기 때문이다. 죽음은 과거에 이미 벌어져서 현재까지 진행되고 있는 사건이라는 사실을 잊지 말라는 것이다. 사는 과정이 죽어가는 것이라면 이미 죽음은 시작됐으니 기억해야 하는 과거이기도 하다. 그저 나중에 벌어질 일이라면 관심하지 않을 수도 있을 것이다. 그러나 이미 나에게서 벌어지고 있는 것이라면 다른 데로 도망칠 수도 없고 외면할 수도 없다.

그런데 많은 사람들이 죽음을 잊고 산다. 아니, 사실 잊어버리고 싶은 것일지 모른다. 그러나 죽음을 잊는다고 해서 그것이 즐겁고 행복한 삶을 보장해주지 않는다. 언젠가는 결정적인 순간이 닥치는데 그 '언젠가'를 알지 못하니 그저 막연하게 뒤로 미루다가 속수무책으로 당하게 된다. 그러니 미리 대비해두자는 것이다. 당하는 죽음이 아니라 맞이하는 죽음으로 바꾸자는 것이다. 물론 맞이한다는 것이 앞당기자는 것은 아니고, 골몰하거나 두려워하자는 것도 아니다. 다만 마음의 준비를 항상 해두자는 뜻이다. 더욱이 이미 차근차근 진행되어온 것이라면 먼 이야기도 아니고 새삼스러울 것도 없으니 과거와 현재를 보고 미래를 준비하면 될 일이다. 죽음에 대한 기억은 이런 뜻이다. 말하자면 죽음은 미래이면서 미래이기 전에 이미 과거였으며 현재진행형이다.

죽음이라는 사건을 삶의 모든 시제에 에누리 없이 깔아놓는 것이 도대체 어떤 뜻을 지닐까? 그것은 당연하게도 매순간이 마지막 시간일 수도 있다는 삶의 자세를 일깨워준다. '지금 이 순간'이 가장 소중하다는 것이다. 아울러 죽지 않을 것처럼 살면서 사수하고자 하던 것이 그저 사소한 것이 된다. 넘어설 수 있는 초월의 넉넉함을 선물로 준다. 죽음은 삶을 몇 배로 사는 길이 될 수 있다.

# 우리는 태어나자마자
# 충분히 늙어 있다

현존재는 그가 존재하고 있는 한 이미 자신의 아직-아님으로 존재하듯이, 그
는 또한 언제나 이미 그의 종말로 존재한다. 죽음으로 의미되고 있는 끝남은
현존재의 끝에-와-있음이 아니라 오히려 현존재라는 이 존재자의 종말을
향한 존재인 것이다. 죽음은, 현존재가 존재하자마자, 현존재가 떠맡는 그런
존재함의 한 방식이다. "인간은 태어나자마자 이미 죽기에는 충분히 늙어 있
다."

— 마르틴 하이데거,《존재와 시간》

　　다소 어려워 보이는 현대철학의 대표작 중 한 권에서 뽑았다. 20세
기 철학자 하이데거의《존재와 시간》이다. 우선 책 제목에 대해서 한마
디 하는 것이 이 구절을 이해하는 데 도움이 될 것이다. '존재'는 인간

이 구하는 궁극이고 원초다. 찾는 과정의 끝인데 그것이 바로 시작이었다는 것이다. 왜 그런가? '존재'를 '있음'으로 바꿔 풀어보겠다. 우리 인간은 없었던 적도 있고 없어지기도 하는 있음이다. 게다가 있는 중에도 언제든지 없어질 수 있는 있음이다. 말하자면 '가련한 있음'이다. 따라서 없었던 적도 없고 없어지지도 않으며 있는 중에도 없어질 가능성이 없는 '막강한 있음'을 찾게 된다. 그러한 있음은 우리와 같은 있음을 '있게 하는 힘'이기도 하고 터전이기도 하다. 물론 전통마다 달라서 오히려 '없음' 즉 무를 그런 위상으로 옹립하려는 사상도 있어왔다. 그러나 존재이든 무이든 원초이고 궁극이라는 점에서는 같다. 그러한 사상들이 종교에도 그대로 반영되어 왔다. 인류의 유구한 정신문화사는 이를 찾고 더듬는 역사라고 해도 과언이 아니다.

여기서 존재, 즉 있음은 영원불변해야 하는 것이었다. 움직이지도 않고 세상만사에 초연한 듯이 자리 잡고 있어야 했다. 그러다 보니 세계와 동떨어지게 되었다. 자가당착에 빠지고 만 것이다. 본래의 취지를 되살리기 위해서라도 존재는 움직여야 했다. '있음'일 뿐 아니라 '있게 하는 힘'이라면 마땅히 그러해야 한다. 그래서 움직이게 하는 동인으로서 시간과 함께 해야 한다. 아니 시간을 살아야 한다. 살아 움직이는 세계를 세계이게 하는 힘이기 때문이다. '존재와 시간'이라는 제목은 그런 뜻을 담고 있다.

세계를 만들면서 살아가는 인간을 '현존재'라 부른다. 현존재가 시간 안에서 살뿐 아니라 시간을 살아가는 것임은 물론이다. 그러니 '아직-아님'이면서 '이미-그러함'이라는 것이다. 아직-아님은 그야말로 끝날 때까지 끝난 것이 아니라는 삶의 생리를 가리킨다. 이미−그러함은 시작부터 이미 끝을 향해 달려가는 삶의 생리를 가리킨다. 말하자면 죽음이란 그저 아무런 일도 없는 듯이 살다가 갑자기 들이닥쳐 삶을 끝내버리는 현상이 아니라 언제든지 들이닥칠 수 있는 끝이며 삶의 모든 과정에 가능성으로 깔려 있다는 것이다. 그러니 당연하게도 '지금 여기'가 가장 중요하다. 그러기에 '죽음을 향한 현존재'라 부른다. 삶의 끝자락에서 이전의 삶과는 전혀 다른 모습으로 들이닥치는 죽음이 아니라 죽음을 가능성으로 짊어지고 살아간다는 뜻이다.

그래서 심지어 "인간은 삶이 시작되면서 동시에 죽을 수 있을 만큼 늙었다"는 속담도 인용한다. 갓 태어난 아기에게 늙었다고 하니 황당하기도 하고 얄궂기도 하다. 그러나 어느 누구도 부정할 수 없는 사실이다. 그리고 이것이 우리에게 일깨워주는 통찰은 실로 깊고 오묘하다. 그것은 우리의 생물학적인 죽음마저도 저 끝에서 갑자기 벌어지는 현상이 아니라는 것이다. 죽음을 끝에 있다 본다면 우리는 살아 있는 동안 죽음을 그저 관념 속에 넣어두고 여전히 은폐하고 결국 망각하게 될 것이다. 그러나 덮어버리고 잊어버린다 해서 죽음이 뒤로 밀려나지는 않는다. 죽음을 지금 일어나는 일로 여기면 이후가 오히려 넉넉해진다.

# 영원이 시간으로
# 들어오는 방법

시간은 우리의 운명입니다. 시간은 우리의 소망입니다. 시간은 우리의 절망입니다. 그리고 시간은 우리가 그 안에서 영원을 보는 거울입니다. 시간의 여러 가지 신비들 중 세 가지를 꼽아보겠습니다. 첫째, 자신의 범주 안에 있는 모든 것을 삼켜버리는 힘, 둘째, 자신 안에 있는 영원을 수용하는 힘, 셋째, 궁극적 종말 즉 새로운 창조를 향해 나아가는 힘입니다.

폴 틸리히,《흔들리는 터전》

시간은 참으로 얄궂다. 한편으로는 희망이면서 다른 한편으로는 절망이기 때문이다. 이런 희비극의 교차가 우리의 운명이다. 시간은 흐르면서 생성했던 것을 소멸시키니 모든 것을 삼켜버린다는 점에서 절망이다. 그러나 시간은 또한 영원을 받아들이면서 새로움을 창조한다는 점에서 희망이다. 너무 시적인 표현으로 들리기는 한다. 게다가 유한한 시간 안에 어떻게 무한한 영원이 들어갈 수 있을까 하고 의아해할 수도 있다.

그러나 시간과 영원의 관계는 양적인 것이 아니다. 질적인 차원이고 결국 비약이다. 시간이 바로 영원이 되는 것은 아니지만 시간에서 영원을 꿈꾸고 그것을 끌어당긴다. 물론 유한한 인간의 가련한 몸부림이다. 그러나 그런 몸부림이 너무도 소중하다. 그것이 없다면 우리는 그저 오직 유한하기만 한 시간 안에서 명멸해버리는 구슬픈 인생일 뿐인 것이다.

그러나 우리에게서 나온 것이 우리보다 더 오래 간다. 우리가 만든 것이 우리가 사라진 뒤에도 세상에 버젓이 있을 수 있다. 우리의 시간을 넘어선 것이 우리 시간 안으로 들어온 흔적이고 증거다. 영원을 머금은 것이 순간으로 농축되는 삶의 체험들이다. 그러기에 새로운 창조를 향해 나아가는 것이 가능하게 된다.

시간은 길이를 갖지 않은 점들이 이어져가는 미묘한 것이다. 기하학적으로 길이를 갖지 않은 점을 연결한다고 선이 되는 것은 아니지만, 시간은 오묘하게 이어지고 흘러간다. 현재라는 점이 앞뒤로 얽히면서 말이다. 그러다 보니 이어지지만 잡을 수도 없다. 틸리히는 같은 책에서 뒤이어 말한다.

"현재 그 자체의 본질은 무엇입니까? 만일 우리가 그것을 면밀하게 살핀다면, 우리는 이렇게 말해야 합니다. '그것은 확장이 없는 하나의 점이다.

정답 없는 삶을 내다보는 역설의 통찰

그 점 안에서 미래가 과거가 된다.' 우리는 현재를 붙잡지 못합니다. 그것은 언제나 가버립니다. 그러므로 우리가 실재하는 것은 아무것도 갖고 있지 않은 듯 보입니다. 과거와 미래는 물론이고 현재조차도 말입니다."

시간의 흐름으로 보아도 과거나 미래가 그 자체로 있지는 않다. 그런데 우리는 과거를 기억하고 미래를 기대한다. 현재 하고 있는 기억을 통해 과거는 현재로 들어오고, 현재 하고 있는 기대를 통해 미래가 현재로 들어온다. 따라서 이어진다. 과거와 미래가 현재로 밀고 들어온다. 영원이 시간으로 들어오는 절묘한 방법이다. 그런데 과거가 현재나 미래에 의해 그 역할과 뜻이 바뀐다. 그래서 '아직 끝나지 않은 과거'도 있다. 이뿐 아니라 미래의 많은 가능성 중 상당부분은 현재나 과거에 의해 차단되어 버린다. '이미 지나가버린 미래'다. 시간은 이렇게 서로 충돌하면서 한데 얽혀 현재를 이룬다. 그러니 현재를 붙잡기 어렵다. 참으로 오묘하고도 얄궂은 시간이다.

그저 물리적이고 연대기적인 시간으로만 내가 살아가는 것이 아니다. 시간 안에 살 뿐 아니라 시간을 산다는 것은 바로 이를 가리킨다. 시간은 과거와 미래가 소용돌이치는 나의 현재일 뿐이기 때문이다. '현재를 사랑하라'는 말은 그래서 노래가사로만 흥얼거리고 말 일은 아니다.

# 우연과 필연은
# 순간의 차이

한 번은 순간이고, 두 번은 우연이다. 그러나 세 번째부터는 패턴이다.

서양 속담

    세상을 살아가는 데 있어 참으로 '순간'인 것이 많다. 유일하다 싶을 정도로 한 번 일어나고 마는 일들이 대부분이다. 그러다가 같아 보일 정도로 비슷한 일들이 일어나기도 한다. 그럴 때 우리는 '우연'이라고 한다. 어떤 일이 비슷하게 두 번 일어나면 '우연의 일치'라고 한다. "우연히 그럴 수도 있지" 하면서 말이다. 그런데 우연이 패턴이 되는 데는 그리 오래 걸리지 않는다. 세 번째 일어나면 바로 패턴이 된다. 정반대로 보이는 '우연'과 '패턴'이 단 한 번의 차이로 갈라진다. '단 한 순간'이 정반대의 길을 가도록 만든다.

정답 없는 삶을 내다보는 역설의 통찰

"순간의 선택이 평생을 좌우한다"는 말도 흔히들 한다. 맞는 말이다. 선택을 잘못해서 일생을 망치거나 후회하는 경우가 많다. 선택을 잘해서 잘된 경우보다 월등히 많은 것 같다. 이것은 무엇을 말해주는가? 일생이 성공적이고 보람 있다고 느끼고 즐길 수 있으려면 단 한 번의 순간보다는 훨씬 더 긴 시간의 노력을 필요로 한다는 이야기다. 이에 비해 망치는 것은 한 순간일 수 있다는 것이다. 이래서 순간은 중요한 것 이상으로 위험하기까지 하다. "돈을 버는 것은 힘든데, 쓰는 것은 쉽다"는 말도 비슷하게 견줄 수 있겠다. 평생 애써서 일하고 받은 퇴직금을 한순간 날려버리는 경우도 부지기수다. 일순간에 벌어들인 돈을 천천히 쓰면서 즐기는 경우를 보기는 힘든 것 같다. 이처럼 순간은 중요하고도 위험하다.

그런데 순간의 시제는 언제일까? 순간은 언제나 현재다. 굳이 시간의 길이를 잰다면 '찰나'에 해당할 수 있다. 그토록 짧다 보니 우리는 중요한 순간을 놓치거나 흘려보내곤 한다. 그러면 순간은 바로 과거가 되어버린다. 현재인 순간을 붙잡지 못하고 찰나로 흘려버리고 나서 중요한 때였다는 것을 나중에야 발견하게 된다. 그러면서 아쉬워하고 안타까워한다. "현재를 사랑하라"는 말도 이런 순간의 소용돌이를 염두에 둔 듯하다.

우연과 패턴이 단 한 순간의 차이로 결정된다는 점도 우리의 주목을 요한다. 우연은 여전히 순간의 일회성에 무게를 두되 단순반복이 일어난 경우에 해당하니 향후를 예측할 근거가 되지는 않는다. 이에 비해 패턴은 같거나 비슷한 일이 앞으로도 일어날 가능성이 점증되고 농

후해지는 상황을 일컫는다. 좀 더 지속되면 규칙이 되고 필연이 되기도 할 것이다. 사뭇 다르다 못해 이토록 정반대이기까지 하다. 그런데 이는 우연과 필연 사이의 거리가 생각만큼 멀지 않다는 것을 뜻할 수 있다. 그리고 이 점이 우리를 더욱 긴장으로 몰아가고 힘들게 할 수도 있다.

그러나 우연과 필연 사이의 생각보다 짧은 거리는 그 너머를 향하게 하는 촉발제가 되기도 한다. 좀 더 길게 보면 필연이 아닐 수도 있고 더 길게 보면 우연이 아닐 수도 있다는 점을 볼 수 있게 한다. 결국 어떻게 보는가에 따라 넘어설 수도 있고 갇힐 수도 있는 삶의 요동을 가리키는 지혜라 할 수 있겠다.

# 내가 말하는 것이 아니라
# 말이 말하는 것

시를 쓸 때는 우리가 말하는 게 아니라, 말하는 게 우리에요. 달리 표현하자면, 말이 우리를 통해 말을 하는 거지요. '진실이 진실하게 한다Veritas veritatum'라는 말도 그런 뜻이 아닐까 해요. … 시는 몸에서 바로 꺼내야 해요. 시를 쓸 때 생각에 의지하면 항상 늦어요. 생각보다 말이 먼저 나가도록 하세요. 머리가 개입하지 못하도록 빨리 쓰세요.

작가는 언어의 심부름꾼이지, 넝마주이가 아니에요. 글쓰기는 내가 아니라 언어가 하는 거예요. 잘 말하기 위해서는 잘 들으세요. 아무것도 쓸 자신이 없다고 느낄 때가 쓰기 시작해야 할 순간이에요. 말은 내가 하는 게 아니라, 말이 하는 소리를 내가 듣는 거예요.

———— 이성복,《무한화서》

인간을 인간이게 하는 핵심 중에 하나가 바로 언어다. '생각하는 인간homo sapiens'이라는 학술명은 다른 종들과 달리 인간이 지구에서 문명을 이루고 살게 된 결정적인 근거를 '생각하는 힘'으로 보는 철학에서 비롯됐다. 이런 철학이 인간을 더 편리하게 해줬을지언정 더 행복하게 해줬는지에 대해서는 논란의 여지가 있다. 그럼에도 불구하고 '생각'은 일찍이 아리스토텔레스가 규정한 '이성적 동물'이나 파스칼이 묘사한 '생각하는 갈대'를 관통하면서 인간의 본성을 이룬다고 규정돼 왔다.

그런데 생각은 반드시 '언어'를 통해 하게 되어 있다. 발성을 하지 않거나 작문을 하지 않아도 여전히 우리는 말로 생각한다. 이러다 보니 말이 우리 생각을 짜고 엮어내기도 한다. 더욱이 글로 쓰다 보면 생각은 더욱 논리정연해진다. 말이라는 시간언어와 글이라는 공간언어는 물론 서로 다르지만 불가분의 관계로 얽혀서 우리의 생각을 만들고 전하며 주고받게 한다.

그런데 이성복 시인은 그런 말을 우리가 하는 게 아니라 '말하는 게 곧 우리'라고 한다. 무슨 말장난인가 싶지만 깊은 뜻이 있다. 말하는 것이 사는 것이고 사는 것이 우리이기 때문이다. 말하면서 살아가는 것이 사람이라는 뜻이다. 우리가 주어로서 말과 삶을 집어다가 마음대로 쓰는 것이 아니라 이미 움직이고 있는 말과 삶이 사람을 불러서 그렇게 말하고 살게 하니 우리가 된다. 그래서 머리나 생각보다 앞서 '몸'에서 말이 튀어나온다. 우리는 말이 말하는 바를 들으면서 말해야 한다. 이것이 '말하는 것이 우리'라는 통찰이 뜻하는 것이다.

같은 맥락에서 "진실이 진실하게 한다"는 것도 이를 가리킨다. 우리가 그 무엇을 진실이라고 주장하고 논변하며 옹호하는 것이 아니다. 진실하게 하는 것이 진실이니 그 동사가 명사화해서 주어에 위치할 뿐이다. 비슷하게 20세기 독일 해석학자 하이데거도 "말이 말한다Die Sprache spricht"라고 했다. 같은 시대 일본 종교철학자 니시타니는 "세계는 세계한다"라고 했다.

과학이 이끄는 멋진 근대에는 우리가 주체로 나서서 세계와 관계하면서 조정하고 통제하려 했지만, 도리어 소외와 허무에 빠질 수밖에 없었다. 이런 체험은 우리로 하여금 피할 수 없는 불안과 절망을 뼈저리게 겪도록 했다. 뒤이어 우리 시대인 현대에 들어와서 더 이상 우리가 세계를 주무르는 거만한 주체가 아니라는 것을 깨닫게 되었다. 더 큰 발전을 이뤘지만 오히려 더욱 겸손해진 우리 시대이다. 사실 더 겸손해졌다기보다는 하이데거의 말처럼 그런 삶으로 내던져졌다고 해야 할 것이다. 심지어 사르트르는 "저주받았다"고도 절규했다. 아무것도 쓸 자신이 없고 말할 자신이 없다고 이야기했다. 하지만 그러한 절규의 순간이 바로 시작이다. 내가 말하는 것이 아니라 몸이 말하고 삶이 말하고 있기 때문이다. 그리고 우리가 할 일은 그저 듣는 것이고 들은 것을 말하면 될 뿐이기 때문이다.

# 생명을 살리는
# 위협

어부들은 고객들에게 보다 신선한 생선을 제공하기 위해 경쟁한다. 보관탱크에 담아 운반해도 감옥소 같은 탱크에서 죽은 청어는 맛이 없어 상품가치가 떨어진다. 그런데 언제나 신선한 생선을 가져오는 선장이 있었다. 그는 비법을 묻는 사람에게 일러준다. "아주 간단합니다. 청어 천 마리당 메기 한 마리씩 넣어줍니다. 메기를 보고 청어들이 요동칩니다. 메기는 기껏해야 청어 두어 마리 정도밖에 먹지 않습니다. 청어가 신선하기 이를 데 없으니 메기 가격의 50배 이상 벌고도 남지요."

_____ 아놀드 J. 토인비Arnold J. Toynbee, '메기의 철학Catfish Philosophy'


적당한 긴장이 육체와 정신의 건강에 더 좋다는 것은 흔히 회자되는 상식이다. 그러나 천적이 등장하는 상황은 매우 다르다. 한눈팔거나 동작이 굼뜨면 잡혀 먹힐 수밖에 없는 절박한 상황이다. 물고기들은 필사적으로 도망치려고 재빨리 헤엄친다. 물고기의 생명을 위협하는 천적 때문에 오히려 생선이 더 부지런히 움직여 신선도가 유지되었다. 어쩌면 신선도가 문제가 아니라 잡아 먹히지 않으려는 몸부림으로 물고기들의 생명성이 최고조에 달했을 수 있다. 그러니 가공한 후에도 신선함을 유지할 수 있었을 것이다.

우리 삶에서도 긴장할 수밖에 없는 순간들이 있다. 때로는 물탱크에서 천적에 쫓기는 물고기들처럼 생명의 위협을 느끼는 위험한 순간들도 있다. 세찬 바람을 타고 무서운 속도로 불길이 뒤쫓아 올 때 평소에 뛰어넘을 수 없는 도랑을 훌쩍 뛰어넘을 수 있다. 실제로 위험한 상황에서는 담 높이의 두 배 이상 뛰어오를 수 있다고 한다. 그런데 실제 상황이 아니고 그저 가정만 하고 뛰는 경우에는 절대로 평소의 높이 이상을 뛸 수 없다. 말하자면 생명의 차원에서는 단순히 죽을 수도 있다고 가정하는 것과 실제적인 위협이 다가오는 것 사이에 하늘과 땅의 차이가 있다. 내가 생각하고 결단한다고 해서 이루어지는 것이 아니기 때문이다. 내가 삶을 사는 것이 아니라 삶이 나를 살기 때문이다. 생명의 힘은 이토록 위대하고 무섭기까지 하다.

그러니 내가 내 삶과 생명을 어찌할 수 있다고 생각하는 것은 착각일 뿐 아니라 삶을 부질없게 하는 것이다. 내가 가정하거나 통제한다 해서 생명이 생명력을 발휘하는 것이 아니다. 생명生命은 '태어난 목숨'이기도 하지만 또한 '살라는 명령'이기도 하다. 삶은 명령이다. 내가 선택하고 결정하여 태어나기로 한 것이 아니라 실존주의 철학자들이 말한 것처럼 삶은 '던져진 것'이다. 그러니 삶은 삶보다 더 크고 더 앞선 이유가 있을 수 없다. 삶 이외의 다른 것이 삶의 이유이거나 목적일 수 없고 그래서도 안 된다. 그런 줄로 잘못 생각하고 자살을 고민하는 경우가 있는데 참으로 안타까운 일이다. 삶에 삶 이외의 다른 이유가 없으니 삶이 바로 삶의 이유이며 목적이다. 그래서 '이유 없는 삶Leben ohne Warum'이라고도 한다.

물탱크 안에서 천적을 보고 물고기가 강렬하게 헤엄치며 도망갈 때 생명 이외에 무슨 다른 이유가 있을까? 이는 이성적으로 판단하고 결정한 후 행동하는 것이 아니다. 생명이 시키는 것이다. 생명이 우리에게 삶을 살라고 명령한다. 내가 내 생명을 모두 책임질 수는 없다. 그저 생명이 우리에게 살라고 명령하는 것에 귀를 기울이고 이를 따르는 것이 마땅할 것이다. 생명을 위협하는 천적이 오히려 더욱 생동적이게 하는 것처럼 살라는 명령에 보다 충실히 귀를 기울인다면 우리 삶이 보다 더 신선해질 것이다. 생명이 시키는 대로 하면 천적 같은 위협이나 장애도 조금은 더 쉽게 넘어설 수 있지 않을까 한다.

# 신념이
# 태만에서 나온 것일 수도

적극적인 열정이 의견을 만들고 마침내 주의, 주장이라는 것을 낳는다. 중요한 것은 그 이후의 일이다. 자신의 의견이나 주장을 전면적으로 인정받고 싶다는 생각에 언제까지고 의견이나 주장에 집착하면 그것은 융통성 없는 신념으로 변해버린다. 신념이 있는 사람은 왠지 모르게 위대해 보이지만, 그 사람은 자신의 과거 의견을 계속 가지고 있을 뿐, 그 시점부터 정신이 멈춰버린 사람에 불과하다. 결국 정신의 태만이 신념을 만들고 있는 셈이다. 아무리 옳은 듯 보이는 의견이나 주장도 끊임없이 신진대사를 반복하고, 시대의 변화에서 사고를 수정하여 다시 만들지 않으면 안 된다.

프리드리히 니체, 《인간적인 너무나 인간적인》

신념이 우리 삶에서 아주 중요하다는 점은 두말할 필요가 없다. 특히 갈피를 잡을 수 없는 복잡다단하고 어려운 상황에서 신념은 판단을 위해 중요한 역할을 한다. 그래서 정치적이고 사회적인 차원에서, 또 종교적인 영역에서 신념은 때로 순국이나 순교로 이어질 만큼 절대적이기까지 하다.

하나의 신념이 만들어지는 과정이 있다. 우선 열정은 대전제다. 열정이 있어야 의견을 내고 작은 의견들이 모여 보다 큰 주의主義를 이룬다. 물론 ○○주의란 주의 앞에 있는 '○○'를 모시면서 다른 것들을 그 아래 복속시키려는 태도다. 신념이 현실적으로 작동하는 방식이다. 이것이 바로 니체가 신념이 큰 역할을 하지만 동시에 엄청난 함정이 된다고 말하는 이유다. 전면적으로 인정받아야 한다고 생각하니 다른 것을 허용하지 않는다. 하지만 그러한 신념은 사실 과거의 의견일 뿐인 경우가 많다. 더욱이 미래에 의해 '바뀔 수 있는 과거'를 '어쩔 수 없는 과거'로 묶어 버리니 안타까운 노릇이다. 단호한 신념은 위대해 보이지만 그 이면에는 자기 자신만 반복적으로 확인하는 '태만'이 동력으로 작동할 수 있다. 자기의 과거로 현재를 재단하고 미래를 결정하니 고정관념이 되어버리기 때문이다. 신념은 앎의 영역에 머무를 뿐이지만 우리의 삶은 복잡한 신진대사로 이루어진다. 그래서 니체는 같은 책에서 다음과 같이 덧붙인다.

"일반적으로 '자신의 철학'을 가진다고 할 경우 어느 정도 굳어진 태도와 의견을 가지는 것을 의미한다. 그러나 그것은 자신을 획일화하도록 만든다. 그런 철학을 갖기보다는 때때마다 인생이 들려주는 속삭임에 귀 기울이는 것이 낫다. 그 편이 일이나 생활의 본질을 명료하게 볼 수 있기 때문이다. 그것이야말로 바로 철학하는 것이다."

통쾌하고 시원하다. 흔히 '자신의 철학'을 가져야 한다고들 하지만, 이것이 우리에게 적지 않은 강박으로 자리 잡고 있었는데 이에 대해 문제를 삼으니 말이다. 여기서 '자신의 철학'이라 내세울 만한 것이라면 그것은 분명 앎의 차원에 속한 것이다. 물론 살아가는 과정에서 앎이 나름대로 역할과 기능을 하기 때문에 편리하기도 하다. 그러나 반대로 올가미가 되기도 한다. 특히 굳어진 태도가 어느덧 편견으로 자리 잡아 새로운 것을 보고 만날 가능성을 미리 차단한다면 올가미가 될 뿐이다.

어떤 것을 알게 되면 판단하고 대처하는 데 유용할 수 있지만 그 이면에 있는 '알지 못하는 것들'은 쉽게 지나쳐버리거나 놓칠 수 있다. 니체가 말하는 "인생이 들려주는 속삭임"이란 바로 이러한 '삶의 소리'다. 앎 너머의 삶이 우리에게 무엇인가 말을 건네준다. 다 듣지는 못해도 귀를 기울이라고 한다. 알고 하는 철학이 아니라 모르고 하는 철학이다. 삶이 곧 나를 살기 때문이다.

# 불합리하기
# 때문에 믿는다

어떤 일이 불합리하다는 것이 그것을 폐기해버리는 최우선적인 이유가 되어
서는 안 된다. 불합리하기에 오히려 그 같은 일을 필요로 하는 첫 번째 조건이
되는 경우도 있기 때문이다.

— 프리드리히 니체, 《인간적인 너무나 인간적인》

어떤 일이 불합리하다면 우리는 그것을 대체로 추진하지 않고 폐
기한다. 그런데 폐기해버리는 가장 중요한 이유가 '불합리'여서는 안
된다고 니체는 말한다. 의아해하지 않을 수 없는 말이다. 한술 더 떠 니
체는 '불합리'야말로 일을 추진하는 중요한 이유가 될 수 있다고 한다.
무슨 말일까? 왜 그럴까?

불합리하다는 것은 이치에 닿지 않는다는 것을 가리킨다. 이치란

많은 경험을 통해서 반복될 수 있으며 반드시 그러할 뿐 아니라 마땅한 것으로 간주되는 원리나 규칙을 뜻한다. 말하자면 '지금까지 알게 된 것'이다. 그러나 우리 삶은 지금까지의 앎으로만 흘러가지는 않는다. 새로움도 있고 모름은 훨씬 더 많다. 새로움이 익숙함의 눈에는 불합리로 보일 수도 있다. 모름이 앎의 틀에서 불합리로 보이는 것은 두말할 나위도 없다. 그러니 불합리를 이유로 이를 폐기한다면 우리는 안타깝게도 새로움을 만날 기회를 져버리게 된다. 확실하게 모르는 바에 대해서는 부정하는 것이 여러 모로 좋을 것 같지만, 단순히 지금까지의 앎만으로 우리 미래까지 재단하는 어리석음에 빠질 수 있다. 모름을 쉽게 외면하면 어리석게 된다. 모름은 지혜이기 때문이다.

실로 불합리가 앎에 담기기는 참 어렵다. 그러나 앎과는 비교도 할 수 없는 넓이와 크기, 높이와 깊이를 지닌 삶에서는 불합리가 넘실거린다. 아니, 합리적인 것이 얼마 되지 않는다. 삶을 솔직하게 돌이켜보자. 우리가 얼마나 이성적으로 추리고 판단하면서 살고 있는가? 조금만 정직하게 들여다본다면 합리와는 비교도 되지 않는 불합리의 힘을 거부할 수 없을 것이다. 이는 우리가 살아가는 현실이 우리가 파악하는 '이치'에 부합하기만 하지 않는다는 통찰을 에둘러 표현한 것이다.

이와 비슷하게 기독교 초대 교부인 테르툴리아누스Tertullianus가 일찍이 했던 말을 생각해보자. "불합리하기 때문에 믿는다Credo quia absurdum est." 아니, 불합리하기 때문에 믿는다니? 이렇게 '불합리하고' 황당한 말이 있을까? 이렇게 설명하면 '믿음이라는 것이 도대체 설득력이 없지 않은가?' 하고 개탄할 수 있다. 그러나 한번 뒤집어 생각해보

자. 이 명제를 합리적으로 바꾸려면 어떻게 해야 할까? "불합리함에도 '불구하고' 믿는다"로 바꾸어야 한다 생각할 수 있다. 자고로 믿음은 합리성을 넘어서는 것이니 불합리도 불사한다는 식으로 말이다. 그런데 이런 표현은 '합리적인 것은 당연히 믿는다'는 전제를 깔고 있다. 그러나 과연 어떤 것이 합리적이라면 믿고 말고 할 이유가 있을까? 믿지 않아도 합리적인 것은 여전히 합리적이다. 굳이 믿을 필요도 없다. 이는 믿음을 이성에 복속시키는 것이어서 믿음이 지닌 마땅한 고유성과 의미를 인정하지 않는 오류일 뿐이다.

　삶에서 이성이 차지하는 비중은 생각보다 훨씬 작다. 어떤 종류이든 간에 믿음이 훨씬 더 크게 역할하고 작용한다. 그것이 '신념'이든 '독단'이든 우리는 '무의식적인 믿음의 방향'이 더 크게 작용하는 삶을 살고 있다. 불합리를 다시 살펴야 하는 이유가 바로 여기에 있다.

# 최선이라는
# 폭력

과잉활동, 노동과 생산의 히스테리는 바로 극단적으로 허무해진 삶, 벌거벗은 생명에 대한 반응이다. 오늘날 진행 중인 삶의 가속화 역시 이러한 존재의 결핍과 깊은 관련이 있다. 노동사회, 성과사회는 자유로운 사회가 아니며 계속 새로운 강제를 만들어낸다. 주인과 노예의 변증법은 모두가 자유롭고 빈둥거릴 수도 있는 그런 사회로 귀결되지 않는다. 그것은 오히려 주인 스스로 노동하는 노예가 되는 노동사회를 낳는다. 이러한 강제사회에서는 모두가 저마다의 노동수용소를 달고 다닌다. 그리고 그 노동수용소의 특징은 한 사람이 동시에 포로이자 감독관이며 희생자이자 가해자라는 점에 있다. 그렇게 인간은 자기 자신을 착취한다.

한병철,《피로사회》

우리 자신을 질타하는 동시에 큰 위안이 되는 통찰이다. 눈앞에 완성된 성과에만 집중하는 것이 아니라 그렇게 만들어진 과정과 이 과정을 겪어낸 사람의 삶까지 꿰뚫어보는 혜안이다.

글 한 편을 쓸 때도 우리는 혼신의 노력을 다 한다. 그러나 얼마 지나지 않아 되돌아보면 바로 고치고 싶다. 어차피 필요한 모든 것을 전부 생각할 수 없고 말하거나 쓸 수 없음에도 말이다. 예술작품들의 경우에도 작가가 혼신의 힘을 다 하지만 자신을 전부 담아낼 수 없다. 그런데 '조금만 더'라고 하면서 온 힘과 온 마음을 다 하려 한다. 이러한 노력은 작품에 그대로 남아 보는 사람에게도 고스란히 전해진다. 고통과 긴장은 물론 심지어 불쾌감까지 일으킨다. 글과 작품에 피로가 배어 있기 때문이다.

우리는 흔히 "주어진 상황에서 최선을 다하라"는 말을 무수히 들어왔다. 최선이라는 말은 대부분의 경우 우리에게 거의 살벌한 강박으로 자리 잡고 있다. 수도 없이 듣기도 하고 명령도 해왔지만 최선을 다하는 사람이나 그것을 명령한 사람 모두 지치고 힘들기는 마찬가지다. '최선의 폭력'이다. 최선이라는 이름 외에 돌보아야 할 것들을 등한시하거나 함께 가야 할 것들을 뒤로 제쳐두기 때문이다. 지금 마땅히 누리고 새겨야 할 것들이 뒷전으로 밀려난다. '보다 나은 미래'라는 구호도 이를 부추기며 느끼고 누려야 할 '현재'를 희생시킨다.

그래서 철학자 한병철은 힘을 좀 뺄 것을 권고한다. 다소 어설퍼 보이고 심지어 허술한 것이 오히려 보는 사람에게 여유와 넉넉함으로 다가올 수 있기 때문이다. 물론 힘을 적당히 빼는 것은 오히려 기술이 필요할 수 있다. 수영을 처음 배울 때는 온 마음이 긴장하고 온 몸이 경직된다. 그러니 물에 뜨기는커녕 점점 가라앉는다. 수영강사가 아무리 힘을 빼라고 해도 되지 않는다. 골프를 칠 때도 힘을 빼야 의도한 방향과 세기를 조절할 수 있다. 그러나 처음 배우는 사람은 골프채를 꽉 잡고 멋지게 쳐보려고 안간힘을 쓰다가 엉뚱한 곳으로 날린다. 힘을 빼는 것은 쉽지 않아 보인다.

그러나 '최선을 다하라'는 구호 아래 우리가 얼마나 우리 자신을 학대해왔는지 되돌아보기만 해도 힘을 빼는 감각을 더듬는 것은 그리 어렵지 않을 수 있다. 우리 자신이 '최선'의 피해자인 동시에 가해자라는 사실만 돌아보아도 벗어나기를 시작할 수 있다. 삶 자체가 지닌 생리의 역동에 자신을 내어주는 여유를 가질 수 있으니 말이다. 그저 괜찮다고 우리 자신을 놓아주고 쉴 곳에 머무르게 두자. 그렇게 하면 느긋한 여유와 넉넉함을 우리가 누릴 뿐 아니라 다른 이들에게도 전할 수 있을 것이다.

# 악마가 오히려
# 도덕적이다

모든 억압의 핵심은, "자신에게는 아무 문제가 없으며, 모든 문제는 세상과 다른 사람들로부터 기인한다"라는 명제를 진리로 고집하는 것이다. 즉 무오한 자기정체성을 고집하는 것이 억압의 정체다. 자기를 비판적으로 끊임없이 점검하는 도덕주의 또한 그러한 비판과 성찰의 품새를 통해 실제로는 자신이 얼마나 무오한 정체성인지를 어필하고자 하는 것이다. 그런데 이 모든 것이 억압이다. 이 억압을 멈출 때, 스스로가 깨끗한 척, 또는 깨끗함을 위해 하루하루 노력하는 척 하는 일을 관둘 때, 자유는 개방된다. … 자신의 악을 잘 이해하는 자, 자신의 악에 대한 전문가, 곧 악의 담지자인 악마로서만이 역설적으로 도덕적일 수 있다. 그렇다면 악마는 유한자의 겸허한 윤리적 표상이다.

니콜라우스 쿠자누스Nicolaus Cusanus,《박학한 무지》

우리는 살면서 자기의 정체성을 만들어간다. 보다 확실하고 멋진 자신을 만들고자 노력한다. 그런데 정체성identity이란 변화무쌍한 상황에서도 굳건하게 유지되는 동일성identity을 뿌리로 하고 있다. 영어표기가 같은 것도 직접적으로 이를 가리키는 것으로 보인다. 말하자면 '자기'를 언제나 '같음'으로 내세운다. 그러나 같음으로만 끝나지 않는다. 그 같음은 언제나 '옳다'는 것이다. 사실 같음이라는 사실판단은 옳음이라는 가치판단을 위한 포석이었다. 반대로 타인은 '다름'이다. 그런데 다르고 마는 것이 아니라 '그름'이다. 역시 같은 논리로 엮어진 판단이다. 자기는 언제나 같으면서 옳고 자기와 다르면 그르다는 것이다.

이렇게 우리는 자신의 같음과 옳음을 하나로 묶어 '무오한 자기정체성'을 주장한다. 자기를 엄격하게 점검하는 도덕주의가 이를 입증하는 좋은 사례다. 남들에게 흠결이 없게 보이도록 노력하는 도덕주의가 오히려 자신을 억압하는 모순이 될 수 있다. '도덕'은 사람을 살리는 데 이바지하기도 했지만, '도덕주의'는 사람을 죽이는 경우가 더욱 많았던 것이 그 증거이기도 하다. 이때 명분은 대체로 법이나 종교였다.

자신에게 끊임없이 엄격한 도덕적 기준을 적용하고 이에 맞추려 노력하는 것은 도덕의 완성이 아니라 강박이 된다. 이와 관련하여 살펴봐야 할 것이 '양심'이다. 물론 우리 삶에서 양심은 매우 중요한 역할을 한다. 그러나 적지 않은 경우 자기를 정당화하는 데 사용되고 있다는 점도 부정하기 어렵다. 남들이 뭐라 하든 '나는 양심적으로 행동했다'고 주장하는 경우 자기 안에서 맴돌며 자기정당화에 빠진 것일 수 있다.

자기정당화란 앎의 논리라기보다는 삶의 생리에 의한 것이다. 말하자면 '살자고 하는 짓'이라 할 수 있다. 그럼에도 불구하고, 아니 바로 그렇기 때문에, 차라리 보다 진솔할 수 있는 가능성을 안고 있다. 사실 자기정당화가 부추기는 '도덕적 오만'이라는 것 자체가 논리적으로 보면 '둥근 사각형'만큼이나 모순일 수밖에 없다. 오만하다는 것은 이미 도덕적이지 않다는 뜻이니 말이다.

오히려 진정 도덕적인 삶은 '선악의 변증법', 즉 선과 악이 공존할 뿐 아니라 뒤얽혀 있다는 사실을 받아들이는 것이다. 우리 삶이 그렇게 생겨먹었기 때문이다. 어제 악이었던 것이 오늘 선이 될 수 있고 거꾸로도 움직일 수 있다. 이러한 현실을 직시한다면 자기정당화란 실상 '자가당착'에 불과하다는 점을 인정하지 않을 수 없다. 그래서 중세철학자 쿠자누스는 자신을 '악마'로 자각하는 것이 오히려 도덕적이라고까지 말한 것이다.

# 약점이 오히려
# 위대하게 만든다

진정 위대한 존재로 느껴지는 인물을 대할 때, 우리는 그 앞에서 얼어서 긴장

하기보다는 그가 오로지 자신의 약점을 통해서 그 위대성을 성취했으리라는

사실에 감동해야 하지 않겠는가?

루 살로메Lou Andreas-Salomé

오늘날 위대한 인물이라고 할 사람이 어디에 있겠는가? 찬란한 영웅들이나 인류사에 업적을 남긴 위대한 사람들은 다 역사 속으로 사라져버린 듯하다. 우리 시대인 현대는 전문성을 기치로 너무 잘게 쪼개어져서 한 분야에서 위대한 업적을 이뤘다 하더라도 바로 옆 동네로 건너가면 공감을 받기가 쉽지 않은 상황이다. 이처럼 우리는 누구에게나 인정받을 만한 위인을 꼽기 어려운 시대에 살고 있다. 그럼에도 우리 시

대의 감각에 맞게 조율한다면 인류 사회에 기여한 중요한 사람들의 목록을 만들어볼 순 있을 것이다.

우리는 그처럼 중요한 사람들을 대할 때 대체로 긴장하게 된다. 권위에 저절로 고개가 숙여지거나 때로 높이 우러러보게 된다. 그러면서 우리 눈앞에 보이는 위대함이 마치 하늘에서 뚝 떨어지거나 땅에서 바로 솟아오른 듯이 보게 된다. 말하자면 위대함의 정도가 높을수록 우리는 그 인물에 대한 평가를 신화화하게 된다. 이러한 전통이 심화되면 아예 그 인물을 신격화하기까지 한다.

그러나 그들의 위대함은 하늘에서 떨어진 것도 아니고 땅속에서 솟아오른 것도 아니다. 오로지 삶을 통해 빚어진 것이다. 위대함은 타고난 강점을 확대·증폭한 결과라기보다는 약점과 씨름하면서 얻어낸 결과다. 사실 타고난 강점이 있는 사람은 자신의 능력을 과신하다 보니 뛰어날 순 있어도 위대함으로 나아가진 못한다. 그러나 약점이 있는 사람은 그 약점과 씨름하고 자기 자신을 갈고 닦아 위대함을 향하게 된다. 이것이 위대한 사람이 우리에게 감동을 일으키는 이유다.

그런데 위대한 사람의 이야기는 늘 남의 것이여야만 할까? 우리가 우리 자신에게서 감동받을 수도 있지 않을까? 그러므로 자신의 약점에 대해 슬퍼할 것만은 아니다. 나만 많은 약점을 갖고 있다 해서 불평할 필요도 없다. 다른 사람들은 잘난 것 같다면서 불평등한 세상이라고 자조할 것도 아니다. 약점이 오히려 위대함에 이를 가능성은 훨씬 더 많다. 공연히 근거 없이 바른 생활태도를 권장하려는 것이 아니다. 우리에게 감동을 선사하는 실제 위인들의 이야기를 살펴보자.

빅터 프랑클Viktor Frankl은 약점이 위대함으로 가는 묘책이라는 것을 가르쳐준다. 아우슈비츠 포로수용소에서 생사의 갈림길을 거쳐 나온 프랑클은 그의 극적인 삶을 반영이라도 하듯《삶의 물음에 '예'라고 대답하라》라는 저서에서 이렇게 전율적으로 말한다.

"금방 무너질 것처럼 약해진 아치에 돌을 더 올려놓으면 안전해지지요. 인간의 영혼도 이처럼 어떠한 한계 내에서는 '하중'을 겪음으로써 오히려 더 강건해지는 것 같습니다."

금방 무너질 것 같은 아치에 어떻게 돌을 올리려는 생각을 했을까? 그런데 거기에 돌을 올려놓으면 오히려 더 안전해진다고 한다. 물론 위치를 잘 잡아야겠다. 이때 그 위치에 놓일 돌은 앎의 공식에 따른 지식의 해법이라기보다는 삶의 통찰에서 빚어낸 지혜의 무게일 것이다. '감당할 수 있는 한계'라는 조건이 이를 말해준다. 그 안에서라면 좀 더 큰 삶의 무게가 그 영혼을 더욱 강건하게 한다는 것이다. 삶의 오묘한 역설이다.

# 뻔한 것을
# 새롭게 보는 힘

창조적 자기변혁의 체험은 '다른 대상을 보는 것'이 아니라 같은 것을 '다르게 보는 것'이다.

———— 카를 융Carl Jung

우리 시대는 그 어느 때보다 창조성에 대해 강조하는 시대다. 4차 산업혁명도 창조성을 핵심으로 간주한다. 인과적 법칙에 의한 작동은 이제 기계들의 손에 넘어가게 될 것이니 인간은 창조성에서 그 본질을 찾아야 할 것이라고 이야기한다. 그러나 인공지능마저 창조성에 다가가고 있는 이 가공할 상황에서 인간에게 요구되는 창조성은 '고유성'까지 추가된 '독창성'이 되어가고 있다. 갈수록 태산이라더니 인간에게는 더욱 벅차고 부담스러운 기준이 부과되는 분위기다. 조금이라도 달라야 하고 새로워야 한다는 것은 이제 우리에게 선택의 여지없는 강박으로 작용하고 있다.

그런데 학계나 예술계에서 강조되는 독창성의 실체를 살펴보면 사실상 별다른 내용도 없고 기준도 애매한 경우가 많다. 그러다 보니 독창성은 명분일 뿐이고 약간의 변형과 조작으로 그저 사회적 인정을 받으려는 것이 아닌가 의심이 들 정도다. 강박적으로 독창성이 강조되는 분야라면 어디든지 이러한 경향이 나타나는 것 같다. 오히려 그 수많은 '독창성'들이 식상하게 보일 정도다. 왜 이렇게까지 되었을까?

이 물음에 분석심리학자 카를 융의 말은 참으로 깊은 통찰을 준다. 무언가 낯설고 독특한 것만을 강조하는 '새로움'은 우리의 삶과는 왠지 동떨어져 보이고 멀어 보인다. 결국 '새롭기만 한 새로움'은 시간이 지나면서 바로 낡은 것이 되어버린다. 독창성을 명분으로 등장했던 수많은 새로움들의 운명이었다. 그러나 모든 사람들이 알고 있다 못해 뻔해 보이는 것, 그래서 더 이상 거들떠 볼 가치가 없었던 것들을 다시 들여다보면서 만들어진 것들은 강력한 힘을 발휘했다. 흔해빠진 것들을 통해 새로운 창조물로 만드는 혜안이 바로 독창성이고 자기를 변화시킬 수 있는 동력이었다.

왜 그런가? 다르기만 한 다름이나 새롭기만 한 새로움은 앎의 차원에서 조작해내고 변형한 것일 뿐이다. 새로운 앎은 시간이 지나면 낡은 앎이 되고 만다. 그러나 뻔해 보이는 것일지라도 다시 검토하고 거기서 새로움을 발견하는 것은 앎이 아니라 삶의 차원에서 생기는 일이다. 뻔해 보이는 것은 앎이지만 거기서 새로움을 보는 것은 삶이기 때문이다.

같은 앎이라도 삶은 완전히 다르게 새긴다. 어렸을 때 읽었던 책을 수십 년이 지나 읽으면 전혀 다르게 읽히는 것도 앎이 아니라 삶이 읽고 있기 때문이다. 해 아래 새 것이 없지만 바로 그러하기에 반복되듯 굴러가는 우리의 삶 자체가 창조적 변혁의 근거이며 그러한 자기변혁이 우리가 이루어가야 할 삶의 목표다.

그러니 삶을 그저 기존의 앎, 즉 '고정관념'에 맡겨두는 것은 참으로 안타까운 일이다. "내가 왕년에 다 해봐서 아는데"라는 표현이 전형적인 사례에 해당할 것이다. 이건 단순히 남들에게만 가하는 폭력이 아니다. 나 자신을 향한 자학일 수 있다.

그렇다고 무슨 대단한 일을 기획하고 수행해야만 자기를 변혁할 수 있다는 것은 아니다. 삶이 앎 너머로 뻗어갈 수 있다는 것을 받아들이는 데서 자기변혁이 시작된다. 그래서 '모르고 살아도 괜찮은 삶'이다. 진정한 창조성은 뻔한 앎의 차원을 모름이라는 삶의 차원에 비춤으로써 가능한 것이다.

# 놓아주는 것이
# 오히려 해결하는 길

자아실현이란 자아초월의 의도하지 않은 결과로 파악해야 한다. 그렇게 남아야 한다. 자아실현을 의도적인 목표로 삼는 것은 자기 파괴적이고, 자멸적인 것이다. 자아실현도 실상은 정체성과 행복에 집착한다. 행복에 대한 추구야말로 행복을 없애는 탁월한 지름길이다. 우리가 행복에 집착할수록 더 많은 행복을 놓치게 되니 말이다. 발기부전의 남성 환자가 자기의 성적 능력을 보이려 하면 할수록 더욱 좌절감에 빠지게 된다. 여성 환자가 오르가즘에 도달할 수 있는 능력을 보여주고 싶어 하면 할수록 불감증에 귀착될 가능성이 더 높다.

—— 빅터 프랭클,《의미를 향한 소리 없는 절규》

삶의 목표가 무엇이냐는 물음을 받으면 우리는 여러 가지로 대답을 한다. 그러나 그 다양한 대답들을 묶으면 대체로 '자아실현'이라고 할 수 있다. 자아실현이 자기정체성을 세우고 행복을 추구하는 것이라면 더욱더 재론의 여지가 없다. 그런데 프랑클은 자아실현의 궁극적인 목표로서 행복을 열심히 추구하는 것이 오히려 자가당착에 빠지면서 결국 행복을 파괴할 수밖에 없다고 이야기한다. 집착 때문이라는 것이다.

입증할 수 있는 사례로 남성의 발기부전과 여성의 오르가즘을 들었다. 실제로 발기부전을 겪는 남성은 왕성한 정력을 보이려고 애를 쓰면 쓸수록 발기가 더 어렵게 된다. 여성들은 자신이 성행위 능력이 떨어지는 사람이 아니라는 것을 보여주고 싶어 오르가즘을 연기하는 경우가 있다. 이것이 오히려 불감증으로 더 빠지게 한다는 것이다.

무언가에 집착하는 것은 오히려 그것을 실현하기 어렵게 만든다. 단 하나의 무엇에 골몰하여 붙들고 늘어지면 오히려 이루어낼 가능성이 더욱 줄어든다. 자아실현을 의도적인 목표로 설정하면 심지어 자기 스스로를 파괴하게 된다. 그렇다면 이런 모순을 어떻게 극복할 수 있을까?

프랑클은 오히려 '자아초월'이 해법일 수 있다고 이야기한다. 무엇인가를 이루려고 붙잡고 늘어지기보다는 그저 '놓아줌'으로써 넘어설 수 있다는 것이다. 그렇게 하면 부스러기를 줍듯이 자연스럽게 자아실현이라는 결과를 건질 수 있다. 여기서 중요한 것은 그것을 의도해서는 안 된다는 것이다. 의도는 집착의 첫 단계이기 때문이다. '행복을 추구하는 것은 행복을 없애는 지름길, 그것도 탁월한 지름길'이라는 설법 같은 말씀은 전율이다. 추구하는 것은 집착으로 가는 앎의 행위인데,

이것이 바로 삶의 핵심적 목적인 행복을 파괴한다는 것이다. 프랑클은 《태초에 의미가 있었다》에서 이토록 오묘한 이치를 다음과 같이 설명해준다.

"의미는 무의식적으로 지각됩니다. 그래서 의미가 결핍된 곳에서만 우리는 의식화됩니다. 삶이 위기 상황에 직면할 때, 의미에의 의지가 좌절되어 '이 삶은 더 이상 아무 의미도 없어'라고 말할 수밖에 없을 때, 자기를 기다리고 있는 의미가 있는데도 전혀 눈치 채지 못할 때, 그럴 때만 의미라는 것이 의식 표면 위로 떠오르죠."

삶의 의미는 내가 만들어내거나 끌어내는 것이 아니다. 추구한다고 되는 것이 아니라는 말이다. 오히려 더 이상 의미를 추구할 의지마저 사라질 때 삶이 우리에게 의미를 밀고 들어온다. 삶을 저주하고 의미를 부정할 수밖에 없을 때 의미가 삶으로 밀고 올라온다. 반복해서 말하지만 내가 삶을 사는 것이 아니라 삶이 나를 살기 때문이다. 그리고 그런 삶이 따로 의미를 만든다기보다는 삶 자체가 바로 의미다. 삶이 나로 하여금 살게 하고 있으니 말이다.

물론 그 의미가 나에게 바로 보이지 않을 수도 있다. 그래서 붙잡으려 하기보다 놓으라고 하는 것이다. 앞서 의도와 집착이 오히려 행복을 놓치게 한다고 설명한 것과 같은 맥락이다.

# '다르지 않다'에서
# '곧바로 같다'로

색불이공 공불이색 색즉시공 공즉시색

色不異空 空不異色 色卽是空 空卽是色

《반야심경般若心經》

잘 알려진 구절이고 여러 풀이들이 있어 아마 익숙하기도 할 것이다. 그러나 여기서는 불교에만 국한되지 않는 방식으로, 보다 철학적으로 풀어보고자 한다. 먼저 색色은 삼라만상이 드러난 꼴을 가리킨다. 공空은 드러난 꼴이 그 본질, 또는 전부가 아니고 잠시 왔다가 사라져 갈 것임을 뜻한다. 뜻으로 보면 정반대다. 그런데 이 둘이 다르지 않다는 것이다. 그러더니 더 나아가서는 아예 바로 같다고까지 말한다. 먼저 다르지 않음을 말하면서 대구로 뒤집더니, 이어 바로 같음으로 말하면서 또 뒤집어 말한다. 엎어 치고 매친 것 같은데 네 개의 구절이 모두 같은 것을 가리키는 것처럼 보인다. 그런데 그렇게 써야 하는 이유가 있다.

좀 더 뜯어 살펴보자. 먼저 '불이不異'를 보자. 불이란 '다르지 않다'는 것인데, 먼저 색이 공과 다르지 않다고 하고 곧 반대로 공이 색과 다르지 않다고 했다. 색이 공과 다르지 않다고 하면 허무주의로 빠질 것 같은데 공이 또한 색과 다르지 않다고 함으로써 부정 후에 긍정으로 길어 올린다. 파사현정破邪顯正이다. 색을 오직 색으로만 보는 잘못된 태도를 깨부순 후에 공도 공이기만 한 것이 아니라 색과 다르지 않다고 다시금 드러낸다. 여기서 중요한 것은 순서다. 먼저 기울어진 잘못을 깨우쳐낸다. 그리고는 바로 세운다. 그래서 '색불이공'이 '공불이색'보다 앞서 나온다. 우리는 색을 보면 마냥 색이라고 생각하고 그것을 붙잡고 늘어지려 하니 색부터 먼저 짚어 공과 다르지 않다고 했다. 그리고는 뒤집어서 그렇다고 마냥 공이기만 한 것도 아니라고 한다.

이제 '다르지 않음'에서 '곧바로 같음'으로 넘어간다. 이것도 '곧바로 같음'보다 '다르지 않음'이 앞선다는 것을 말한다. 역시 파사현정이다. 왜냐하면 일상적으로는 그저 다르다고 보아왔기 때문이다. 그래서 먼저 '다르지 않다'고 한 것이다. 그리고는 이제 '곧바로 같음'으로 간다. 색즉시공은 색과 공이 곧바로 같다는 뜻이다. 그런데 이것도 순서가 있다. 먼저 색이 나와야 한다. 이것이 우리가 사는 일상의 현실이기 때문이다. 현실에서 시작한다는 것을 분명하게 짚고 간다. 그리고 그것이 바로 공과 같다고 한다. 앞서 말한 대로 색이 전부가 아니고 언제나 그렇지도 않으며 끊임없이 생성 소멸하니 공이라는 것이다. 그런데 그런 공이 또 우리 앞에 펼쳐진 색의 얼이니 공 또한 색이라고 한다.

　'다르지 않다'고 말하는 앞 절의 '색불이공 공불이색'은 시간적 관점에서 색이 공하다는 무상無常을 설명하고, '곧바로 같다'고 하는 '색즉시공 공즉시색'은 공간적 관점에서 무아無我를 설명한다. '다르지 않음'은 다른 것으로 보였던 시점으로부터 그렇지 않은 시점으로의 흐름을 전제한다. 파사破邪는 그러한 과정을 필요로 한다. 깨우침은 깨어짐으로 시작한다. 항상 서로 다를 것처럼 보였는데 그렇지 않다는 것이니 영속永續이 깨어지고 무상無常을 깨우치게 된다. 또한 '곧바로 같음'은 시간적 간격을 뛰어넘는 차원이다. 미래에 일어날 것에 대한 예견이 아니라 눈앞의 현실 그대로를 말한다. 그래서 굳이 견주자면 '불이'가 시간적인데 비해 '즉시'는 공간적이라 할 수 있다. '즉시'는 시간의 흐름도 넘어서니 다름이 아니라는 과정으로 읽어낼 자아가 따로 없다. 그래서 무아를 가리킨다. '색즉시공'은 바로 '무아'를 일컫는다. 인간만을 말하는 것이 아니라 삼라만상이 지닌 스스로의 본성이 그러하다는 것이다.

# 산산수수山山水水를 풀면

산은 산이고 물은 물이다.

산은 산이 아니고 물은 물이 아니다.

산은 물이고 물은 산이다.

산은 산이고 물은 물이다.

《금강경오가해金剛經五家解》

    불교에서 잘 알려진 경구다. 네 개의 구절로 이루어져 있는데 물고 물려 있다. 그런데 보다시피 첫 구절과 마지막 구절이 똑같다. 그 사이의 둘째 구절은 첫 구절을 부정하는 것 같고, 셋째 구절은 아예 뒤집어 황당무계해 보이기도 한다. 그러더니 첫 구절로 되돌아간다. 그런데 겉보기는 같지만 전혀 다른 것이고 따라서 되돌아가는 것이 아니다. 말하자면 첫째 구절과 마지막 넷째 구절은 하늘과 땅의 차이가 있다. 어떤 것이 하늘이고 어떤 것이 땅인지는 저마다 입장에 따라 다르겠지만 말이다.

먼저 첫 구절은 같은 말을 반복한 것이다. 두말할 나위도 없는 사실이라는 판단이다. 그런데 둘째 구절은 이를 부정한다. 사실판단이 언제 어디서나 옳은 것인가 의심하는 것이다. 그런데 '산은 산이다'를 '산은 산이 아니다'로 부정하니 일단 술어부정으로 보인다. '산이다'라는 술어가 주어인 산을 온전히 다 드러내고 규정할 수 없기 때문이다. 산이 아닌 것들이 산에 들어 있어서 깡그리 산이라고 할 수 없는 것이다. 내가 보는 대로의 산만 산이 아니니 주어와 동격의 술어판단으로 쓸 수 없다는 일침이다. 따라서 우리는 어떤 술어에서든지 그것이 아닐 가능성을 염두에 두어야 한다. 내가 보고 내가 아는 것이 그것 자체이거나 전부일 수 없으니 말이다.

셋째 구절은 산이 물이라고 한다. 이런 황당한 궤변이 있을까? 둘째 구절이 술어부정이라면 이것은 주어부정으로 보인다. 그럼에도 너무 황당하다. 그러나 술어의 판단에 오류가능성이 있다면, 주어라고 예외일 수는 없다. 주어에 오류가능성이 있을 뿐 아니라 심지어 술어가 옳을 수도 있다. 여기서는 산과 물의 관계가 그것을 가리킨다. 주어와 술어에 걸친 모든 판단에서 오류가능성을 배제할 수 없다면 산은 물이고 물은 산이라는 것이다. 주어도 그냥 나오는 것이 아니라 이보다 앞선 판단에서 주어와 술어가 결합된 결과이기 때문이다. '산은'이라는 주어는 '이것은 산이다'라는 앞선 본질 판단의 결과다. 그러니 주어는 겉보기와 달리 명사가 아니라 동사다. 그런데 여기서 끝나지 않는다. '이것은'이라는 주어는 이보다 앞서 '무엇인가 없지 않고 있다'는 존재 판단의 결과이다. 즉 '이것'도 '없지 않고 있는 것'으로 단순사물이 아니라 엄연한 사건이다. 문법구조상 명사의 꼴을 취하고 있을 따름이다. 무릇 모든 명사들이 그러하다. 자고로 이 세상에 움직이지 않고 불변하여 생성 소멸에서 벗어난 것이 어디에 있을까?

이렇게 주어와 술어에서 그 판단이 부분적이고 편파적이어서 오류일 가능성을 인정하지 않을 수 없다는 깨달음을 안고 다시 시작으로 되돌아온다. 그러니 넷째 구절은 더 이상 첫째 구절과 같지 않다. 이제는 산은 산이라고 해도 산이 아닐 가능성, 아니 물일 가능성을 싸안고서 '산'이라 칭하는 것이다. 거꾸로 물도 마찬가지다. 내가 무엇인가에 대해 지니고 있는 판단이라는 것이 얼마나 알량한 것인가를 되돌아보게 하는 깊은 통찰이다. 내가 보고 아는 것이 전부가 아니라는 것, 틀릴 가능성이 있다는 것이 우리로 하여금 불안하게 할 수도 있지만 더 많은 경우 우리를 자유하게 한다. 우리도 모르는 사이에 불안과 강박에 내몰릴 때 그 원인이 무엇인지 깨닫게 해주기 때문이다. 그러한 깨달음은 우리에게 해방을 가져다 줄 것이다.

# 지식이 멈추는 곳에서
# 지혜가 시작된다

하느님의 말씀을 생각한다는 것은 길을 잃을 수도 있는 길에 들어선다는 뜻
이다.

— 폴 리쾨르,《해석의 갈등》

스페인의 철학자 미구엘 데 우나무노Miguel de Unamuno는 과학이 주
도하는 현대문명의 맹점을 이렇게 비판한다. "과학은 인간에게서 지혜
를 앗아갔고, 인간은 오로지 사실만 알고 있는 허깨비가 되었다." 점차
로 더 발전해가는 과학 덕분에 우리 인간의 삶이 더 편해지고 안락해
졌는데 지혜를 빼앗겼고 사실만 남았다고 개탄한다. 시인 T. S. 엘리엇
T. S. Eliot은 단계를 좀 더 나누어 이렇게 탄식한다. "정보 속에서 우리가
잃어버린 지식은 어디에 있는가? 지식 속에서 우리가 잃어버린 지혜는

어디에 있는가?"

우나무노가 '사실'이라고 한 것이 우리에게는 거의 '정보'의 형태로 자리 잡고 있다. 컴퓨터의 등장과 함께 '컴퓨토피아'를 말하게 된 것도 이미 오래전의 일이다. 사람들 사이의 교신이나 무수한 자료와 소식들이 컴퓨터 기술 덕분에 눈 깜짝할 사이에 전 세계를 돌아다니니 가히 경이롭다고 하지 않을 수 없다. 이제 컴퓨터 없이는 살 수 없을 것 같은 세상이 되었다.

그렇게 돌아다니는 자료는 거의 정보의 모습을 띠고 있다. 정보는 특정한 내용을 담아내 일방적으로 전해진다. '무엇'에 해당하는 내용을 '어떻게' 전해야 한다는 것이 정보의 기본적인 골자다. 특히 '사실'이라고 표방되는 정보의 경우 더욱 그러하다. 거기에는 '왜'라는 물음이 필요하지 않고 허락되지도 않는다. 정보의 가장 중요한 가치는 속도와 유용성이다. 그리고 이것이 사실을 규정하는 기준으로까지 등장한다. 느리면 쓸모가 거의 없게 된다. 정보의 이름으로 지식조차 밀려난다. 느리더라도 긴 호흡을 필요로 하는 지식은 정보의 범위에 들어서지 못하고 옛날이야기가 되어버린다.

그러나 우리가 사는 현실에서는 정보만이 전부가 아니다. 짧은 정보를 이어주는 긴 지식이 필요하다. 물론 지식은 무엇인가에 대한 앎이다. 그런데 앎은 자신을 더 크게 늘림으로써 모름을 줄이는 것을 목표로 한다. 모름은 문제 해결에 방해가 될 뿐 아니라 불안을 일으키기도 하니 말이다. 이에 비해 앎이란 불안을 극복하려는 생리적 요구에 대한 자연스러운 반응이기도 하다. 그러한 지식은 점차로 더 쌓아갈 수 있다. 당연히 소유도 할 수 있다.

그런데 우리 삶에서는 지식이 그렇게만 움직이지는 않는다. 앎이 더 커졌는데도 모름이 줄어들기는커녕 더 늘어나는 경우가 적지 않다. 벼가 익을수록 고개를 숙이는 것처럼 알면 알수록 모르는 것이 그만큼 아니 그 이상으로 더 크게 보이기 때문이다. "어리석은 사람은 시작하는 곳에서 끝내지만, 현명한 사람은 끝나는 곳에서 시작한다"는 격언이 이와 비슷하다. 이런 단계는 더 이상 지식의 차원이 아니다. 여기서부터 지혜가 시작된다 할 수 있다. "어리석은 자는 지혜를 찾았다고 생각하지만 현인은 지혜를 찾아다닌다"는 말도 이를 가리킨다. 그래서 "우연히 지혜로워진 사람은 없다"고 세네카는 말한다.

지식은 소유하고 축적할 수 있기 때문에 더 늘리고 채우려고 한다. 그리고 자신의 넓이를 자꾸 내세우려 한다. 그러나 지혜는 추구할 뿐이니 늘 비어 있다. 더 크게 비어 있을수록 더 넓고 깊게 볼 수 있는 통찰이다. 따라서 "길을 잃을 수도 있는 길"이다. 채우고 늘리는 것을 목표로 하는 지식의 눈으로 보면 지혜는 어리석어 보인다. "하느님의 말씀을 생각한다"는 경우는 더욱 그렇게 보인다. 그러나 "바보는 지혜로운 사람이 대답할 수 없는 질문을 한다"는 말처럼 지식이 조롱하는 것이야말로 가장 지혜로운 것이다. 오묘한 역설을 지닌 이런 지혜가 우리 삶을 보다 더 넉넉하게 해준다. 살벌한 지식과는 다르게 말이다.

# 삶도, 사람도
# 동사다

선禪에서 견성見性이라는 말을 '본성을 본다'는 뜻 대신, '보는 것이 본성이다'
라는 뜻으로 새겨요. 시 또한 주어와 술어, 주체와 대상의 자리바꿈에서 태어
나는 것이 아닐까요. … 시는 자기 삶을 살아내고, 자기 죽음을 죽으려는 의지
예요. 달리 말해 '살다', '죽다'라는 자동사를 타동사로 바꾸려는 의지예요.

이성복,《무한화서》

시詩는 어떻게 쓰이는가? 산문과 비교해보면 특성을 살필 수 있다.
산문은 쓰는 사람의 말하고자 하는 바가 쓰여 있는 것이다. 우리 삶의
많은 부분은 '나'를 주장하고 내세우고 호소하는 것으로 채워져 있다.
'나'를 말하기 위해서 부지런히 말하고 쓰고 많은 산문들이 쏟아져 나
온다. 이런 산문에서 주어는 당연히 '나'다. 그런 내가 때로는 너이기도

하고 그/그녀이기도 하지만 인칭만 바뀌었을 뿐 실제 내용은 모두 '나'를 주어로 하는 것이다. 주체로서의 '나'가 늘어놓는 소리다.

그런데 시는 다르다. 말하기보다는 듣는 데서 시가 나온다. 말하는 소리라기보다는 듣는 소리. 이와 관련하여 살펴봐야 할 것이 소리로 창법을 연마하는 사람들이 강조하는 득음得音이다. 득음은 '소리를 얻는다'는 뜻이다. 이것이 무슨 말인가? 무수히 갈고 닦음으로써 소리의 경지에 이른다는 뜻이다. '소리는 원래부터 내 것이 아니라 얻는 것'이라는 뜻이다. 그렇게 얻게 된 소리로 애절하고 비통한 원망의 소리도 내고, 환희의 지경을 노래하기도 한다. 일상적인 어조로는 도저히 담아낼 수 없는 노래가 '득음'에 이르러서야 비로소 완성된다.

창唱이 소리를 얻어서 하는 것이라면, 시詩는 소리를 들어서 하는 것이다. 산문이 내가 내는 소리라면 시는 나에게 들려온 소리다. 그러니 들을 수 있어야 시를 쓸 수 있다고 하는 것이 아닐까? 이를 산문과 비교하니 주체와 대상이 서로 뒤바뀐다. 산문에서는 내가 주체이지만 시에서 '나'는 소리가 전해진 대상이다. '나'가 주체가 아니라 대상이다. '나'를 대상으로 삼는 것은 문법을 파괴하는 일이다. 그런데 문법을 파괴함으로써 삶에 더 가까이 다가간다. 삶에서는 '나'가 주체가 아니기 때문이다. 산문의 문법이 앎의 논리라면, 시의 어법은 삶의 생리다. 그러기에 삶이 우리에게 속삭이기도 하고 내지르기도 하는 소리를 들어야 한다. 들어야 시가 나온다.

나아가 시에서는 주어와 술어도 자리바꿈한다. 이건 주체와 대상이 바뀌는 것에서 한 발짝 더 나아가는 것이다. 명사들 사이의 자리바

꿈이 아니다. 명사와 동사가 서로 자리를 바꾼다. 명사가 앞서 나오고 동사가 붙어 뜻을 이루는 것이 아니다. 그런 경우 주도권은 명사에 있게 되고 우리는 모든 것을 명사화해서 보게 된다. 정형화하고 고정적으로 새겨낸다는 말이다. 이런 문법은 예측이 가능하기 때문에 안정을 보장해줄 것 같고 또한 편리하기까지 하다. 그러나 정형화로 인해 삶의 역동성이 손상된다. 변화가능성을 잊어버리고 결국 잃어버린다. 삶의 현실에서 동떨어진 언어가 되어버린다.

따라서 역동적으로 움직이는 동사가 주도권을 지니는 것이 중요하다. 삶은 명사가 아니라 동사이기 때문이다. 사람도 명사가 아니라 동사다. 사람이나 삶이나 모두 '살다'라는 동사에서 나온 파생적 명사다. 문법적으로 기능하려다 보니 명사가 된 것일 뿐 본래의 뜻은 에누리 없는 동사다. 이를 회복하라는 삶의 소리에 귀를 기울이니 시가 나온다. 그러니 살고 죽는 것이 자동사가 아니라 타동사. 어찌 시만 그러할까? 삶이 이미 그러하다. '산다'는 것이 타동사다. 자동사라는 착각에서 벗어나는 것이 그래서 중요하다.

# 삶이 삶의
# 이유이고 목적이다

비록 모든 가능한 과학적 물음들이 대답되어 있다 해도, 우리는 우리의 삶의 문제들이 여전히 조금도 건드려지지 않은 채로 있다고 느낀다. 물론 그렇다면 과연 아무런 물음도 더 이상 남아 있지 않다. 그리고 바로 이것이 대답이다. 삶의 문제의 해결은 이 문제의 소멸에서 발견된다. 이것이, 오랫동안의 회의 끝에 삶의 뜻을 분명하게 깨달은 사람들이 그 뜻이 어디에 있는지 말할 수 없었던 이유가 아닐까?

루트비히 비트겐슈타인, 《논리─철학논고》

살면서 그저 아무 생각 없이 살 수는 없다. 오늘보다 더 나은 내일을 기대하고 이를 위해 노력한다. 당연하고 바람직하다. 그런데 그러다 보면 어느덧 우리도 모르는 사이에 더 좋을 내일을 위해 오늘을 계속

유보하게 된다. 좋을 수 있는 지금을 계속 뒤로 미룬다. 언제까지? 죽을 때까지! 결국 인생을 미루게 된다. 도대체 무엇을 위하여? 희망이라는 명분으로, 목적달성이라는 이름으로! 그런데 그렇게 계속 유보하다보면 남는 것은 신기루일 뿐일지도 모른다.

물론 희망과 기대는 중요하다. 살게 하는 동인이기도 하다. 그런데 희망을 명분으로 내일을 기다리다 보니 오늘이 없어진다. 시계로 측정할 수 있는 시간을 보내기는 했지만 그 시간은 '내일의 어제'일 뿐 오늘은 아니다. 오늘을 살기는 살았는데 '아직 오지 않은 내일'의 '지나가 버린 어제'로 살고 있다는 말이다. 안타깝게도 어느 순간도 지금이 되지 못한 채 시간을 보내게 된다.

삶의 목적이라는 것도 그렇다. 목적도 역시 삶을 이끌고 가는 견인차다. 삶에서 무엇인가 가치 있는 것을 성취하게 하니 의미가 있어 보인다. 목적 없는 삶이 겉돌거나 떠도는 것처럼 보이는 것과는 대조적이다. 그러나 삶에서 목적을 지나치게 강조하면 삶은 어느덧 수단이 된다. 그것도 대체 가능해 보이는 수단이 되니 삶의 순간들이 무게를 지닐 겨를도 없이 사라져간다. 목적지향에 의한 본말전도가 일어난다. '삶의 목적'이었는데 '목적의 삶'으로 둔갑하게 된다는 말이다.

이 대목에서 과학적 물음들이 모두 대답으로 해결된다고 해도 삶의 문제들은 대답이 아니라 문제의 소멸에서 해결을 발견할 수 있다는 비트겐슈타인의 통찰이 우리의 주목을 끈다. 삶의 뜻을 찾으려고 긴 물음을 거쳤는데 깨닫게 된 것은 삶의 뜻을 알 수 없고 말할 수 없다는 깃이었다. 그래서 삶의 문제는 대답이 아니라 문제의 소멸로써 해결된다는 것이다. 삶의 문제는 대답될 수 없는 문제이니 문제인 삶을 그저 살아가라는 말이다.

이유가 무엇일까? 삶이 삶 자체의 이유이기 때문이다. 삶이 삶 자체의 목적이고 가치이기 때문이다. 삶에 삶 이외의 다른 이유가 있을까? 삶에게 삶보다 더 크고 정당한 이유는 있을 수 없다. 삶이 삶의 목적이고 이유이다. 삶의 뜻을 달리 말할 수 없다고 한 것도 바로 이 때문이다. 만일 삶에 삶과는 다른, 아니 삶보다 더 큰 이유가 있다면 그 이유를 명분으로 삶을 포기하는 것이 정당화될 수도 있다. 안타깝게도 이런 오해가 때로 자살을 고려하게 하지만 이는 안타까운 것 이상으로 엄청난 오해다. 관념의 착각이 생명을 말살하는 비극이다. 앎이 속이는데 삶이 희생을 당하니 말이다.

이를 벗어날 길은 무엇일까? 니체는《차라투스트라는 이렇게 말했다》에서 다음과 같이 잘라 말한다. "지금 이 인생을 다시 한 번 완전히 똑같이 살아도 좋다는 마음으로 살라." 이보다 더 좋을 수 있을 것 같은 삶을 가정하고서 이를 명분으로 현재를 유보하는 방식으로 살지는 말라는 것이다. 그래서 기원전 1세기 로마 시인 호라티우스도 이렇게 말했다, "지금의 삶을 즐겨라. 지금 상황이 좋지 않다고 해서 실망하지 마라. 지금도 지나갈 테니!" 지금이라는 순간은 그토록 소중하지만 또한 지나간다는 것이 우리를 자유롭고 안도하게 해주기도 한다.

# 알 수 없는
# 뿌리를 묻는 '왜'

우리는 인간이다. 그것은 우리가 비록 분자 같은 한 부분에 불과할지언정 시간-공간 연속체의 한 부분이라는 사실을 감지하고 "그것은 무엇을 의미하느냐?"고 묻기 때문만이 아니라, 왜 묻기를 중단할 수 없는지 그 이유를 두고 또한 우리가 당혹해하기 때문이다. … 인간은 "왜?"라고 물으며 그러고서 어째서 "왜?"라고 묻는지 그 이유를 묻기를 중단할 수 없는 고집불통의 존재다. … 여기에서 종교라는 것이 인류의 진화상에 출현한다. 길가메시 서사시, 아즈텍 창조이야기, 구약성서 창세기의 1~2장은 "어떻게?"라는 물음에 답하기 위해 작성된 것이 아니다. … 그것들은 오히려 인간이 신비로부터 '왜'를 끌어내려고 노력하는 가운데 만들어진 것들이다.

———————— 히비 콕스Harvey Cox, 《종교의 미래》

갓 태어난 아기가 어느 정도 자라서 뭔가 눈에 들어오면 반응하기 시작한다. 가장 먼저 엄마의 얼굴을 알아본다. 그렇게 되기 전까지 가장 많이 보았기 때문일 것이다. 점차로 다른 것들이 눈에 들어온다. 궁금해지고 호기심이 발동한다. 두려움도 생긴다. 그래서 묻는다. "엄마, 이게 뭐야?" 그러면 엄마는 열심히 대답해준다. 신기해하면서, 때로 감동하면서.

그런데 이때 아기의 '무엇' 물음에 대한 엄마의 대답은 사실상 거의 '이름'일 뿐이다. 이름이 그 '무엇'에 대한 충분한 대답은 아니지만 일단 이름으로라도 대답해주면 아기는 알았다는 듯이 만족감을 표한다. 그러면서 서서히 주위를 알아나간다. 그런데 이것과 저것이 구별되기 시작하면서 물음이 슬며시 바뀐다. '어떻게'로 넘어간다. 이렇게 되면 대답이 보다 복잡해진다. 엄마는 감동하다가도 때로 부담을 느끼기도 한다. 그러나 이도 잠시일 뿐 어느 순간 아기는 문득 그렇게 묻고 있는 자신을 느끼게 된다. 설령 느끼지 않아도 물음은 뻗어나간다. '왜'를 묻기 시작한다.

이쯤 되면 엄마는 이전과는 매우 다른 단계에 돌입하게 된다. 처음 물은 '왜'는 비교적 대답하기 쉽다. 그러나 바로 그 대답에 대해 다시 '왜'가 이어지면 감당하기가 어려워진다. 급기야 세 번째 '왜' 물음이 밀고 들어오면 엄마는 거의 속수무책이다. '왜' 물음이 양파껍질 벗기듯이 연이어 파고 들어가면 거의 대부분 세 번째 물음에서 막히게 된다. 굳이 예를 들 필요도 없다. 그러나 막히는 것은 사실 엄마만이 아니다. 우리 모두 그 단계의 물음에 가게 되면 대답하는 것은 거의 불가능하다.

정답 없는 삶을 내다보는 역설의 통찰

그렇다고 포기할 수도 없다.

왜 그럴까? '무엇'은 같음을 요구하니 여기서 다름은 틀린 모순이지만 '왜'는 다름을 싸안을 뿐 아니라 이를 필요로 하는 삶의 현실을 드러내는 물음이다. 그래서 잘 추려지지도 않을뿐더러 알 수도 없다. 그러나 묻지 않을 수도 없다. 인류 역사에서 일찍이 이렇게 뿌리를 파고 들어가는 '왜'의 몸부림이 유구한 역사와 전통을 이어왔다. 그 뿌리는 알 수 없는 신의 비밀이니 '신비'라 했는데 이를 더듬는 인간의 방식이 역설이었다. 알 수는 없지만 충돌하는 삶의 모순들 중 어느 하나도 버릴 수 없으니 이를 함께 싸안으려는 몸부림에서 나온 통찰이다.

지금 소개하는 것도 그런 예들이다. 신이면서 인간이고 노인이면서 청년이라는 뜻을 지닌 길가메시가 죽음 너머를 구하는 몸부림을 치다가 결국 죽는다는 이야기를 담은 〈길가메시 서사시〉도 좌충우돌하는 삶의 역설을 말한다. 사람고기를 먹는 신들이 등장하는 〈아즈텍의 창조 이야기〉도 대홍수로 모든 것이 쓸려나간 상황에서 다시금 새로운 세상이 펼쳐진다는 신화인데 여기서도 혼돈과 질서, 욕망과 희생 등 삶의 역동을 말한다. 성서의 〈창세기〉도 선과 악, 축복과 저주 등 인간의 삶을 이루고 있는 소용돌이로 시작한다는 점에서 마찬가지다. 우리 삶이 왜 그토록 복잡다단할 수밖에 없는가를 묻는 뿌리 물음은 그래서 대답될 수는 없지만 묻지 않을 수도 없다.

# 따로
# 또 같이

함께 있되 거리를 두라.

그래서 하늘 바람이 너희 사이에서 춤추게 하라.

서로 사랑하라.

그러나 사랑으로 구속하지는 말라.

그보다도 너희 혼과 혼의 두 언덕 사이에 출렁이는 바다를 놓아두라.

서로의 잔을 채워 주되 한쪽의 잔만을 마시지 말라.

……

함께 노래하고 춤추며 즐거워하되 서로는 혼자 있게 하라.

마치 현악기의 줄들이 하나의 음악을 울릴지라도 줄은 서로 혼자이듯이.

서로 가슴을 주라. 그러나 서로의 가슴속에 묶어 두지는 말라.

오직 큰 생명의 손길만이 너희의 가슴을 간직할 수 있다.

함께 서 있으라. 그러나 너무 가까이 서 있지는 말라.

사원의 기둥들도 서로 떨어져 있고

참나무와 삼나무는 서로의 그늘 속에선 자랄 수 없다.

칼릴 지브란, 〈결혼에 대하여〉

쉽지 않은 말씀이다. 함께 있으면서 거리를 두라니, 사랑하면서도 구속하지 말라니, 마음을 나누면서도 묶지 말라니, 이게 어떻게 가능할까? 사랑하여 하나가 되는 것이 우리가 원하는 것이 아닌가? 그렇게 해서 하나가 된다면 서로에게 구속은 불가피한 것이 아닌가? 더 나아가 구속도 불사할 정도의 사랑이라야 참된 사랑이 아닐까?

그런데 사랑을 명분으로 집착에 빠지니 사랑과 구속이 구별되지 않는 경우도 많다. 나아가 본말이 전도되어 구속이 사랑을 명분으로 작동하는 경우도 적지 않다. 이렇게 되면 사실상 더 이상 사랑이라고 하기 어렵다. 그런데 그 구속의 굴레에서 헤어 나오기가 쉽지 않다. 많은 비극들이 여기서 비롯된다. 하나라고 묶는 것이 마음을 한데 모으는 데 그치지 않고 옭아매어 꼼짝달싹 못하게 하는 것으로 변질된다. 그래서 잘 사귀어오던 연인들 사이에서 한쪽이 헤어지자고 했을 때 다른 한쪽이 받아들이지 못하고, 심한 경우 주변 사람들을 향한 살인으로 비화되기도 한다. 이래서 '적당한 거리'가 중요하다. 거리가 생명을 살리기 때문이다.

사실 '하나'라고 하는 동일성은 동서고금을 막론하고 오랫동안 숭앙되어 왔다. 그러나 모두가 같고 나아가 하나여야 한다는 이념은 모두에게서 만장일치의 동의를 받아 만들어진 것이 아니었다. 어쩔 수 없이 앞뒤가 있고 위아래가 있게 된 사회에서 가진 자들이 그들의 사고방식과 생활양식을 기준으로 엮어낸 현상유지 전략이었던 것이다. '우리는 하나다'라고 하는 구호가 마음을 모으고 힘을 결집하여 좋은 목표를 이루는 동력이 되기는 한다. 그러나 이면에 있는 거리를 용납하지 않음으로써 집단주의적인 광기로 몰아가기도 한다. 하나라는 이념이 인류 역사에서 얼마나 끔찍하고도 잔인한 폭력으로 나타났는가를 돌이켜본다면 무수한 하나들 사이의 거리는 참으로 중요하다.

일상에서 사랑을 명분으로 집착하고 속박하는 경우 거리는 꼬인 문제를 풀어낼 해법이 되기도 한다. 관건은 사랑과 구속 사이의 경계를 가르는 일이다. 어디까지가 사랑이고 어디서부터 구속일까? 참나무와 삼나무가 어우러진 숲이 우리에게 구별의 지혜를 준다. 너무 가까이 있어 그늘로 덮어버리면 서로 자랄 수 없다는 자연의 이치가 해법을 가르쳐준다. 그러므로 거리는 슬퍼할 일이 아니다. 오히려 생명이다.

# 밥과 똥은
# 한 통 속에 있다

제자: 어떤 것이 부처입니까?

운문 선사: 마른 똥 막대기다.

무문 혜개, 《무문관》

"보리과자를 굽듯이 빵을 굽는데 사람들이 보는 데서 인분으로 불을 피우고 거기에다 구워먹어라. ··· 좋다! 그렇다면 인분 대신, 쇠똥을 피워 빵을 구워라."

《구약성서》 공동번역, 〈에제키엘〉 4:12, 15

사람은 먹어야 산다. 먹어야 산다면 잘 먹어야 하고, 또한 잘 먹었으면 잘 싸야 한다. 잘 먹고, 잘 싸고, 잘 자는 것이 가장 중요하다. 무엇을 더 바랄까? 잘 먹고 잘 싸고 잘 자는 일은 생명의 시작부터 끝까지 잠시의 예외도 허용할 수 없이 똘똘 뭉쳐서 중요한 일이다. 그런데 먹고 싸고 자는 것이 이렇게 한 묶음으로 중요함에도 불구하고 우리들은 때로 그 중요함과 함께 그것들이 한 묶음이라는 점을 잊어버리는 것 같다. 잘 먹는 것이 중요하지만 그에 못지않게 중요한 것이 잘 싸는 일이다. 이 둘은 떼어놓을 수도 없을 뿐 아니라 사이가 불편해서는 곤란하다.

결국 잘 먹고 잘 싸는 일은 '한 통속'의 일이다. 이것이 '한 통속'인 것은 적어도 다음과 같은 두 가지 의미를 지닌다. 첫째로, 앞서 말한 대로 먹었으면 싸야 하기 때문에 이 둘은 떼어놓을 수 없다는 점에서 한통속이다. 그러나 이보다 더 중요한 둘째의 뜻이 있다. 그것은 먹고 싸는 일이 '한 통 속', 즉 한 몸 안에서 일어나는 일이라는 것이다. 결국 한 통 속에 밥과 똥은 같이 들어 있다.

그렇다면 밥과 똥이 과연 '한 통 속'에서 어떻게 함께 있을까? 사실 밥이 들어가는 구멍과 똥이 나오는 구멍은 연결되어 있다. 그리고 연결된 만큼 열려 있다. 또한 그 자체로는 비어 있기까지 하다. 그래야 무언가를 받아들이고 밀어낼 수 있으니까. 이처럼 열려 있고 비어 있기까지 한 밥줄과 똥줄은 사실상 '하나'다. 밥을 먹으면 식도를 통해 위로 들어가고 소장과 대장의 각종 소화기관을 거쳐 항문으로 변이 나온다. 당연한 이야기지만 밥이 똥으로 변하는 것이다.

그런데 여기서 우리는 다음과 같이 묻지 않을 수 없다. "그렇다면 어디까지가 밥이고 어디서부터 똥인가?" 하지만 아무리 물어도 밥과 똥의 경계가 생각만큼 그렇게 확실하지 않다는 엄연한 사실에 도달하지 않을 수 없다. 과연 그렇다! 밥과 똥이 한 줄로 이어져 있는 우리 몸인 '한 통 속'에서 밥과 똥은 확연하게 갈라지지 않는다.

이와 같은 밥과 똥의 경계 불확정성이 우리네들 삶에 대해 시사하는 바는 적지 않다. 밥과 똥의 경계 불확정성은 우리네 삶이 그렇게 아름답지만도 않고 대책 없이 추하지만도 않다는 것을 온몸으로 가르쳐준다. 삶의 묘미를 깨닫게 해주는 조물주의 섭리라고나 할까? 결국 산다는 것은 기존 관념에서 멀리 떼어 놓을수록 좋은 것이라 잘못 여겨졌던 밥과 똥의 경계를 넘나드는 과정이라 해도 무리가 아니다.

그런데 밥과 똥의 경계를 가리기 어렵다는 것보다 더 주목해야 할 것이 있다. 그것은 이 둘이 서로 쌍방향으로 움직인다는 것이다. 당연하게도 밥에서 똥으로 향해가지만, 정반대 방향으로, 즉 똥에서 밥으로의 거대하고 도도한 흐름이 이보다 더 크고 긴 역사를 지니고 있다. 똥에서 밥을 향한 흐름이라니 무슨 말인가 할 수도 있다. 우리가 싼 똥은 재래식이던 수세식이던 모양만 달리 할 뿐 결국 자연으로 돌아간다. 그리고 우리는 그 자연 안에서 자연으로부터 생명을 제공받는다. 재래식은 좀 더 직접적으로 땅으로 스며들고 때로 밭에 거름으로 사용되니 눈으로도 즉각 확인할 수 있는 과정이다. 그 밭에서 생산되는 각종 채소는 우리의 똥이 스며들어 형성된 자양분을 섭취한, 즉 모양과 냄새를 달리한 또 다른 똥이다. 그러한 풀들을 뜯어먹은 초식동물을 고기로 먹는 경우도 마찬가지다. 육식동물이라 해도 이런 먹이사슬에서 벗어나지 않기에 전혀 다르지 않다.

혹 재래식에 의한 흐름은 그렇더라도 수세식은 다르다고 우길지도 모르겠다. 그러나 전혀 그렇지 않다. 정화조를 거쳐 약간의 변형이 이루어지긴 하지만 결국 거대한 흐름을 따라 강으로 바다로 그리고 다시 하늘로, 그리고 또 다시 땅으로, 그리고 동식물의 입을 거쳐 결국 사람의 입으로 밥이 되어 돌아온다. 물론 그 똥이 우리 자신의 것이기만 하라는 법은 없다. 남들이 싼 것, 짐승들이 싼 것이 거기 포함된다. 자연의 흐름은 알량한 차별을 하지 않는다. 게다가 내가 싼 똥이라고 그게 온통 나의 것이기만 할까? 내 소유권을 주장할 수 있는 부분이 얼마나 될까? 밥에서 똥으로, 그리고 똥에서 밥으로 흐르는 저 거대하고도 유구한 자연의 순환을 응시한다면 내 똥도 내 것이 아닐 수 있다. 말하자면 우리는 이미 남의 똥을 먹고 있으며 동시에 내 똥을 남에게 먹이고 있기도 하다.

밥과 똥의 경계 불확정성은 이처럼 서로 대조적인 방향으로 이루어진 자연의 도도한 흐름이자 우리의 통찰 원리가 된다. 그런데 이 원리는 아주 거시적인 구도에서만 의미를 지니는 것이 아니다. 미시적으로 우리의 한 몸 안에서도 이 원리는 어김없이 적용된다. 우리는 일상생활에서 밥을 먹고 소화과정을 거쳐 배출할 때 한 통 속에 있는 모든 똥을 에누리 없이 모두 몰아내지는 않는다. 그럴 수도 없거니와 그래서도 안 된다. 적정선에서 타협을 보아야 하는데 어쨌든 결국 중간에 일을 마쳐야 한다. 아무리 시원한 느낌으로 일을 치른다 해도 똥인지 밥인지 경계 불분명한 부분들은 우리 몸 안에서 여전히 양분흡수의 과정에 참여하게 된다.

말하자면 우리는 몸 안에 똥을 담고 다니면서 다른 사람을 만나서 말도 하고 사랑도 하고 밥도 먹는다. 거룩하게 기도를 드릴 때나 성행위를 할 때도 여전히 우리 몸 안에는 얼마간의 똥이 들어 있다. 산다는 것은 밥과 똥의 타협과정이라고 해도 무방할 것인즉, 뭐 그리 깨끗하고 고상한 척 위선 떨 일이 결코 아니다. 비단 사람만 그런 것은 아니지만 우리 사람이라는 것도 이미 그렇게 생겨먹었다. 하니 무슨 고결하고 대단하다는 착각은 우선 버리는 것이 마음에 좀 더 편안함을 가져다주지 않을까 싶다.

4장

# 기도의 얼

간절해질 수밖에 없는
인간의 몸부림

．

．

．

숨을 쉬는 과정에서 조절이야 할 수 있지만 마음대로 숨을 쉬지 않을 수는 없다. 숨은 스스로 들숨과 날숨으로 쉬고 있고 우리는 그저 숨이 시키는 대로 숨쉼을 당할 뿐이다. 그리고 그 숨은 바삐 달려온 숨을 고르기 위해서라도 좀 쉬라고 한다. 그렇게 쉬다 보면 내가 숨을 쉬는 것이 아니라 숨이 나를 쉬고 있다는 것을 이내 발견하게 된다. 그리고는 소스라치게 된다. 우리가 얼마나 모르고 살아 왔는지를 홀연히 되돌아보게 한다. 기도란 바로 이런 '숨'과 같은 것이다. 내가 숨을 쉬는 것이 아니라 숨이 나를 쉬는 것처럼 기도도 내가 하는 것이 아니라 삶이 하는 것이니 말이다. 쉬면서 깨닫게 되는 '모름'도 마찬가지다. 기도는 뭘 알아서 하는 것도 아니요 더 알게 해달라고 하는 것도 아니다. 기도는 그저 모른다는 것, 알 수 없다는 것을 고백하는 것이다. 그것도 내가 하는 고백이 아니라 삶이 하는 고백일 것이다. 이처럼 기도는 모름을 향한 '숨'이고 '쉼'이다.

# 기도는 종교가
# 아니라 삶이다

기도가 시간 안에 있는 것이 아니요 시간이 기도 안에 있는 것이며, 제의가 공
간 안에 있는 것이 아니요 공간이 제의 안에 있는 것과 같아서, 만일 우리가 이
것과 저것을 뒤바꿔 놓을 때에는 현실을 짓밟는 짓이 된다.

마르틴 부버Martin Buber, 《나와 너》

　인간의 절박한 몸부림에 의해 추동된 종교가 일상의 현실에서 제
도화하면 제의가 조성되기 마련이다. 말하자면 종교의 제도화 과정에
서 의례는 종교의 원초적이고 비일상적인 체험을 일상화하는 기능을
수행한다. 그런데 일상화된 의례는 우리를 편안하게 해준다는 구실로
형식주의나 매너리즘으로 전락할 소지를 안고 있다. 이렇게 되면 '의
례주의'에 빠지기 마련이다. 한국 교회들에서 전통적 의례를 대체한다

며 유행하는 '경배와 찬양'이 이런 현상을 보이는 듯하다. 어떤 교회들은 경배와 찬양으로 한껏 달구어야만 예배라고 길들여놓고는 곧장 설교로 끝내는 경우도 있다. 거룩함과의 만남이라기보다는 감정에 대한 예찬일 가능성이 매우 높다.

제의가 형식주의로 빠지는 왜곡의 문제는 심각하다. 의례주의, 형식주의, 제도주의, 교회주의 등의 형태로 전락한다. 희생과 봉헌은 참으로 바치는 것이 아니라 바치고 있는 자신에 대한 미적인 직관이 된다. 종교적인 거룩함 체험을 일상화시키려다 보니 홀연히 등장하는 신이 아니라 인간이 언제든 부르고 싶을 때 의례를 통해 불러들이는 신이 된다. 거룩함 체험에서 시작했는데 일상적으로 다듬으려니 아름다움에 대한 관조로 대체된다. 제의가 공간 안에서 공간의 지배를 받게 된다. 특정한 공간에 가야 신을 불러내는 제의가 자동으로 이루어진다는 관념이 생기니 말이다. 예전 또는 예배라고 불리는 제의가 이런 방식으로 작동할 소지가 매우 크다. 하느님을 예배하는 것이 아니라 미적 직관의 충만함을 은총으로 새기니 자아도취가 극에 달하고 만다.

아울러 기도는 하느님과 나누는 대화의 터전이기보다는 자신의 삶에 대해 집중하는 시간이 된다. 그러면서 자신의 삶을 찬양하게 된다. 결국 충만해진 자기감정에 몰입한다. 그러한 기도 안에서 우리 인간은 신과 거래를 한다. 내가 구원받기 위해 믿음을 준다. 구원이 목적이고, 믿음이 수단이다. 그 수단을 일상적으로 아주 편하게 하는 것이 의례이고 기도다. 구원이라는 목적이 막연하니까 의례라는 형식 안에서 봉헌이라는 공식으로 희생을 대체한다. 제의가 공간으로 정착될 뿐 아니라,

이제 기도가 시간으로 착지하게 된다.

이렇게 짜놓고 살짝 한 바퀴 돌리니 "나 이미 드렸습니다. 이제 당신께서 나에게 주실 차례입니다"라고 하게 된다. 제의와 기도를 통해 마땅히 드려야 하는 희생이 제도화 과정에서 '규범'이 된다. 희생이 거래가 되는 결정적인 징검다리가 규범이다. 규범은 혼란을 방지한다는 지극히 종교적인 명분이 있다. 이렇게 해서 기도와 제의가 제도화의 틀을 통해 특정한 시간과 특정한 공간으로 둔갑한다. 본말전도다.

규범이나 거래는 합리성을 핵심으로 한다. 그렇기 때문에 규범에 따르는 희생은 희생이 아니다. 더욱이 거래의 결과를 기대하는 희생은 전혀 희생이 아니다. 오히려 '투자'에 가깝다. 그러나 참된 봉헌은 역설의 방식으로 행해진다. 역설은 조건적인 관계를 파괴하기 때문이다. 역설의 방식으로 나타나는 것이 희생이다. 그래야만 은총이 가치를 지닌다. 희생을 희생이게 하는 역설은 이제 규범이나 거래와는 정반대가 된다. 기도가 시간을 포함하면서 초월하고, 제의가 공간을 포함하면서 초월한다. 역설의 또 다른 표현이 바로 '초월'이다. 그렇게 해서 시간과 공간을 다시 살아 움직이게 한다.

# 반기독교인이 말하는
# 진정한 기도

구세주의 삶이란 바로 이러한 것을 실천하는 것 외에 아무것도 아니었다. 그의 죽음조차 역시 다르지 않았다 … 그는 신과 소통할 어떤 형식도, 어떤 의식도 필요하지 않았다. 기도조차 불필요했다. 그는 모든 유대교적인 회개와 화해의 교설과는 관계를 끊어 버렸다. 그는 오직 삶의 실천만이 사람들로 하여금 스스로 '신적이고', '복되고', '복음적이고', 언제나 '신의 아들'로 느끼게 해주는 것이라고 알고 있었다. '회개'도 '용서를 비는 기도'도 신에게 이르는 길은 아니다. 오직 복음적인 실천만이 신에게로 인도하며, 그 실천이 바로 '신'인 것이다.

———— 프리드리히 니체,《안티크리스트》

먼저 니체와 이 작품에 대해 간략하게나마 짚고 가는 것이 좋겠다.

니체는 흔히 무신론자나 반기독교적인 사상가로 간주된다. 틀린 말은 아니지만 매우 중요한 단서가 필요하다. 그가 말하는 무신론은 신 존재에 관한 주장이 아니라 우리가 믿고 싶은 대로 믿어왔던 내용의 신이 삶의 현실에서 의미가 없다는 주장이라는 점에 유의해야 한다. 이것은 공연히 반감을 가질 것이 아니라 오히려 의미를 구현할 책임이 있는 기독교인들이 새겨야 할 진단이다.

또한 그의 여러 저서들이 오해를 많이 받고 있지만 여기서 인용한 《안티크리스트Der Antichrist》의 제목은 '반기독교'로 번역되어야 하는 독일어다. '반그리스도'도 아니고 '적그리스도'도 아니다. 시중의 번역서들조차 오해하고 이런 표기를 썼으니 참으로 안타까운 일이다. 그는 이 책에서 왜곡된 기독교를 맹렬하게 비판하면서 참 예수의 모습을 집요하게 찾아가는 노력을 전개했다. "진정한 그리스도인은 그리스도 한 분 뿐이었다"는 저 유명한 비판은 사실 기독교의 깊은 비밀을 들켜버린 듯한, 부정하기 어려운 진실이라 하겠다. 그런 목적을 지닌 이 책에서 니체는 믿음이 아니라 삶이 관건이고 따라서 종교가 아니라 실천이 참으로 복음이라고 강조한다. 심지어 "회개와 용서를 비는 기도도 신에게 이르는 길이 아니라"고 한다. 언뜻 종교적으로 독실한 입장에서 보면 매우 과격하고 불경하며 반종교적으로 보일 수 있다.

그러나 이렇듯 맹렬한 그의 사자후는 우리의 삶을 위해, 그리고 기도를 위해 참으로 소중한 통찰을 준다. 우리는 기도를 신과 소통할 형식이나 의식으로 간주하는 오랜 종교적 전통과 습관을 갖고 있다. 종교의 제도화 과정에서 의례가 정립되면서 의례가 상징적으로 가리켜야 할 것은 뒤로 밀려나고 규율이나 형식이 기준이 된다. 그러다 보니 어느덧 타성화하면서 본말전도가 일어난다. 결정적인 문제는 실천이 사라지고 믿음이 삶과 따로 놀게 되는 데 있다. 니체는 바로 이것을 보고 비판한 것이다. 그래서 예수의 삶과 죽음에 대해서 진하게 살피면서 온몸을 던진 실천이 핵심임을 간파해냈던 것이다. 따라서 의례적인 형식으로서의 기도는 불필요하다고까지 말했다. 기도가 삶이 됨으로써 삶이 기도가 되어야 한다는 말로 풀어도 좋을 듯하다.

니체와 함께 이제 우리는 믿음이 특정한 기능이나 행위에 국한하지 않고 삶의 전 영역에 펼쳐져야 한다는 점에 주목한다. 믿음과 삶이 온전히 일치되지는 못할지라도 그것을 향해가야 하는 목표로 삼아야 한다는 말이다. 하느님과 관계하는 행위로서의 믿음에 우리가 전 존재로 참여해야 한다면, 믿음의 자리는 정신과 육체의 분리 이전의 전인全人, 즉 '통사람'이어야 한다. 마음과 몸이 하나가 되는 '몸'의 차원으로서 기도는 '전인으로서의 삶'이라 할 수 있겠다. 믿는다는 것은 곧 그렇게 산다는 것이다. 삶과 실천의 관계를 갈파한 니체는 우리에게 말이 아니라 '삶으로 드리는 기도'라는 통찰을 선사한다.

# 배교 현장에서의
# 처절한 고백

주님, 저는 오래 동안 수없이 많이 주님의 얼굴을 생각해왔습니다. 일본에 와
서부터 수십 번도 더 주님의 얼굴을 보고 싶었습니다. … 기도할 때는 기도하
는 주님의 모습을 회상하고, 고독할 때는 축복하시는 주님의 모습을 회상하
고, 잡혀서 끌려갈 때는 십자가를 지신 주님의 모습을 회상하였습니다. 그래
서 주님의 얼굴은 저의 영혼 깊숙이 새겨졌고, 이 세상에서 가장 아름답고 가
장 고귀한 얼굴로 저의 마음에 살아 있었습니다. 그 얼굴을 저는 지금, 이 발로
밟으려고 하고 있습니다.

엔도 슈사쿠 遠藤周作,《침묵》

일본의 기독교문학가 엔도 슈사쿠의《침묵》의 한 장면에 등장하는
기도다. 도쿠가와 막부가 '키리시탄(크리스천)'을 박해하는 가운데 로

드리고 신부가 선교하러 일본에 온다. 금지된 선교에도 불구하고 신자들이 늘어나자 관헌들이 신자들을 체포해서 잔혹하게 고문한다. 잡혀 들어온 신자들과 이들을 이끄는 신부는 이제 처형을 기다리는 상황이다. 다만 배교하면 살려주겠다는 조건이 제시된다. 당시 예수의 십자가에 달린 모습이 새겨진 동판인 '후미에'를 밟는 것은 배교의 표시로 간주되었다. 이 상황에서 로드리고 신부는 선교를 위해 일본으로 온 이후 줄곧 여러 어려운 상황에서 십자가를 지신 주님의 모습을 떠올리면서 견디어왔다고 고백한다. 그래서 주님의 얼굴은 급기야 자신의 영혼 깊숙한 곳에 새겨져 있다고까지 말한다. 그렇게 고백한 신부가 이제 예수의 얼굴이 그려진 목판 위에 발을 올려놓고자 기도하고 있다.

참으로 절박한 상황이다. 그저 소설이려니 하고 지나갈 이야기가 아니다. 이 작품도 역사적 사건을 배경으로 한 것이지만 실제로 이러한 상황들이 인류문화사에 엄청나게 많았다. 순교나 순국이라는 행위의 역사를 보면 실로 놀라울 정도다. 종교와 국가를 위해서 목숨을 초개같이 버리는 엄청난 결단의 희생이다. 그래서 종교에서나 국가적으로나 그렇게 희생한 사람들을 기리며 칭송한다. 성인의 반열에 추대하기도 하고 순국선열로 국경일마다 추모한다. 그런데 지금 로드리고 신부는 순교가 아니라 배교를 결단하고 기도한다. 그동안 지켜왔던 신앙의 기준으로는 배교라고 할 수밖에 없다. 그런 배교의 상황에서 신에게 기도하니 모순이라 하지 않을 수 없다. 도대체 어떻게 된 것일까?

로드리고 신부는 심각하게 고민한다. 번뇌의 깊은 밤, 한숨도 잠을 잘 수 없었다. 그리고는 후미에를 밟기로 결정한다. 무엇이 그로 하여금 번뇌와 고민에도 불구하고 배교행위를 하도록 몰아갔을까? 지금 이 장면은 교회나 종교, 선교나 순교의 틀을 넘어 생명과 사랑이 정면으로 맞부딪치는 첨예하고도 절박한 상황이다. 그들이 조화롭게 잘 굴러가는 일상적인 상황에서는 고민할 거리도 아니겠지만 이 역사적 상황에서는 전혀 다르다. 여기서 그는 종교나 선교보다 생명과 사랑이 더욱 소중하다는 가치를 선택한다. 이것은 단순히 다르게 선택할 수 있었다기보다는 내몰려간 것이라고 보아야 할 것이다.

"사람이 안식일을 위해서 있는 것이 아니라 안식일이 사람을 위해 있는 것"이라는 예수의 말씀도 이런 맥락에서 참으로 우리를 전율시키는 기준이다. 물론 순교의 가치를 폄하할 일은 결코 아니다. 그러나 예수의 말씀에 비추어 보면, 어떤 순교는 신을 악마로 만들었을 수도 있다. 그래서 '하느님이 뭇 사람들의 생명을 몰살시켜가면서까지 예수의 얼굴 그림이 깨끗하게 보존되어야 할 것을 요구하셨을까' 하고 물을 수 있다. 그럼에도 불구하고 순교가 아직도 강박처럼 부각된다면 오히려 신성모독일 수 있다. 우리의 기도에서도 정도의 차이는 있겠지만 이런 강박이 도사리고 있지는 않은지 되돌아볼 일이다.

# 도덕이나 윤리보다
# 우선하는 것

사랑하기 때문에 그는 이삭을 희생 제물로 바칠 수 있다. 왜냐하면 이삭에 대한 사랑이야말로 이 사랑과 하느님에 대한 그의 사랑의 역설적인 대립에 의하여 그의 행위를 하나의 희생으로 만드는 바로 그것이니까. 그러나 인간적으로 말한다면 아브라함이 자기를 다른 사람들에게 전혀 이해시킬 수 없다는 사실이야말로 이 역설에 있어서의 고뇌이고 불안이다. 그의 행위가 그의 감정과 절대적인 모순에 빠지는 순간에 있어서만 그는 이삭을 바칠 수가 있다. 그러나 그의 행위가 현실이 되면 그는 보편적인 것에 귀속하게 된다. 그리고 거기에서 그는 살인자이고 어디까지나 살인자로 남는다.

쇠렌 키르케고르Søren Kierkegaard, 《공포와 전율》

《구약성서》의 〈창세기〉에 나오는 모리아산 사건에 대한 풀이다.

100세에 어렵게 얻은 아들 이삭을 바치라는 하느님의 명령에 아브라함은 인간으로서는 견딜 수 없는 고뇌에 사로잡혔다. 당시 주변의 많은 종교들에게서 인신 희생제의가 신앙의 지표로 행해졌는데 이러한 시대적 갈등 상황이 아브라함 이야기에 반영된 것일 수도 있다. 하여튼 모리아산으로 이삭을 데리고 올라가는 아브라함의 마음이 어떨까 상상하기란 쉽지 않다. 제단을 쌓고 아들 이삭을 묶어 올려놓는다. 긴 칼로 아들을 찌르려는 순간, 하느님의 급한 음성이 울린다. 그리고는 마침 주변의 나뭇가지에 걸려 있던 양을 잡아 제사를 드린다. 그리고 아브라함은 '믿음의 조상'이 되는 특권을 누린다. 해피 엔딩이다.

그러나 우리는 이런 결과를 너무도 잘 알고 있어서 바로 앞선 중요한 순간을 놓친다. 아브라함이 이삭을 찌르려던 순간 말이다. 만일 그 뒤를 전혀 알지 못한다면 바로 이 순간의 끔찍하고도 잔인한 장면을 어떻게 받아들여야 할까? 하느님이 어찌 그러실 수가 있는가? 사실 아브라함은 이삭을 죽인 것이나 다름없다.

이 장면에 대해 철학자 키르케고르는 위와 같이 풀이해준다. 아무리 종교적인 희생 제의일지언정 인간적으로 보면 아들을 죽인다는 것은 다른 사람들에게 공감과 동의를 얻을 수 없는 행위다. 보편적으로 보면 비윤리적이고 반인륜적이다. 아브라함은 여지없는 살인자다. 그런데 아들을 바치라는 하느님의 명령에 순종하려는 아브라함의 하느님 사랑이 아들을 죽일 수 없다는 보편윤리와 정면으로 충돌한다. 둘 중 하나를 버려야 하는 절대적인 모순이다.

그러나 이삭에 대한 사랑과 하느님에 대한 사랑이 정면충돌하는 난황에서 키르케고르는 아브라함이 이삭을 사랑하기 때문에 오히려 이삭을 희생제물로 바칠 수 있다고 이야기한다. 만일 이삭을 사랑하지 않는다면 제물도 아니고 희생도 아니라는 것이다. 인간적으로 보면 보편윤리에서 반인륜적 살인이 될 수밖에 없지만, 이삭 사랑과 하느님 사랑이 서로 충돌하기 때문에 사랑하는 이삭을 바치는 것이 고귀한 희생이 된다. 하나를 버려야 하는 모순이 둘 다를 싸안는 역설이 된다. 윤리적으로 보면 황당무계한 사건이지만 윤리적인 판단만으로 해소될 수 없는 전혀 다른 목적을 지향하는 행위이기 때문에 윤리적 차원에서의 판단은 부적절하다는 것이다. 간단히 '윤리적 차원에 대한 목적론적 판단중지'라고 표기되기도 한다.

윤리와 종교는 이토록 다르며 심지어 이렇게 충돌하기도 한다. 물론 비윤리적 행위를 정당화할 것은 아니지만, 도덕과 윤리에 대한 과도한 강조가 도덕주의로 치달아가면서 우리를 옭아매는 경우가 현실에서는 결코 드물지 않다. 윤리적 모순보다 종교적 역설을 더 우선적으로 보여주는 모리아산 사건은 물론 '역설에서의 고뇌와 불안'을 대가로 지불하지만 오히려 우리를 도덕주의에 대한 강박으로부터 해방시켜준다. 반듯하고 잘난 인간을 표상하는 도덕과는 달리 진정한 의미에서의 종교는 허물 많고 모순투성이인 인간이 들어가 뒹굴어도 좋은 곳이라는 뜻이다. 그리고 기도 또한 이런 모순투성이의 인간이 벌이는 행위라는 것이다.

# 기도는 쏟아버리는
# 배설구이다

우리가 부끄러워 혼자만 간직하고 싶은 것들은 아무쪼록 떠벌리지 말고, 어떤 일이 있어도 희생시키지 말 것이며, 또 대상화시키지도 말아야 합니다. … 기도할 때 나는 나 자신을 시야에서 잃게 됩니다. 이와 유사한 일이 죽을 때도 일어나지요. 사랑하는 모습, 기도하는 모습, 죽어가는 모습, 이 세 가지는 어떤 일이 있어도 외적인 노출의 제물이 되어서는 안 됩니다. 이 세 가지야말로 우리 인간이 가장 내밀한 고독 속에서 마지막까지 확보하고 있어야 할 유보조항이니까요.

— 빅터 프랑클, 《태초에 의미가 있었다》

기도는 포르노그래피가 아니다. 더 아름답고 더 숭고하게 보이기 위한 연예인의 행위가 아니다. 가장 부끄러운 것을 먼저는 자기 자신에게 고백하는 가장 사적인 행위다. 그래서 기도는 관능적이기도 하다. 숨김으로써 오히려 진실로 열리고 드러난다. 그래서 수피승 잘랄루딘 루미Jalāl ad-Dīn Muhammad Rūmī는 이렇게 말했다. "신에게 더 많이 고백하는 사람이 더욱 섹시해진다."

프랭클은 기도할 때 우리가 우리 자신을 보지 못하게 된다고 이야기한다. 무슨 뜻인가 하니 사랑하는 모습이나 죽어가는 모습이 이와 비슷하다고 말한다. 여기서 힌트를 얻을 수 있을 듯하다. 사랑할 때 우리는 사랑의 대상에 빠진다. 사랑의 밀도가 높을수록 더 깊이 빠지니 자기 자신이 보이지 않는다. 자신이 있는 곳이 안인지 밖인지 모르겠다는 여러 사랑고백이 이를 말해준다. 죽어갈 때도 이와 비슷하다. 임상적으로 보면 죽어가는 과정을 의식하는 분들이 있다. 다른 어떤 것도 도울 수 없는 오직 스스로 감당해야 하는 절절한 상황에서 내밀한 고독으로 씨름하는데, 여기서도 자기 자신은 가장 진하게 드러나는 듯하다가 희미하게 사라져간다. 그래서 사랑하는 모습만큼이나 더욱 분명하게 노출 대상이 되어서는 안 된다고 이야기한다. 그리고 이제 기도하는 모습이 그러해야 한다고 한다. '대상화시키지 말아야 한다'는 것이 관건이다.

기도를 대상화시키지 않아야 하는 절박한 이유가 있다. 부끄러워 혼자만 간직하고 싶은 것이 누구에게나 있기 마련이다. 아니, 그럴 수밖에 없다. 다른 사람들에게 행여 알려지기라도 할까봐 걱정하지 않을 수 없는 꺼리들이다. 이것은 전혀 잘못된 것이 아니다. 삶이 그렇게 생겨먹었기 때문이다. 우리의 알량한 앎으로 삶을 재단하는 악습 때문에,

그 앎에 들어와 있는 도덕과 윤리, 종교와 사회 같은 고정관념들 때문에 우리 삶이 억눌리고 난도질당하지만, 바로 그렇기 때문에 삶은 앎을 넘어서는 해방구를 필요로 한다. 그리고 기도란 바로 그런 해방구이다. 쏟고 싶은 것을 마음대로 쏟아 부을 수 있는 곳이다. 버리고 싶은 것을 버릴 수 있는 곳이다. 대변보는 행위를 남에게 보여주고 싶지는 않지만, 그래서 혹여 남들이 보는 곳에서는 일보기가 매우 불편하지만, 잘 비워내면 세상만사가 다 편안해진다. 기도가 그러해야 한다.

반면에 기도가 지나치게 공공화되는 경우도 있다. 종교의례에서의 기도가 대표적인 증거다. 이런 경우를 반복 학습하다 보면 어느덧 기도는 공적인 노출행위가 되어버린다. 이런 기도는 자신을 향하는 것도 아니고 신을 향하는 것도 아니다. 오직 남을 향하는 것이고 예전의 순서를 위한 것이 되고 만다. 진정한 기도에 이르지 못한다. 그러다 보니 자신을 드러내고 쏟아내는 기도를 잊어버린다. '대상화'에 의해 기도의 본질이 파괴된다. 그런 기도가 하느님께 전달될 리 만무하다. 대화가 이루어지기 어렵다. 다시금 내밀하게 자신의 깊은 곳으로 들어가야 한다. 그리고 거기서 쉬면서 내뱉고 버려야 한다. 그럴 때 비로소 하느님이 만나주실 것을 기대할 수 있기 때문이다.

# 오히려 잡념이
# 활력이 되기도 한다

주님, 왜 이랬다저랬다 하십니까? 저는 헷갈려서 도무지 뭐가 뭔지 모르겠습니다. 오른 눈이 죄를 지으면 그 눈을 빼어 던져버려라. 오른손이 죄를 짓거든 그 손을 찍어 던져버려라 하시길래 저는 당신으로부터 숨고 싶었습니다. 차라리 당신을 모른다 하는 게 낫지, 마음으로 악한 생각을 좀 품었기로서니 어떻게 제 몸의 한 부분을 잃겠습니까? 당신을 만나러 오는 도중에도 아름다운 이성을 향해 한눈파는 재미, 쇼윈도에 진열된 고급스러운 물건에 대한 욕심, 나보다 잘된 친구에 대한 질투로 마음이 산란했지만, 또한 그런 잡념으로 인하여 시간 가는 줄 모르고 여기까지 이를 수 있는 활력이 됐다고 해도 과언이 아닙니다.

———————————————————— 박완서,《빈방》

솔직히 말해서 성서의 말씀을 문자대로 실천할 수 있을까? 〈마태복음〉에 등장하는 예수의 말씀처럼, 눈이 죄를 지어서 그 눈을 빼어 던져버리면, 오른 손이 죄를 지어서 그 손을 찍어버리면, 그런 식으로 죄지은 책임이 있는 신체 기관을 하나씩 잘라버린다면 무엇이 남아 있을까? 아니 살 수 있기나 할까? 물론 문자대로 새길 말씀은 아니라고 할 수 있다. 깊은 뜻이 있을 터이니 뜻풀이를 하자고 할 수도 있다. 나아가 과연 바람직한가를 물을 수도 있겠다. 물론 이런저런 물음을 건네도 여전히 고민이 되기는 한다. 혹시 우리가 우리 좋은 대로 성서 구절을 곡해하고 있지는 않은지 되묻게 되니 말이다.

그러나 중요한 것은 무엇인지 알기 어려운 이 구절이 우리에게 적어도 강박으로 자리 잡아서는 안 된다는 것이다. 새삼스럽지만 이 점을 강조해야 하는 이유가 있다. 종교 안에서 우리가 과도한 강박에 사로잡히는 경우가 너무도 많기 때문이다. 종교를 넘어서 도덕주의에 대한 강박도 만만치 않다. 이것이 사람을 살리기보다는 죽이는 경우가 많기 때문이다.

살자고 하는 것이고 살리자고 하는 것인데도 불구하고 우리의 현실은 정반대로 움직여왔다. 교리를 명분으로 살생부를 작성하고 처형했던 종교사만이 증거는 아니다. 개인이나 가족 단위로도 도덕과 종교가 억압이 되고 가족구성원 간의 갈등과 분열의 원인으로 작동하는 사례들도 부지기수다. 이는 '이단'이나 '사이비'에서만 일어나는 일은 아니다. 이른바 정통이라고 불리는 종교도 이러한 왜곡에서 자유롭지 않다. "진리가 너희를 자유하게 하리라"는 말씀이 무색하도록 종교가 군림하고 억압해왔다면 반성하고 되살펴야 할 일이다.

그런데 우리는 기도한답시고 이런 언어를 강박적으로 되뇌는 폭력을 자행한다. 자신에 대해서도 학대하고 이도 모자라 타인에게까지 강요한다. 그렇지만 '완벽에 대한 강박'으로부터 숨고 싶고 부인하고 싶은 것이 우리의 솔직한 모습이다. '악한 생각이나 잡념으로 시간 가는 줄 몰랐고 오히려 여기까지 이를 수 있는 활력이 되었다'는 박완서의 절규는 차마 발설할 수 없는 경거망동이 아니라 오히려 우리를 해방시켜주는 인간적인 고백이다. 얼마나 진솔한가? 속이 다 시원하다. 아닌 체 하지 말자. 거룩한 체도 하지 말자. 우리는 그저 사람이다. 밥 먹고 똥 싸는 가운데 좋은 일이 있으면 그저 즐겁지만 열 받으면 거리낌없이 화를 내는 '사람'이다.

그렇게 투정을 부리듯이 꺼내어놓고 나면 오히려 여기서부터 기도가 시작될 것이다. 기도란 하느님 앞에서 내가 잘 하고 있다고 변론하는 것이 아니기 때문이다. 그저 있는 그대로, 살아온 모습대로, 꺼내놓고 숨을 고르며 나를 되돌아보듯이 쉬는 것일 테니까. 거룩하고 휘황찬란한 미사여구로 이어가야 할 이유도 없다. 그분이 만일 기도를 들어주신다면 굳이 뒷이야기가 필요한 것은 아닐 테니 말이다.

# 흥정하고 협박하다가
# 받아들이기에 이르기까지

그러던 어느 날, 나는 내 기도가 틀렸다는 사실을 깨달았다. 내 기도는 "주님, 제 병을 고쳐주십시오", "주님, 기적을 베풀어 주십시오", "주님, 제 병을 고쳐 주시면 주님을 위한 글을 쓰겠습니다"라는 식으로 주님과 벌이는 흥정이었으며, 조건부 협상이자 벼랑 끝 전술임을 깨달았던 것이다. 그것은 엄밀히 말하면 감히 주님께 던지는 막무가내 식 생떼이자 명령이자 협박이었다. …

독일의 철학자 쇼펜하우어는 말했다. "인간은 고통을 느끼지만 고통이 없다는 것은 못 느낀다. 두려움을 느끼지만 평화는 못 느끼며, 갈증이나 욕망은 느끼지만 그것이 이루어지면 금세 잊어버린다. 마치 심한 갈증으로 허겁지겁 물을 마신 후에는 남은 물을 버리는 것처럼." … 아아, 참으로 불쌍한 것은 오히려 잠깐 사이에 세 번이나 배신하는 나의 약하디 약한 베드로 같은 인생이다.

최인호, 《최인호의 인생》

한국의 현대를 대표하는 도시작가라는 평을 받는 소설가 최인호의 자전적 고백이다. 여러 차례 수술을 받으며 투병하는 가운데 집필을 멈추지 않았던 그였다. 병을 앓으면서 간절하게 기도해온 작가가 가톨릭 신자로서 자신의 삶을 돌이켜본다. 그러던 중 2008년 첫 수술을 받고 난 후 이렇게 고백했다.

우리는 사실 그가 틀렸다고 고백한 방식의 기도를 아주 많이 한다. '제 병을 고쳐 주세요, 기적을 베풀어 주세요, 그렇게 해 주시면 오직 주님만을 위해서 살겠습니다'라고 하는 것이 우리의 솔직한 기도다. 작가는 그런 기도가 틀렸다고 한다. 그러나 틀린 기도라도 우리는 그렇게 할 수밖에 없다. 참으로 절실하고 간절한 염원을 기도에 담는 것은 불가피하다. 절박한 상황에서 간절하게 소원을 비는 기도가 과연 잘못된 것일까?

불치의 병을 진단받고 죽음을 기다려야 하는 환자가 겪어가야 하는 여러 단계가 있다. 처음에는 상황을 부정한다. 완강하게 거부하면서 절규한다. 그러다가 분노가 폭발하기까지 한다. 그러나 정점을 찍으면 이내 체념하는 단계로 들어간다. 이윽고 보다 편안하게 수용하게 된다. 물론 개인마다 다를 수 있고 안타깝게도 편안한 수용에 이르지 못하고 절규하다가 생을 마감하는 경우도 적지 않다. 어쩌면 이러한 단계를 잘 거쳐 가는 것이 임종 상황에서의 지혜일 수 있다. 그리고 우리는 이러한 지혜를 최인호 작가의 기도에서 확인할 수 있을 듯하다.

작가는 자신의 기도가 흥정이고 협상이며 전술이고 생떼라고 했지만 이런 불치병 진단을 받은 상황에서는 누구라도 그렇게 할 수밖에 없

간절해질 수밖에 없는 인간의 몸부림

다. 다시 말하지만 그런 기도는 불가피하고 또한 당연하다. 따라서 그 자체로 틀렸다거나 잘못된 것이라고 매도해서는 곤란하다. 다만 죽음이 다가오는 상황에서 부정만 하고 있는 것이 그 당사자를 위해서도 바람직하지 않듯이, 그런 상황에서의 기도가 흥정이나 막무가내의 생떼에만 머무르는 것도 안타깝다는 뜻이다.

그러기에 쇼펜하우어의 말처럼 고통의 상황에서 몸부림치다가 고통이 사라지면 언제 그랬냐는 듯이 잊어버리는 나약한 우리의 모습을 겸허하게 인정하는 자세가 중요하다. 물론 고통이 사라진 상태에서도 이를 잘 기억하자는 것이라기보다는 고통의 상황에서 절박하게 드렸던 기도를 고통이 사라졌을 때도 잊지 않는 삶이 되도록 하자는 것이다. 물론 이것이 말처럼 쉬운 일은 아니다. 그래서 여전히 나약함을 고백하는 것은 중요해 보인다. 이처럼 기도는 처절한 절규에서 나약함을 고백하는 데까지 이르는 우리의 '들숨날숨'이다. 또한 그런 숨을 쉬면서 쉬는 쉼이다.

# 신이
# 침묵하는 이유

하느님께서 개입해 주시지 않으면 모든 것이 끝장나 버릴 것 같은 매우 절박한 시기에 하느님을 찾게 되는 경우가 많다. 그런데 하느님은 그렇게 절박하게 하느님을 찾을 때 왜 멀리서 무정하게 침묵하고 계시는가? 우리에게 하느님이 가장 필요할 때 하느님께서 응답하지 않으신다면 기도는 도대체 왜 해야 하는가? … 더구나 그런 상황에서 계속 기도한다는 것은 그보다 더 견디기 힘든 일이다.

제럴드 L. 싯처Gerald L. Sittser,《하나님이 기도에 침묵하실 때》

기도하는 것은 우리의 힘으로 어찌할 수 없는 절박한 상황에서 우리보다 훨씬 더 큰 힘에게 도와달라고 호소하는 지극히 본능적인 행동이다. 그런 힘은 우리보다 큰 정도가 아니라 한계가 없는 무한함을 지닌 존재이며 우리는 그를 '신'이라고 부른다. 일찍이 중세에 안셀무스Anselmus라는 신학자는 신 존재에 대해 증명을 시도하면서 "신이란 그것보다 더 큰 것을 생각할 수 없는 가장 큰 존재"라고 했다. 가장 높고 힘이 센 존재라는 것이다. 만일 그렇지 않다면 신이라고 할 수 없다. 신이어서 힘이 세다기보다는 힘이 세기 때문에 신이라고 부른다. 신이란 존재의 증명 여부를 떠나서 바로 그러한 '정의'를 가리킨다.

그런데 신에게 기도했는데 신이 응답하지 않고 침묵하시는 상황이 있다. 아니, 이런 상황은 매우 자주 일어난다. 신이 과연 계시기나 한가를 묻지 않을 수 없는 답답한 상황에서 하소연하기도 하고 체념하기도 하다가 급기야 부정하기도 한다.

신의 침묵을 우리는 어떻게 새겨야 할까? 성서를 읽어보면 신은 빈번하게 응답해주는 것으로 묘사되는데, 우리가 살고 있는 현실은 이와는 너무나 동떨어져 보인다. 때로 하느님에게서 응답을 받았다는 사람들이 있기는 하다. 물론 그것의 진위 여부를 우리가 정확히 판단할 수는 없다. 그러나 그렇게 응답받았다는 사람들도 꼬이는 상황에서는 역시 헤매면서 절규한다. 솔직히 비교도 되지 않는 더 많은 시간은 '신의 침묵'으로 이루어지는 듯하다. 그렇다면 도대체 기도에는 어떠한 뜻이 있을까? 우리 삶에서 어떤 역할이 있기라도 할까? 이 대목에서 유대교 신학자 헤셸Abraham Joshua Heschel이 《하나님을 찾는 사람》에서 남긴 한마디를 들어본다.

"우리가 하는 모든 일 가운데 기도는 가장 사사로운 이익을 추구하지 않는 일이며, 바로 이런 이유 때문에 기도는 자기를 정화하는 행동이다. …
기도는 말하는 방식이 아니라 통찰의 길이다. 오늘날처럼 자기표현의 욕
구가 강조되는 때는 없었다. 그러나 오늘날처럼 자기표현을 이루어내기
어려운 때도 없었다. 오늘날에는 우리 자신을 상투적 표현, 인습, 유행과
표준에 맞추도록 엄청난 압력을 받고 있기 때문이다. 그래서 자기는 침묵
하며 언어는 죽었으며 기도는 잊힌 언어가 되었다."

본디 기도는 말이 아니라 정화하는 행동이고 통찰의 길이라고 한
다. 그런데 오늘날 우리가 사는 세상은 이모저모의 압력을 받기 때문에
신뿐 아니라 우리도 침묵하고 따라서 우리 언어가 죽었으며 기도는 아
예 잊혔다는 것이다. 정화하는 침묵이 아니라 범람하는 유행과 상투로
인한 망각이라는 것이다. 그러다 보니 기도가 상투적 언어로 도배되고
있다. 이런 현실이라면 신의 침묵은 차라리 우리로 하여금 스스로를 정
화하는 계기가 되고 뜻을 헤아리는 통찰의 길을 열어주지 않을까? 설
령 당장 응답을 듣지 못한다고 하더라도 말이다.

# 기도는 쓸모없음이 지닌
# 가치에 주목하는 것

기도란 하느님과 함께 하는 무용한 시간이다. 세상을 유용성과 실용성의 관점에서만 본다면 세상을 통해 말씀하실 수 있는 하느님을 완전히 놓칠 수도 있다. 그러나 가끔씩 무용한 시간을 갖는 것이 아주 중요하다. 기도란 다른 일들로 바쁘지 않은 대신 하느님과 바쁜 것이 아니다. 기도란 일차적으로 무용한 시간이다. … 기도란 일차적으로 하느님의 임재 안에서 아무것도 하지 않는 것이다. 기도는 유용해지지 않는 것이다. 그리하여 내 삶에 중요한 일이 벌어진다면 그것을 하시는 분은 하느님이라는 사실을 스스로 일깨우는 것이다. … 착각을 버리고 참 기도로 나아가기란 어려운 일이다. 참 기도는 우리를 거짓된 확실성에서 참된 불확실성으로, 간편한 지원체제에서 모험의 복종으로, 많은 '안전한' 신에서 다함없는 사랑의 하느님께로 이끌어가기 때문이다.

―――――― 헨리 나우웬Henri Nouwen, 《꼭 필요한 것 한 가지, 기도의 삶》

이런 고백을 한 헨리 나우웬은 독특한 인생길을 걸어간 사람이다. 예일대 교수직을 그만 두고 페루의 빈민공동체로, 다시 하버드대 교수로, 종국에는 캐나다 토론토 장애인 공동체인 라르쉬로 봉사를 간 행적이 많은 사람들의 관심을 받았다. 그에 대한 복잡한 평가까지 살필 까닭은 없겠지만 우리는 그가 그렇게 어려운 길을 택할 때 흔히들 기대하는 웅대한 결단과 초지일관의 단호한 확신과는 사뭇 거리가 먼 모습을 보였다는 데 주목해볼 필요가 있다. 성인으로 추앙받을 만한 삶의 궤적을 보였지만 확신에 가득 차서 소명을 밀어붙이는 전투적인 신앙인이 아니라 그저 끊임없이 두려워하고 흔들리는 여린 인간이었다는 사실 말이다.

나우웬은 이 글에서 무용한 시간의 가치를 역설한다. 촘촘하게 짜인 시간의 일정으로 살아야 세련된 현대인이 되는 우리네 현실에서는 다소 엉뚱해 보이기도 한다. 그러나 현대인의 실용주의는 현실을 영악하게 살아가는 데 편리할지 모르지만 다른 한편으로는 살벌한 현실에서 살아남지 못하고 유용성이 없는 것들을 무가치한 것으로 치부해버리는 경우가 많다. 단 한 순간도 쓸모가 없어 보이면 낭비하는 것처럼 느껴지게 하고 불안해지게 만든다. 그런데 나우웬은 무용한 시간이 오히려 가치가 있다고 말한다. 어째서 그럴까?

기도가 바로 그러한 무용한 시간이라고 한다. 기도하는 행위를 옆에서 지켜보면 무용해 보이거나 때로는 무모해 보이기도 한다. 혼자 기도하는 순간에도 그렇게 느껴질 때가 있다. 그러나 나우웬은 무용한 시간을 가끔씩이라도 갖는 것이 아주 중요하다고 한다. 기도가 바쁜 일상을 벗어나는 행위 같지만 그렇다고 하느님과 바빠지는 행위도 아니라고 강조한다. 이 부분을 놓치지 말아야 한다. 이런 통찰을 놓친다면 우리는 여전히 기도 안에서도 유용성을 놓고 저울질을 하게 될 테니 말이다.

기도는 하느님 안에서 아무것도 하지 않는 것이라고 나우웬은 말한다. 솔직히 우리 자신이 이런 기도를 드려본 적이 있는지 돌아보게 한다. 어쩌면 많은 종교인들이 기도를 열심히 해야 한다고 하면서 결국 실용성의 이념에 사로잡혀왔는지도 모른다. 그런 점에서 아무것도 하지 않는다는 것은 참으로 중요해 보인다.

'그렇다면 기도로 바뀌는 것이 무엇인가?' 하고 반문할 수도 있다. 여전히 실용주의적인 태도에서 벗어나지 못했다는 증거일 테다. 그러나 아무것도 하지 않는 것은 불확실성과 마주하는 우리 삶의 마땅한 꼴이다. 확실하다고 규정하는 것이 대부분 거짓인 것은 내가 만든 것일 가능성이 많기 때문이다. 일찍이 키르케고르가 '믿음은 객관적 불확실성에 대한 내면적 결단'이라고 한 것도 같은 맥락이다. 불확실성은 제거되어야 할 문제가 아니라 무용한 시간을 가치 있게 해주는 삶의 깊이이니 결국 하느님이 우리에게 다가오시는 모습이 아닐까 한다.

# 하느님이 모든 기도를
# 들어주시지 않아서 다행이다

다행히도 하느님께서는 우리가 드리는 모든 기도를 기뻐하지는 않으십니다. 다행히도 하느님께서는 우리가 드리는 모든 기도를 들어주시지도 않습니다. … 기도에는 단계가 있습니다. 첫째, '빈말의 기도'입니다. 그저 입으로만 하는 기도입니다. 종교제의에서 공중기도 중에 이런 기도가 많습니다. 기도하는 이는 자신이 그렇게 하고 있음을 스스로 알고 있습니다. 물론 듣는 이들은 더 잘 알고 있지요. 둘째 단계는 '독백 기도'입니다. 자신이 하고 싶은 이야기를 일방적으로 쏟아놓습니다. 그러나 하느님의 응답을 듣기를 기다리지 않습니다. 셋째 단계는 '대화의 기도'입니다. 하느님께 말을 건네고는 하느님의 의향을 기다립니다. 이때부터 기도하는 사람과 하느님 사이에 인격적 소통과 친교가 시작됩니다. 넷째 단계의 기도는 '듣는 기도'입니다. 하느님께서 우리에게 필요한 것을 우리보다 더 잘 알고 계시다는 믿음이 깊어질 때 하게 되는 기도

간절해질 수밖에 없는 인간의 몸부림

입니다. 언뜻 보기에 아닌 듯하지만 결국 새로운 깨달음으로 이르게 되는 믿음이지요. 마지막 단계는 '사랑의 기도'입니다. 이 단계에서는 하느님께서 내 안에, 내가 하느님 안에 머뭅니다.

존 프리처드John Pritchard, 《기도》

우리가 하느님께 기도하는데 왜 하느님이 기뻐하지 않으신다는 것인가? 기도를 사이에 두고 하느님과 우리 사이에 거리가 있다고 하는 것 같다. 분명히 기도는 인간이 신에게 무엇인가를 구하고 비는 행위일 텐데 구하는 것과 들어주는 것 사이에 차이가 있다는 말이다. 그런데 성직자 프리처드는 그런 거리와 차이가 있어 오히려 다행스럽다고 한다. 우리가 원하는 바를 구하는 것이 기도인데 그런 기도를 하느님이 모두 들어주시지 않는 것이 다행스럽다니 우리로서는 매우 섭섭한 일이 아닐 수 없다. 내 기도가 응답을 받지 못하고 허공에 메아리로 되돌아오는 상황에서도 여전히 다행이라고 봐야 하는가?

그런데 좀 더 생각해보면 이내 마음을 고쳐먹게 된다. 기도의 단계에 대한 이야기를 살펴보자. 여기서는 다섯 단계를 말했는데 우리가 실제로 하는 기도는 이 다섯 단계를 오르락내리락하는 듯하다. '빈말의 기도'는 교회 등 종교공동체의 의례에서 대표로 하는, 그야말로 '영혼 없는' 형식적인 기도를 가리킨다. 이런 기도는 하는 사람이나 듣는 사람이나 모두 그런 줄 너무도 잘 알고 있는데 왜 계속하는지 모르겠다. 아마 우리는 대부분 둘째 단계인 '독백 기도'를 하고 있을 것으로 짐작된다. 기도는 하느님과의 대화라고 하지만 우리가 앞장서 쏟아놓기에 바쁘기 때문이다. 그런데 이런 단계를 거쳐야 참으로 하느님과 대화하는 세 번째 단계로 갈 수 있지 않을까 한다. 대화는 주고받는 것인데 일단 주는 과정이 있고, 기다리는 과정과 받는 과정이 있다. 어떤 대화에서든 주는 사람이 먼저 쏟아놓은 순간 기다림이 시작된다. 그래서 자연스레 더 기다리고 듣는 자세로 넘어가게 된다.

그런데 여기서부터는 쉽지 않아 보인다. 당장 사람과의 대화에서도 기다림은 쉽지 않다. 단계 이야기를 떠올리지 않더라도 우리의 기도에서 가장 취약하고 결여된 부분이 바로 '기다림'이 아닐까 한다. 우리는 기다리지 못하기 때문이다. 응답이 없는 기도가 무슨 소용이 있느냐면서 항변하기까지 한다. 그런데 기다림은 그저 안절부절하면서 시간을 보내는 것이 아니다. 말하기를 넘어서는 '들음'이며 그 이상으로 고요히 쉬면서 머무르는 데까지 이르는 과정이다. '모든 기도를 들어주시지 않아 다행'인 것은 기다림과 쉼에서 얻는 깨달음일지도 모른다. 이루어지지 않아도 쉼이 이미 보상이기 때문이다.

# 차라리 침묵이
# 기도가 될 것이다

필요하다면 신조차도 홀로 내버려두십시오. 신을 발견하고자 원한다면, 그와
서로를 존중할 수 있는 거리를 두어야 합니다. 신을 발견하는 것은, 그를 만나
러 가고 있을 때가 아니라. 단지 그를 홀로 남겨 두고 돌아설 때입니다. 나는
신이라고 말하지만, 그것이 그의 이름인지는 확신하지 못합니다. 당신은 내가
누구를 의미하는지 알고 있을 것입니다.

—— 헨리 데이비드 소로, 《구도자에게 보낸 편지》

신은 만나러 가고 있을 때가 아니라 오히려 돌아설 때 발견하게 된
다고 한다. 아니 만나기를 간절하게 앙망하여 가는 길인데 왜 이때는
안 보이다가 돌아서면 나타나신다는 깃인가? 도대체 신은 왜 그렇게
얄궂으실까? 무슨 뜻인가?

이를 묻다 보면 우리가 만나려는 신은 이미 우리 자신이 원하는 대로 만든 신의 모습이라는 것을 깨닫게 된다. 우리가 믿고 싶은 대로 만든 신의 그림은 우리가 그린 것이니 우리에게서 나온 것이어서 우리 자신과 거리를 두고 있지 않다. 그런 신을 믿는 것은 사실 우리 자신을 믿는 것일 수 있다. 믿음이 자아도취에 머무르는 경우가 많은 것도 바로 이 때문이다.

반면에 신에게서 돌아선다는 것은 신을 만나려 할 때 가지고 가는 온갖 그림들을 버리는 것을 가리킨다. 돌아서는 것은 그래서 버리는 것이다. 그런데 버리는 것이 말처럼 그리 쉽지 않다. 내가 그린 신의 그림은 간절히 원하여 만들어진 것들이기 때문이다. 그림 한 장에 담겨 있는 애틋한 염원과 희망, 절규 등을 생각하면 단순히 돌아선다 해서 바로 버릴 수가 없는 것들이다. 그림들에 담긴 애정 때문에 돌아설 수 없고 버릴 수 없다.

그러나 그것이 나의 간절한 애원이 담긴 그림이라 하더라도 내가 그린 그림이라는 것을 깨달았다면 손에서 놓을 수 있어야 한다. 잠시 신이라고 불렀던 그 이름을 정확히 알지 못한다는 고백은 자신의 그림들을 손에서 놓았다는 것을 가리킨다. 신의 이름조차 내려놓는 것이다. 이를 한국현대사의 사상적 거목 류영모 선생은 '없이 계신 하느님'이라고 불렀다. 있다고 하는 순간 내가 그려놓은 그림을 보고 하는 말일 가능성이 짙다는 성찰에서 나온 말씀이다. 어찌 계시는지 우리가 가늠할 수 없기에 그저 '없이 계신 하느님'이라고 했다. 모순된 표현을 잇댄 참으로 오묘한 통찰이다.

그러므로 마르틴 하이데거가 《횔덜린 시의 해명》에 남긴 다음의 글처럼 차라리 '침묵'을 기도로 삼을 일이다.

"우리가 식탁에서 축성할 때, 나는 누구의 이름을 불러야 하며,

또 하루의 삶을 조용히 마감할 때, 감사하다는 말을 나는 어떻게 할 것인가?

그때 지고한 자를 부를 것인가? 신은 무례한 짓을 달가워하지 않으니,

그를 껴안기에, 우리의 기쁨은 너무도 미미하여라.

성스러운 이름이 결여되어 있기에, 우리는 종종 침묵해야 하리라."

우리가 신을 입맛대로 불러들였던 행적을 돌아본다면 침묵의 뜻이 작지 않다는 것에 공감할 것이다. 사실 신은 이름으로 규정되고 제한될 수 없다. 형상을 만들지 말라는 계명도 같은 맥락이다. 우리는 그저 침묵한다. 그 뒤를 우리가 노심초사할 일은 아니다. 만일 침묵을 두려워한다면 그것이야말로 실제적인 무신론이다.

# 신의 이름을
# 쓰지 않는 것이 더 좋다

만일 내가 신의 이름으로 이웃에 봉사하든지 정의의 이름으로 이웃에 봉사하든지 간에 그것이 무슨 차이가 있겠는가? 만일 신의 이름이 '무엇'이 아니라 '어떻게'라면 신의 이름은 그것이 사용되지 않을 때 더욱 효과적이다.

— 존 D. 카푸토John D. Caputo,《종교에 대하여》

우리는 우리가 원하는 것에 비해 힘이 훨씬 모자란다. 그래서 더 큰 힘을 원한다. 아니, 아예 무한하기를 원한다. 이 무한한 힘을 신이라고 불렀다. 물론 신이 이름은 아니다. 그런데 우리는 더 나아가 신에게 고유명사로 이름을 붙이길 원한다. 그쯤 해야 손에 잡힐 것도 같고 우리가 필요할 때 언제든지 불러낼 수 있을 것 같기 때문이다. 그래서 종교들마다 이리저리 신에게 이름을 붙였다.

그래놓고는 또 이름이 아니라고 한다. 《구약성서》에서도 신의 이름은 따로 없다. 잠정적인 지칭이 있기는 하지만 고유한 이름은 아니라고 한다. 그럼에도 불구하고 우리는 이름처럼 새긴다. 심지어 성서에서 하느님은 "나를 위하여 어떤 형상도 만들지 말라"고 경고하셨는데도 불구하고 신을 형상화하여 이름을 부른다. 그러다가 어느덧 서로 다른 이름으로 경계를 짓는다. '이름 없음'의 취지나 저 경고의 의도가 무색하게도 말이다.

그러나 신의 이름을 붙잡고 있는 한, 그 이름은 어느덧 우상이 될 수밖에 없다. 하느님은 "나를 보는 자는 죽을 것이다"라는 경고로서 형상화하거나 이름 붙이는 방식의 우상화를 철저하게 경계했다. 불교에서 "부처를 만나면 부처를 죽여라"라고 하는 가르침도 같은 맥락이다. 사실 특정한 종교 안에서만이 아니라 일반적으로 사용하고 있는 신에 대한 표현에서도 이러한 통찰을 발견할 수 있다. 신에 대해 일반적으로 우리는 절대나 무한이라는 표현을 쓴다. 그런데 '절대絶代'는 '마주하기를 끊은 것'이고 '무한無限'도 '한계가 없다'는 뜻이다. '끊는다'거나 '없다'는 것처럼 부정적으로 더듬거릴 수밖에 없다. 그런데도 우리는 이런 표현들을 긍정 중의 긍정, 나아가 최대 긍정의 뜻으로 쓴다. 언어의 마술에 넘어가면서 벌어진 엄청난 오류다. 일상의 측면에서도 신에 대해 이름 붙이기를 거부하는 통찰들이 면면히 깔려 있는데도 말이다.

철학자이자 신학자인 존 D. 카푸토는 신의 이름이 차라리 사용되지 않을 때 더욱 효과적이라고까지 한다. 물론 단서가 있다. 그것은 신의 이름이 '무엇'에 대한 대답이 아니라 '어떻게'를 가리키는 것으로 새겨야 한다는 전제다. '무엇'이 이미 고정된 명사를 향하는데 반해 '어떻게'는 현실에서 구체적으로 일어나고 행하는 동사를 가리킨다면, 신은 그나마 '어떻게'에서 보다 적절하게 새겨질 수 있을 것이라는 말이다. 신은 그저 단순히 최고·최대의 '존재'로서 옹립되는 데 뜻이 있다기보다는 이 세계에서 그의 뜻을 이루기 위해 일하시는 '행위'로, 그래서 일어나는 '사건'으로 나타난다. 특정한 존재로 이름을 붙여 규정하고 제한할 수 없기 때문이다.

사실 그동안 많은 종교 간의 갈등, 종교전쟁 등이 '신의 이름으로'를 외치며 '무엇'을 규정하는 형태로 경계를 지으면서 벌어져왔다는 점을 상기한다면, '어떻게'로의 전환은 생명을 살리기 위한 절박한 과제다. 그러니 이름이나 명분을 내세울 것이 아니라 이웃에 봉사하는 것이 우선적으로 중요하다. 그리고 그것이 신의 뜻이다. 따라서 '무엇'에서 '어떻게'로 나아가고, 결국 '이름'에서 '이름 없음'으로 나아간다면 '신'이라는 말의 본래 뜻뿐 아니라 신의 의지와 섭리를 실현하는 데도 더 크게 기여할 수 있다. "신은 비종교인에게는 명사이지만, 예배하는 사람에게는 동사이다"라는 종교학자 해럴드 올리버Harold Oliver의 일갈이 이 맥락에서 깊은 울림으로 다가온다.

# 인간이 되는 것,
# 신의 고난에 동참하는 것

그리스도인이 된다는 것은 유별나게 종교적이 된다거나, 어떤 특수한 방법을 통해서 자기를 인위적으로(죄인으로서나 회개하는 자로서나 성자로서) 조작하는 것이 아니라 하나의 인간이 되는 것을 의미한다. 그러나 이 인간은 특수한 형태의 인간이라기보다는 그리스도가 우리 안에서 창조한 새로운 인간이다. 왜냐하면 한 인간이 굳이 그리스도인이 된다는 것은 특정한 종교적 행위를 통해서가 아니라 이 세계에서 신의 고난에 동참하는 것을 통해서이기 때문이다.

———— 디트리히 본회퍼,《저항과 복종》

독일 나치독재정권의 광기가 극도로 치닫는 과정에서 디트리히 본회퍼는 히틀러 암살단에 가담했다. 목사의 신분으로 사람을 죽이는 일을 꾸민다는 것에 회의적인 시선을 보내는 부류들이 적지 않았지만 그는 자신의 사명을 다음과 같이 단호하게 선언했다.

"사람들이 가득 탄 버스를 미친 사람이 운전하며 낭떠러지를 향해 질주하고 있다. 나는 목사랍시고 떨어져 죽은 시체들을 꺼내어 장례를 잘 치러주는 것이 할 일이라고 하면서 보고만 있을 것인가, 아니면 달리는 버스에 뛰어들어 그 미친 운전사를 끌어내고 운전대를 고쳐 잡을 것인가. 여기서 나는 주저 없이 후자를 택한다." 그러다가 결국 모의가 발각되어 본회퍼는 체포되었고, 2차 세계대전 종전 직전에 안타깝게도 처형당했다.

본회퍼는 옥중에서 지인들에게 수백 통의 편지를 보냈는데, 이것들이 한데 묶여 '저항과 복종Gegenstand und Ergebung'이라는 이름의 책으로 출판되었다. 반대되는 두 단어를 묶은 이 제목은 불의한 세상에 저항하되 그것이 하느님의 뜻에 복종하는 것이라는 그의 좌우명을 담고 있다. 이 책에서 본회퍼는 종교가 인간이 자신의 욕구를 충족시키기 위해 언제든지 꺼내어 임기응변으로 작동시킬 수 있는 '기계장치의 신'을 제공해주는 공장으로 전락했다고 비판했다. 나아가 극악무도한 세상에서, 신이 아무런 역할도 하지 못하는 무력한 상황에서, 더 나아가 아예 신이 계시지 않는 것 같은 '무신성의 세상'에서 어떻게 살아야 할 것인가를 고민하는 성숙한 믿음을 외쳤다.

그런 그가 그리스도인이 된다는 것은 종교적인 것이 아니라 인간적인 것이라고 설파한다. 이미 주어진 기준에 따라 특수하게 구별된 거룩한 인간이 아니라 새롭게 창조되는 인간이라는 것이다. 새로운 창조란 내가 이미 가지고 있는 것을 근거로 쌓아올리는 재구성이 아니다.

이는 종교적 행위를 통해서 주어지는 것이 아니라 이 세계를 위해 이 세계 안에서 신이 겪는 고난에 동참하는 것이다. 상식적으로 생각해온 신 관념을 통째로 뒤집어버린다. 세상의 고난을 신이 해결해주어야 할 터인데 거꾸로 신이 고난을 당한다고 말한다.

어떻게 신이 고난을 당하는가? 고난을 당한다면 신이라고 할 수 있는가? 이런 물음이 꼬리를 물고 일어나게 한다. 그런데 본회퍼는 이 세상에서 벌어지는 온갖 고통과 수난에 신이 참여한다고 보았다. 그의 눈에 그렇게 보였기 때문에 그는 심각한 시비를 받아가면서도 꽤 무모해 보이는 결단까지 했던 것이다. 결국 형장의 이슬로 사라지게 될지언정 신이 함께하시는 고난의 현장에 주저 없이 뛰어들었던 것이다.

그렇다. 천당 가기를 사모하는 종교적 영혼보다 자기를 내어주는 인간적 영혼이 더욱 아름다울 것이다. 우리가 만일 기도해야 한다면 종교적 행위가 아니라 신의 고난에 참여하는 삶의 기도가 되어야 한다는 것을 그는 이렇게 온몸으로 웅변했다. 그러한 삶의 기도가 본회퍼의 삶처럼 경외심을 불러일으키는 정도는 아닐지라도 최소한 '유별나게 종교적'이거나 '특수하게 인위적'이어서 가증스러운 역겨움을 일으키지는 말아야 하지 않을까 한다.

# 신의 아들도
# 인간이었다

낮 열두 시가 되자 온 땅이 어둠에 덮여 오후 세 시까지 계속되었다. 세 시에 예수께서 큰 소리로 "엘로이, 엘로이, 레마 사박타니?" 하고 부르짖으셨다. 이 말씀은 "나의 하느님, 나의 하느님, 어찌하여 나를 버리셨나이까?"라는 뜻이다. … 예수께서 큰 소리를 지르고 숨을 거두셨다.

《신약성서》 공동번역, 〈마르코복음서〉 15:33~34, 37

십자가에서 처형되는 상황에서 절규하는 예수의 모습은 기독교가 고백하는 '하느님의 아들'로서는 매우 약한 모습으로 보이기도 한다. 그러나 단도직입적으로 말하자면 우리에게는 엄청난 위로가 된다. '신의 아들'도 이렇게 절규했는데 우리는 더 부담 없이 그래도 좋을 것처럼 보이니 말이다.

〈마르코복음서〉의 이 극단적인 장면은 최악의 고통 속에서 절규하는 우리 자신을 위한 기도가 될 수도 있다. 불의한 사람들은 승승장구하면서 잘 되는데 자신은 하느님에게서 버림받은 것만 같은 현실을 바라보며 기도하는 상황도 이와 비슷할 수 있다. 도저히 견디기가 힘든 상황이니 우리는 이 과정을 그저 지나가는 것으로 여기려 한다. 그리고 해피엔딩으로 마무리되는 현실을 기대한다. 물론 그렇게 되면 더할 나위 없이 좋다. 우리 모두가 바라는 바다.

독실하다는 기독교인들 중에서는 "하느님이 우리에게 감당할 수 없는 시련을 주시지는 않는다"고 호언장담하는 사람들이 있다. 물론 어려운 과정을 통과하고 그야말로 전화위복처럼 모든 것이 해결되고 심지어 이전보다 더 잘된 경우라면 그렇게 말할 수 있다. 그러나 현실은 해피엔딩이 아닌 경우도 적지 않다. 절규할 힘도 남아 있지 않은 어려운 상황들이 더 많다. 심지어 그 과정에서 고통을 넘어서 결국 죽음으로까지 내몰리는 경우도 적지 않다. 이런 경우 '감당하라'는 말은 엄청난 폭력이다. 그런 폭력이 우리 주변에 결코 적지 않다.

심각한 고통의 상황에서 분노도 원망도 하지 말라는 종교적 이념이 올바른 신앙인양 자리 잡고 있는 경우가 많다. 조신하게 그저 현재의 상황을 받아들이라는 것이다. 원망이나 분노는 불신앙이라고 하면서 신음소리도 내지 못하게 한다. 종교의 이름으로 인간을 도리어 억압한다. 실제 종교의 역사에서도 이와 같은 억압에 대한 증거들이 부지기수고, 지금도 도처에서 이러한 종교적 강박이 뭇 사람들을 은총이라는 이름으로 짓누르고 있다.

가까운 이의 죽음을 애도하는 장례식에서 슬퍼하지도 울지도 말라고 하는 종교지도자들이 있다. 이 세상과 비교할 수 없는 천국에 갔는데 왜 슬퍼하냐며 나무라기도 한다. 도대체 어떻게 그럴 수가 있을까? 이게 인간으로서 할 짓인가? 예수도 친구 나사로의 죽음에 슬퍼하고 울었다고 성서는 전한다. '종교인'이기 전에 '인간'이다. '인간이 먼저'일 뿐 아니라 '인간일' 뿐이다. 그런 인간이 절규하면서 기도하는 것이다. 분노, 원망, 슬픔을 억누를 것이 아니라 기도에 담아야 한다. 기도는 그런 것이니까.

　사실상 신앙의 눈으로 보면 고통의 현실은 신의 '침묵' 심지어 신의 '부재'로만 다가올 뿐이다. 그러나 '침묵'의 시간과 '부재'의 공간, 바로 여기서 하느님을 향해 아우성치라고 성서는 가르쳐준다. 탄식하는 선지자들의 모습을 숨기지 않고 그대로 보여준다. 십자가에서 보인 예수의 절규도 이런 뜻에서 의미심장한 선언이 아닐 수 없다. "어찌하여 나를 버리셨나이까?"라는 예수의 몸부림은 원망과 분노를 불신앙으로 몰아온 종교적 교리에 의한 왜곡과 억압으로부터 해방을 선포해주는 사건이다. 더욱이 숨을 거두시기 전에 큰 소리를 지르셨다는 장면에서는 우리도 들어갈 만한 넉넉한 품을 확인할 수 있다.

# '침묵의 소리'에
# 귀 기울이기

말은 말이 반이고 침묵이 반이라는 것을 잊지 마세요.

———————————————— 이성복,《무한화서》

　　우리가 말을 하는 가운데 침묵이 차지하는 비중이 적어도 반은 될 것이라는 이야기다. 그러나 굳이 산술적으로 계산하자면 말은 반도 안 될 것이다. 침묵이 훨씬 더 크니 말이다. 아니 침묵이 어느 정도 더 큰지 우리는 가늠할 길이 없다. 우리는 그저 말이 다가 아니라는 것을 홀연히 깨닫고 받아들여야 할 뿐이다.

　　기도 역시 마찬가지다. 기도하는 행위는 머리가 아니라 몸에서 나오는 말이며, 더욱이 그런 몸을 따르는 마음의 신음이다. 마음이 어찌 몸의 소리를 다 들으며 듣는다고 해서 다 내뱉을 수 있을까? 그래서 신음이다. 이것은 침묵이기도 하고 절규이기도 하다. 서로 반대인 침묵과 절규가 오묘하게 역설적으로 얽혀 신음이 된다. 그래서 기도는 가장 깊은 삶의 언어다. 말하는 언어 이상으로 '말 없는 언어'다. 기도하는 사람이 그 기도에 어떻게 모든 절규를 담아낼 수 있겠는가?

1960년대를 풍미한 사이먼 앤 가펑클Simon&Garfunkel의 〈침묵의 소리Sound of Silence〉라는 노래가 있다. 절묘하고도 역설적인 제목이다. 침묵인데 소리가 난다. 소리 없이 소리를 지르는 것이다. 이것은 내가 지르는 소리가 아니다. 내가 지르는 것이라면 지르지 않을 수도 있어야 한다. 그러나 지르지 않을 수 없어 터져 나왔으니 '질러진 소리'일 뿐 내가 지르고 말고 할 수 있는 소리가 아니라는 말이다. 그렇게 내가 어찌할 수 없이 터져 나오는 소리가 침묵의 소리다. 그래서 신음이라고도 한다.

우리는 '침묵의 소리'에 먼저 귀를 기울여야 한다. 내가 무엇을 내지르려 하기 전에 먼저 들어야 한다. 바닥을 헤아릴 수 없는 저 깊은 곳에서 밀려나오는 소리를 들어야 한다. 내가 들어야 신도 들으신다. 만약 신이 계시다면 말이다. 신은 높고 높은 보좌에 군림해서 계시기보다는 저 깊은 곳에서부터 절규하는 침묵의 소리를 들으시고 나로부터 어느새 그런 소리를 끌어내실 것이다. '군림하시는 존재'가 아니라 '끌어내시는 사건'으로서 신은 우리의 기도 안에서 우리의 기도를 만들어간다. 함께 만들어가는 것이기 때문에 많은 경우에 우리는 기도하고 있는지조차 잘 모른다. 나 자신이 과연 무엇이 되어가는지도 가늠하기 쉽지 않다. 신은 '보이는 대상'이 아니라 '떠받치고 있는 사건'이니 말이다.

신 역시 침묵하고 있을 때가 많다. 얼마나 자주, 얼마나 많이 침묵하시는지 우리는 알 길이 없다. 아니, 사실 신이 얼마나 말씀을 하시는지에 대해서도 우리가 알 길이 없다. 인간인 우리는 신의 말씀보다도 신의 침묵이 더욱 견디기 힘들지 모른다. 그래서 많은 사람들이 온갖 추측성 미사여구를 가지고 호언장담하듯이 '신의 뜻'을 운운한다. 여기서 엄청난 폭력이 발생한다. 인간을 억압하고 신을 폭군으로 만드는 폭력 말이다. 인간들 사이에서도 어색한 침묵이 흐르면 잡설을 늘어놓게 되듯이 신의 침묵을 견디기 힘든 사람들이 떠들어대는 온갖 변신론들은 그래서 의도하지 않았더라도 폭력이 되고 만다. 안타까운 일이다. 그런 잡설을 내뱉은 사람이나 들은 사람이나 모두 노예가 되고 말기 때문이다.

그래서 침묵을 견디는 것이 중요하다. 침묵도 말이기 때문이다. 아니, 말보다 더 크기 때문이다. 그리고 침묵이 오히려 말의 뜻을 좌우하기 때문이다. 바닥을 헤아릴 수 없는 저 깊은 곳에서 밀려나온다고 했지만 그 소리가 어찌 다 터져 나올 수 있을까? 얼마나 나올 수 있는지 우리는 알 수 없다. 그래서 침묵의 소리에 귀를 기울이는 것이 중요하다. 이는 신의 침묵뿐만 아니라 인간의 침묵도 마찬가지일 것이다.

# 기도가
# 주술이 아니려면

어떠한 점에서 기도가 주술과 다른가? 주술은 '너'와의 관계에 들어가지 않고 소정의 결과를 얻으려는 것이다. 이에 반해 기도는 '너'의 앞에 나아가 만나고자 하는 행위다. 기도를 드리는 자가 '당신이여!' 하고 부를 때에는 반드시 '너'의 응답에 귀를 기울이고 있는 것이다. 순수한 관계를 '나'의 '너'에 대한 절대의존의 감정이라고 생각하는 것은, 관계의 당사자인 어느 한쪽을 말살시키는 것이다.

마르틴 부버,《나와 너》

읽으면서 다소 찔리지 않을 수 없다. 기도한다면 소정의 결과를 얻으려고 하는 경우가 대부분이고 이것이 우리의 솔직한 모습이다. 그러지 않고서야 군이 기도할 이유가 있을까? 보장이 있는지 여부도 확실

간절해질 수밖에 없는 인간의 몸부림

하지 않지만 어떻게든 원하는 목적을 달성하고자 하는 간절한 마음으로 기도한다. 그래서 '종교적 인간'이란 곧 '기도하는 인간'이다. 자신의 한계를 넘으려는 성정을 지닌 인간은 무한한 힘에게 빌고 또 구한다.

당연하다. 여기에는 하등 잘못된 것이 없다. 때로 소정의 결과를 얻거나 원하는 목적을 이루기도 한다. 이런 때를 가리켜 '응답받았다'고 말한다. 응답받은 사람들은 종교공동체 안에서 간증이나 고백의 형식으로 자랑하기도 한다. 그러면서 종교적 권위를 갖기도 한다. 응답받지 못한 무수한 사람들과는 다른 위상을 누린다. 그래서 '가짜 간증'이 벌어지기도 한다. 우습지만 웃기도 겸연쩍은 일이다.

이런 경우 기도가 아니라 주술일 가능성이 많다고 마르틴 부버는 이야기한다. 물론 모든 응답을 갈구하는 기도가 주술이라는 뜻은 아니다. 그러나 기도인지 주술인지 가르는 것은 중요해 보인다. 원하는 결과를 얻는 데 초점을 맞추는 것은 일방적인 기도니 결국 주술이 된다. 주술은 만나서 들어주고 대화해야 할 상대가 없어도 가능하다. 위약효과와 같은 힘을 발휘하면 주술적인 말이 때로 기적을 만들어내기도 한다. 그래서 특정한 효과만 보고 주술인지 기도인지를 가늠하는 것은 불가능에 가깝다.

한 걸음 더 들어가보자. 주술이 굳이 상대 없이도 가능한 것과 달리 기도는 만남이다. 그 만남의 상대는 '너'이다. '너'는 '나'와 마주하는 상대방이다. 마주하는 일이 평화로울 수도 있지만 대결일 수도 있다. 우호적일 수도 있지만 적대적일 수도 있다. 이처럼 기도는 모든 가능성이 열려 있는 만남이다. 이 점이 주술과 결정적으로 다르다. 어쩌면 우리는 기도를 별로 좋아하지 않을 수도 있다. 오히려 주술이 훨씬 더 좋아 보인다. 내가 원하는 소정의 결과를 향해 간절하게 주문을 외우고 주문대로 이루어지기를 바라는 것이 더 편하다. 우리는 사실 이런 방식으로 기도해왔을 수 있다.

심지어 상대인 '너'에 대한 감정이 '절대의존의 감정'으로까지 고양된다면 경지에 오른 듯이 보일 수 있다. '절대의존의 감정'이란 종교철학자 슐라이어마허Friedrich Schleiermacher가 종교를 설명하는 과정에서 나온 표현인데, 이는 만남으로서의 기도와는 사뭇 다르게 읽히는 부분이다. '절대의존'이라는 말이 만남이나 대화보다는 지극히 일방적인 관계를 뜻하는 것이니 말이다.

결국 만남이란 그리 간단하게 취급될 만한 것이 아니다. 전혀 다른 가능성을 염두에 두고 귀를 기울이면서 상대방의 응답을 기다려야 하기 때문이다. 주술이 소정의 결과를 목표로 삼는 것이라면, 기도는 상대방의 응답에 귀를 기울이는 것이다. 그러나 귀를 기울이면서 겸허히 기다리는데도 어떠한 소리도 듣지 못한다면, 우리는 어떻게 할 것인가?

# 무신론이 오히려
# 종교의 참된 요소다

인간은 하느님으로부터 도피하려 하고, 그분에게서 도망칠 수 없기 때문에 그분을 증오합니다. 하느님에 대한 저항, 하느님이 존재하지 않기를 바라는 것, 그리고 무신론으로의 도피는 모두 심원한 종교의 참된 요소들입니다. 그리고 오직 그런 요소들의 기초 위에서만 종교는 의미와 힘을 갖습니다.

폴 틸리히,《흔들리는 터전》

---

하느님을 증오하거나 부정하는 것이 종교의 참된 요소라고 이야기한다. 이것이 무슨 뜻일까? 언뜻 이해하기 쉽지 않다. 오히려 그 반대가 참일 것 같은데 말이다.

종래의 종교와 신학은 하느님을 '지고의 완전자'나 '최고선'으로 그려왔다. 물론 지금도 신에 대한 관념의 기본이고 핵심으로 자리 잡고

있기도 하다. 말하자면 신관에서 가장 중요하게 여겨지는 '전지전능'
이나 '보편산재'와 같은 철학적 개념들이 신을 최고의 존재로 옹립하
는 데 결정적으로 기여해왔다.

그런데 신을 삼라만상과 같은 차원에서 '객체'로 간주해오다 보니
오히려 '그렇게 대상으로 존재한다면 과연 신인가?'라고 회의하는 무
신론이 생겨났다. 신이 인간의 대상이 되면 주체의 처분에 달리게 되니
존재여부 자체에 대한 시비까지 받을 수 있다. 그래서 제아무리 최고의
존재로 옹립되고 숭앙된다고 하더라도 인간에 대해 대상으로만 머물
러 있는 신은 참된 신일 수 없다는 문제가 제기되었다. 신을 최고의 존
재로 모시면서 대상화하는 아이러니에서 벗어나려는 문제제기였다.

삶의 현실에서 씨름하고 절규하다가 차라리 그로부터 도피하고 싶
은 분, 그러나 도망칠 수 없어서 오히려 미워하게 되는 분, 그러다가 결
국 '없었으면 좋겠다'는 무신론으로까지 치달아가게 하는 분은 그저
나의 처분을 기다리는 대상이 아니다. 그는 오히려 나의 뿌리를 뒤흔들
수도 있는 분이다. 그러니 도피, 증오, 부정의 무신론이 오히려 역설적
으로 신과 관계하는 보다 참된 요소라는 것이다. 말하자면 교리에 갇혀
최고의 존재로 숭앙받아온 신이야말로 부정되어야 할 우상이며 부정
과 도피를 촉발시키는 '사건'이야말로 오히려 종교의 참뜻이라는 이야
기다.

그렇다면 하느님은 어떤 분인가? 하느님은 세계의 다른 것들처럼
'객체'로 존재하는 분이 아니라 우리를 포함한 세계를 창조하고 떠받
치는 '사건'이고 다가오는 '행위'로 새겨야 한다. 전지全知란 하느님이

모든 것을 다 아신다는 평면적인 개념이 아니라 우리의 비밀이 그에게 드러난다는 뜻이고, 편재遍在란 우리의 사생활이 공개된다는 것을 가리킨다. 그러기에 우리의 기도는 모르던 것을 더 알게 되는 것이라기보다는 우리가 알고 있는 것이 그저 이것뿐이라는 겸손한 고백이다. 더 알려달라고 하는 것이 아니라 모른다는 것을 정직하게 시인하고 인정하는 것이다.

어찌 앎뿐일까? 우리의 삶이 이미 그러하다. 우리는 모르고 살아갈 뿐 아니라 살고도 모른다. 그러니 기도란 그저 '이렇다'는 것을 신에게 드러내는 것이다. 복음성가에 "우리의 폐 안에서 숨 쉬는 당신의 숨결 It is Your breath in our lungs"이라는 표현이 있다. 내가 숨을 쉬는 것이 아니라 숨이 나를 쉬고 있으니 이렇게 고백한다. 신은 그저 나와 마주하는 저편의 객체가 아니다. 그렇게 고백하는 나를 떠받치는 사건이고 나를 만들어가는 행위다. 그래야만 우리가 섬기는 대상이 우상이 되지 않을 수 있다. 그래야만 우리의 기도가 미신이 되지 않을 수 있다. 신을 미워할 수 있어야 하는 것도 바로 이 때문이다.

# 보이지 않는
## 동행

어느 날 밤 어떤 사람이 꿈을 꾸었습니다. 하느님과 함께 해변을 걷고 있는 아름다운 꿈이었습니다. 그는 모래 위에 나있는 두 쌍의 발자국을 보았습니다. 하나는 그의 것이고 다른 하나는 하느님의 것이었습니다. 그러다가 문득 그는 그가 가장 어렵고 슬펐던 순간들에는 발자국이 한 쌍밖에 나 있지 않다는 사실을 눈치 챘습니다. 그 사실이 너무나 속상해 그는 하느님께 물었습니다. "하느님, 제 삶의 가장 어려운 순간을 돌아보니 한 쌍의 발자국밖에 없습니다. 제가 가장 하느님을 필요로 할 때 왜 저를 버리셨나요?" 하느님께서는 고요히 대답하셨습니다.

"사랑하는 사람아, 그 발자국은 너를 업고 간 나의 발자국이다."

메리 스티븐슨Mary Stevenson, 〈모래 위의 발자국〉

'홀로코스트'라고도 불리는 아우슈비츠 대학살사건은 지금으로부터 불과 한 세기가 채 안 되는 과거에 벌어진 일이었다. 세계대전과 함께 얽혔던 이 사건은 찬란한 근대의 끝자락 내지는 새로운 시대의 서막으로 불리던 시기에 일어났다. 유대인을 비롯한 수많은 사람들이 나치 정권에 의해 죽임을 당했으며 그야말로 '인류에 대한 인류의 무모한 악행'으로 불렸다. 인간에 대한 거대한 실망과 자기파괴를 낳은 홀로코스트는 문명사적으로도 인간의 자화상을 바꾸는 대전환의 계기가 되었다. 인간이 그렇게 이성적이지도 않을 뿐더러 상상할 수 없을 만큼 잔인하다는 사실을 발견하게 했다.

엔도 슈사쿠의 《사해 부근에서》에는 아우슈비츠 포로수용소의 한 장면이 묘사되어 있다. 호송관이 어떤 포로를 처단하기 위해 불러낸다. 누군가 다가와 포로의 팔을 잡자 그는 이내 심하게 다리를 휘청거리며 오줌을 지린다. 이 장면은 무수히 반복해서 읽어도 그냥 지나칠 수 없는 대목이다. 내가 바로 그 역사 속 당사자라도 그렇게 될 수밖에 없을 것이다. 그의 행위는 반항도 아니고 부정도 아니다. 아무것도 할 수 없는 무기력한 상황에서 속수무책으로 죽임을 당해야 하는 절박함을 드러내는 행위다. 다른 방법이 없다.

이런 상황에서 그 포로는 과연 차분히 기도할 수 있을까? 침착하게 자신의 처지를 읊조리며 신에게 매달리거나 붙잡을 수 있을까? 턱도 없는 일이다. 그런데 그 포로의 오른쪽에 그와 똑같이 비틀거리며 오줌을 흘리면서 걸어가는 한 사람이 있었다. 또 다른 누군가의 눈에 그 포로와 함께 걸어가는 다른 한 사람(하느님)이 비친다. 이 광경을 보고 있

던 다른 사람의 애절한 마음이 그 포로의 처절한 마음을 대신하는 기도
가 되었던 것이다.

〈모래 위의 발자국〉이라는 시는 해변에서 동행하던 두 쌍의 발자
국이 한 쌍이 되는 과정을 보여준다.《사해 부근에서》의 포로수용소에
서는 한 쌍의 발자국이 두 쌍이 되었다. 둘이 하나가 되건 하나가 둘이
되건, 중요한 것은 가장 절박한 순간에 혼자만 있지 않았다는 것이다.
해변을 걷고 있는 당사자나 포로수용소에서 끌려가고 있는 당사자의
눈앞에는 하느님이 보이지 않을지도 모른다. 그러나 보이지 않는다고
없는 것이 아니니 나중에 깨닫기도 하고 옆에서 보기도 한다.

하느님이 사람이 되셨다는 '성육신成肉身'의 핵심은 '임마누엘', 즉
'하느님이 함께 하신다'는 것이었다. 성육신에서 시작된 신의 연대는
십자가에서 절정에 이른다. 십자가의 수난은 인간의 죄 때문에 받는 벌
이라거나 구원을 위한 희생이라기보다도 신이 피조물과 더불어 그 고
통에 함께 하시는 사건이라는 데 보다 근본적인 의미가 있을 것이다.
그런데 많은 이들이 십자가를 오로지 종교적으로만 해석한다. 단도직
입적으로 말해 '이기적으로' 새긴다. 그러다 보니 인간을 향한 뜻이 줄
어든다. 포로 옆에서 함께 걷는 사람을 발견하는 눈으로, 모래 위 발자
국의 깊이를 헤아리는 마음으로 신의 뜻을 더듬는다면 연대하시는 그
분의 동행을 체험할 수도 있지 않을까 한다.

# 안과 밖에서
# 함께 쪼는 것

줄탁동시 啐啄同時

병아리가 달걀 안에서 껍질을 쪼는 것을 '줄啐'이라 하고, 어미닭이 바깥에서 쪼는 것을 '탁啄'이라 한다. 두 작업이 함께 이루어져야 부화가 가능하다. 안과 밖에서 동시에 진행되어야 일이 이루어진다는 것을 어미닭과 병아리에 빗댄 통찰이다.

조금 달라 보이지만 '진인사대천명盡人事待天命'에도 비슷한 뜻이 있다. '인사'가 '줄'에 해당하고 '천명'이 '탁'에 해당할 것이다. 사람이 해야 할 마땅한 일을 다 하고 하늘의 명령을 기다린다는 뜻이니 말이다. 이와 달리 그저 안일하게 '천명'만 바라고 있는 것은 사과나무 밑에서 사과가 떨어지기를 기다리는 것과 다를 바 없다. 기도하는 인간이라 하더라도 인간이 해야 할 일은 당연히 해야 한다는 것이다. 이것이 왜 중요할까?

기도함으로써 필요한 모든 것을 다 받아낸다고 자랑하는 사람들이 있다. 때로 기도가 기적이라는 이름으로 마술이나 요술이 되기도 한다. 이를 부러워하는 사람들도 있다. 이들은 사람이 할 수 있는 일조차 하지 않고 신에게 구한다. 달걀 안에서 쪼아대지 않고 밖에서 쪼아서 깨주기를 기다리고 있다. 이는 사람의 일을 신의 일로 돌리는 신성모독일 수 있다.

그렇다고 인간의 한계에 이르도록 지칠 때까지 우리 자신을 혹사시키자는 뜻은 아니다. 바깥에서 쪼는 것을 기다리면서 안에서도 쪼아대자는 것이다. 이래서 같은 시간에 함께 쪼는 것이 중요하다. 그런데 동시에 함께 쪼려면 바깥에서 쪼는 소리를 들어야 한다. 어미닭이 쪼려고 달려오는 것을 느끼고 알아채는 것이 중요하다. 이는 더욱 정직한 마음으로 세상의 소리를 보는 '관세음觀世音'의 경지에 도달해야 가능할지도 모른다. 중요한 것은 지르기에 앞서 듣는 것이다. 소리를 듣다가 보기에 이르는 경지는 그래서 '탁'을 기다리는 '줄'의 과제이기도 하다.

물론 그것이 대단한 득도와 수양의 과정을 거쳐야만 되는 것은 아니다. 그랬다면 우리들과는 별로 상관없는 도사들의 자랑거리에 불과했을 것이다. '탁'의 소리를 듣기 위한 우리 삶의 자세는 그보다 훨씬 더 일상적이다. 아니, 일상적이어야 한다.

키르케고르는 "기도는 신에게 무엇을 구하는 것이 아니라 인간의 본성을 바꾸는 것"이라고 했다. 듣기에 따라 매우 섭섭하게 느껴질 수도 있다. '기도가 신에게 구하는 것이 아니라면 도대체 무슨 의미가 있는가'라고 자조할 수도 있다. 그러나 본성의 변화, 즉 거듭남이 없이 신에게서 무엇인가 받기만을 구한다면 신을 마술사로 만드는 것이다. 따라서 키르케고르의 말을 신의 은총을 구실로 외면할 일은 아니다. 말하자면 본성의 변화는 기도의 목적이 아니더라도 적어도 결과로서 중요하다.

'줄탁동시'를 키르케고르의 말에 적용한다면 인간의 본성을 바꾸는 것은 병아리가 껍질을 쪼는 '줄'에 해당할 것이다. '탁'의 소리에 귀를 기울이면서 '줄'의 삶을 다듬어가는 것, 키르케고르가 한 거창한 말의 본래 의미는 딱 이 정도다. 이 정도만 하면 된다. 속세를 떠나 수도해야만 이루어낼 수 있는 특별한 수련자들의 전유물이 아니다.

그러나 우리 인간이 본성을 바꾸는 일은 결코 쉽지 않다. 바꾸려 한다 해서 바뀌지 않는다는 것을 우리는 무수히 경험했다. 본성이 '천성'을 의미한다면 더더욱 어렵다. 그럼에도 불구하고 뜻을 살피자면, 그저 '껍질 안에서' 쪼면 되지 않을까 한다. 신이 다가오시는 '탁'의 소리를 듣는 것이 중요하다고 했지만, 아울러 우리가 쪼는 '줄'의 소리를 신이 들으실 것을 기대하며 기다리는 것도 중요하기 때문이다. "지성至性이면 감천感天"이라는 말도 같은 맥락일 것이다.

# 바꿀 수 없는 것과
# 바꿀 수 있는 것

하느님,

우리가 바꿀 수 없는 것은 담담히 수용할 수 있도록 은총 내려 주시고

우리가 바꾸어야 할 것은 변화시킬 수 있는 용기를 주시고

둘 중 어떤 경우인지 분별할 수 있는 지혜도 주옵소서.

———————— 라인홀드 니부어Reinhold Niebuhr의 기도

앎과 모름이 뒤얽힐 수밖에 없는 현실을 꿰뚫어보는 지혜를 구하고 있다. 먼저 '바꿀 수 없는 것을 받아들이는 것'은 모름을 정직하고 겸손하게 인정하는 것이다. '바꾸어야 할 것을 변화시키는 것'은 앎뿐 아니라 나아가 마땅히 행해야 할 것을 하는 것이다. 이렇게 대조적인 것을 연이어 떠올렸는데 여기에도 순서가 있다. 많은 경우 '바꿀 수 있

간절해질 수밖에 없는 인간의 몸부림

는 것'을 먼저 내세운다. 그런데 윤리적 현실주의를 주장하는 니부어는 이보다 먼저 '바꿀 수 없는 것'에 주목했다. 우리의 삶이 모르는 것 투성이이기 때문이다.

모르고도 살고 살고도 여전히 모른다. 삶에 정직하다면 모름이 드리워져 있다는 것을 부인할 수 없다. 모름이 얼마나 큰지도 모른다. 모름의 끝을 가늠할 수 없다. 그런데 우리는 이러한 자명한 사실을 잊어버린다. 아니, 애써 잊으려 하는지도 모른다. 모름이 불안의 뿌리이기 때문에 없는 것처럼 생각하고 싶어 한다. 자기기만이다. 그렇게 해서 없어지는 것도 아닌데 말이다.

기독교 윤리학자 니부어는 먼저 삶에 정직해지자고 주문한다. 그래서 순서가 중요하다. 바꿀 수 없는 것이 바꿀 수 있는 것보다 앞서 더 크고 더 넓게, 그리고 더 깊고 더 높이 있다는 것이다. 시작이 이렇게 되면 오히려 바꿀 수 있는 것에 대한 판단과 용기를 기대할 수 있다. 반대로 '바꿀 수 있는 것'이 먼저 등장한다면 바꿀 수 없는 것에 대한 무기력이 지배하게 될 것이다. 같은 내용이라도 순서에 따라 그야말로 하늘과 땅의 차이를 보인다.

'하늘과 땅의 차이'라 했지만 이도 돌이켜볼 일이다. 우리가 하늘과 땅 사이에 있어서 그 차이가 커 보이지만 지구 바깥에서 보면 하늘과 땅은 사실 붙어 있다. 땅 표면에 하늘이 닿아 있다. 그리고 땅 아래에도 하늘이 있다. 우리는 땅 위에서, 그러나 하늘 안에서 살고 있다. 그렇다면 '하늘과 땅 차이'란 말도 애매하다. 못지않게 '바꿀 수 없는 것'과 '바꿀 수 있는 것'도 그 차이가 더욱 애매할 수 있다.

그럼에도 바꿀 수 없는 것을 앞세우고 바꿀 수 있는 것을 뒤로 보내는 순서가 지닌 뜻이 작지 않다. 이 두 가지 범주가 자동적으로 갈라지는 것은 아니다. 많은 경우 우리는 착각하고 혼동한다. 바꿀 수 없는데 바꿀 수 있는 줄 알고 무모하게 덤벼든다. 인간의 오만이다. 바꿀 수 있는데 바꿀 수 없다고 지레 포기하기도 한다. 이것은 인간의 태만이다. 이래서 인간의 '주제 파악'이 중요하다.

주제 파악은 바꿀 수 없는 것과 바꿀 수 있는 것 사이의 차이를 꿰뚫어보는 지혜를 필요로 한다. 차이가 클 수도 있지만 앞서 말한 대로 현실에서는 칼날의 두께도 안 될 수 있다. 오만과 태만의 차이도 마찬가지다. 오만이 태만으로 이어지고 그 역도 마찬가지로 성립하기 때문이다. 따라서 이를 구별하는 일이 결코 만만치가 않다. 하늘에서 뚝 떨어지는 지혜가 아닐 테니 무수한 시행착오를 헤쳐 나갈 수밖에 없다. '분별의 지혜'가 가장 중요할 진대 이를 니부어가 기도의 마지막 줄에서 구하는 것도 인간이라면 불가피하게 겪을 수밖에 없는 시행착오를 염두에 둔 것이 아닐까 한다.

# 믿음과 희망, 사랑 중에
# 가장 위대한 것

믿음과 희망과 사랑, 이 세 가지는 언제까지나 남아 있을 것입니다. 이 중에서 가장 위대한 것은 사랑입니다.

_《신약성서》 공동번역, 〈고린토인들에게 보낸 첫째 편지〉 13:13_

기독교 신앙의 실천적 덕목으로서 이 구절은 '기본 중의 기본'으로 간주된다. 이른바 기독교의 '삼주덕三主德'이라 불리며 다른 종교들과 비교할 때 대표적으로 등장하는 가르침이기도 하다. 하나만을 집어 나머지 둘을 포함하는 뜻으로 쓸 수도 있지만 구별하여 그 역할과 기능을 나누어볼 수도 있다.

믿음은 '무엇이 그렇다'는 것을 인정하고 받아들이는 것을 가리킨다. 흔히 믿음의 층위를 구별하여 동의, 신뢰, 충성 등으로 나눌 때 '동의'의 기능이 강조되는 듯하다. 이런 점에서 믿음은 과거로부터 현재로 넘어오는 과정에 걸쳐 있다. 이와 대조적으로 희망은 당연하게도 미래와 관련된다. 앞으로 일어날 일에 대한 기대와 예상을 포함하지만 이를 넘어서 앙망하는 것이다. 이렇게 본다면 희망은 믿음보다 더 어려워 보인다. 당장 믿을 만한 꺼리가 눈앞에 보이지 않으니 말이다. 종말론적 신앙에서 강조하는 희망은 우주적 종말뿐만 아니라 개인의 최후까지도 앞당겨 예상하기에 이미 일어났던 일에 대한 인정과 동의보다 더 큰 결단을 필요로 한다.

사랑은 그 사이에 위치한다. 시제를 배치한다면 자연스럽게 '현재'가 될 것이다. 바울이 사랑을 가장 중요시한 이유도 바로 여기에 있지 않을까 싶다. 사랑은 현재를 이끌고 가는 동력이기 때문이다. 모든 시제 중에서 현재가 가장 중요하다는 것은 새삼스러운 설명을 필요로 하지 않는다. 현재가 없다면 과거나 미래도 다 소용이 없기 때문이다. 현재는 과거와 미래를 이어줄 뿐 아니라 그것들을 있게 해주는 터전이다. 과거로서의 과거는 이미 사라져 없고 미래로서의 미래도 아직 오지 않아 보장이 없지만 여전히 뜻을 지닌다면 바로 현재에 몸을 담글 수 있기 때문이다.

그러나 사랑의 위대함은 현재라는 시제의 위상 때문만은 아니다. 그보다도 훨씬 더 중요한 이유가 있다. 단적으로 믿음과 사랑을 견주어 보자. 이것들이 함께할 수 있다면 좋겠지만 대립하는 경우가 적지 않으니 솔직하게 볼 필요가 있다. 종교사는 이에 대해 넘치는 증거들을 가지고 있으니 말이다. 믿음은 '내가 옳다'는 진리 주장을 깔고 있다. 반

면에 사랑은 '옳지 않을 수도 있는 남들에 대한 나의 받아들이는 행위'
다. 남들이 나와는 사뭇 다른 진리를 주장할 수 있다. 이럴 때 믿음과 사
랑이 충돌한다. 믿음으로는 양보할 수 없는데 사랑은 감싸안으라고 하
니 첨예한 모순을 이룬다. 그런데 종교는 그동안 믿음의 손을 들어왔
다. 그래서 종교사는 피비린내 나는 살육의 역사이기도 했다. 사랑과
자비가 무색하게 진리를 명분으로 믿음의 당파성만을 고수해왔으니
말이다.

희망과 사랑도 마찬가지다. 우리 삶의 모든 순간에 희망이 넘실거
리기는 어렵다. 더 많은 경우 불안과 절망이 지배한다. 이런 시대와 소
통하지 못하고 공허한 희망만을 좇는 종교는 사랑도 말로만 외쳐왔다
는 것을 폭로할 뿐이다. 일본에서 태어나 정체성 혼란과 사회적 붕괴
등을 경험한 강상중의 한마디는 그런 의미에서 깊은 울림으로 다가온
다. "희망이 없어도 사랑은 있을 수 있지만, 사랑이 없으면 희망도 없
다." 우리의 기도는 그래서 사랑으로 모아지는 것이 마땅하지 않을까
한다. 믿음은 흔들리고 희망은 불확실할 수 있지만 사랑만큼은 해야 하
기 때문이다. 그것이 우리를 함께 살리는 길이기 때문이다.

# 인간,
# 소망이 소망한 것

내가 여쭈었소. "당신은 누구십니까?"

그분이 대답하셨소. "모든 것의 소망이다."

내가 여쭈었소. "저는 누굽니까?"

그분이 대답하셨소. "그 소망의 소망이다."

— 루미Jalāl ad-Dīn Muhammad Rūmī의 시

     우리가 기도할 때 기도를 들으시는 분은 우리의 소망이 된다. 종교에 따라 그리고 개인의 성향에 따라 기도의 대상은 제각각 다를 테지만 기도라는 것이 이미 소망의 결집체니 기도를 들어주는 분이 또한 소망의 성취자이어야 하는 것도 당연하다.

     그런데 이 시에서는 거꾸로 기도하는 내가 그분에게 묻는다. '나

간절해질 수밖에 없는 인간의 몸부림

자신이 누구인가' 하고 말이다. 기도가 아무리 대화라고 하지만 실제로 이런 대화를 하게 될까 의아해할 수도 있다. 기도하는 사람이 자신에 대해 묻는 일은 거의 없을 것으로 여겨지기 때문이다. 그러나 여기에 소중한 뜻이 있다. 기도하는 사람이 자신에 대해서 되돌아 묻는 일은 무엇보다도 '자기성찰'이라는 뜻을 지닌다. 막무가내로 소망을 빌기만 하는 태도에 대해서 스스로를 돌아보라고 일깨워주는 뜻이 있다. 기도 가 마땅히 포함해야 할 장면이다. 자신을 되돌아 살피는 안목과 여유에 서 우리는 사실 기도가 향하는 소망의 절반을 이룰 수도 있다.

그렇게 나 자신이 누구인지 물었더니 이제는 거꾸로 '그분의 소망' 이라는 대답을 듣는다. 만일 기도하는 사람이 이런 단계에 이르렀다면 더 바랄 것이 없는 최고의 경지일 것이다. 신이 인간의 소망인 것이야 마땅하지만, 인간이 신의 소망이 된다는 것은 어쩌면 인간에게 허락될 수 있는 최고의 염원일 테니 말이다. 그런데 여기서 주의해야 할 것이 있다. 우리 인간이 신의 소망이라면 거기에는 책임도 포함한다. 신이 우리의 소망으로서 그것을 이루어주도록 우리가 기대하듯이 말이다. 소망은 그토록 좋은 것이고 바라는 것이면서 동시에 이루어져야 할 책 임과 과제를 포함한다. 어떤 책임일까? 17세기 기독교 시인 앙겔루스 실레시우스Angelus Silesius가 다음과 같이 전한다.

"신은 사랑과 기쁨으로 모든 곳에 계시지만
　　그대가 거기에 있지 않으면 찾아오실 수가 없다."

신은 우리에게 소망으로, 즉 사랑과 기쁨으로 다가오신다. 그러나 인간이 그 자리에 있지 않으면, 즉 인간도 함께 다가가지 않으면 만남이 이루어질 수 없다. 말하자면 '서로' 만나야 하는 것이다. '서로 소망'이라는 것은 서로 만나기를 바라는 것이요 그 만남을 위해 서로 다가가야 하는 것이다. 기도란 이렇게 서로 다가가는 행위다.

> "모든 존재의 주께서 인간을 창조하시고 이르셨도다.
> '이로써 너희는 신들을 소중히 기르고 신들은 너희를 소중히 기를지어다.
> 그렇게 서로 소중히 기름으로써 너희는 지고선에 이르느니라.'"

힌두교 경전《바가바드 기타》가 전하는 말씀이다. 사뭇 다른 종교 전통에서도 이처럼 '서로 소망'을 가르친다. 신을 두려운 마음으로 모시기만 할 것이 아니라 신과 인간이 서로를 소중히 사랑하는 것이 지고의 선이라고 말이다.

간절해질 수밖에 없는 인간의 몸부림

# 종교를
# 넘어서는 기도

하느님,

제가 지옥의 두려움 때문에 당신을 경배한다면

저를 지옥불에 태워 버리시고,

제가 낙원의 소망을 위하여 당신을 경배한다면

저를 낙원에서 쫓아내 버리시옵소서.

그러나 제가 당신을 따르고자 경배하거든

당신의 영원한 아름다움을 거두지 마시옵소서.

———————————————————— 중세 어느 성자의 시

작자 미상인 이 기도는 기도의 모범 내지는 원형에 가깝다고 생각
한다. 하느님을 경배하는 데 경배 이외의 다른 이유나 조건이 있어서는

안 된다는 뜻을 담고 있다.

"지옥의 두려움 때문에" 경배를 종용한다면, 두려움을 원인으로 삼는 종교가 될 것이다. 사실 인간은 두려움이나 공포로 인한 불안을 극복하기 위해 종교에 귀의하고자 하는 성향을 지니고 있다. "사람은 삶이 두려워서 사회를 만들었고, 죽음이 두려워서 종교를 만들었다"는 말도 이와 같은 맥락에서 나왔을 것이다. 아무리 과학이 발달해도 삶의 예측불허에 대한 두려움이 사라지지 않는 한 종교는 존속할 것이라는 예상이 여전히 힘을 얻고 있다.

그런데 시인은 '지옥에 대한 두려움'을 원인으로 삼는 신앙에 대해 거부한다. 무조건자인 하느님을 경배하는 데 '때문에'로 표현되는 조건이 붙으면 옳지 않다는 것이다. 더하여 "낙원의 소망을 위하여" 신앙을 가지는 경우에 대해서도 거부한다. '위하여'도 특정한 목적을 가지고 조건을 붙이는 것이니 이 역시 무조건자인 하느님에 대한 경배에 부적절하다. 성자는 종교가 인간의 욕망을 충족시키는 체계로 자리 잡고 있는 상태 그 자체를 거부한다. 두려움뿐만 아니라 좋은 소망을 위하여 드리는 경배도 모두 하늘의 마땅한 뜻을 거스른다고 하고 있다.

그러나 우리는 반문하지 않을 수 없다. 모든 전제나 조건을 제거해야 한다면 도대체 종교의 존재 이유가 무엇인가? 두려움과 같이 나쁜 것은 피하고 싶고, 소망과 같이 좋은 것은 가지거나 실현시키고 싶은 것이 인간의 당연한 욕망인데 말이다. 그리고 이것이 바로 종교가 태동한 이유일 텐데 말이다. 그렇다면 성자의 기도는 우리에게 무엇을 뜻하는가? 마땅한 전제와 조건을 부정하는 듯 보이는 이 기도는 사실상 종교를 넘어설 것을 요구한다. '욕망충족체계로서의 종교' 말이다. 따라서 성자는 '때문에'와 '위하여'를 넘어 '무조건적인 믿음'을 구하고 있다.

'무조건적인 믿음'은 덮어놓고 아무런 생각 없이 눈 질끈 감고 믿는 것이 아니다. 앞서 살펴본 것처럼 당연하고 심지어 불가피해 보이는 전제나 조건들을 하나씩 벗겨냄으로써 신에게 한 발짝 더 다가가게 되는 차원이라 할 수 있다. '무조건'은 '조건이 없는 것'이라기보다는 '조건을 없애는 것'으로 새겨야 할 것이다. 우리 삶에서 조건이 없는 것은 없다. 누구나 조건에서 시작할 수밖에 없다. 그렇지만 삶의 과정에서, 믿음의 단계에서, 기도의 순서에서 점차로 그 조건들을 벗겨내는 과정이 필요하다. 성자의 기도에서 '따르고자'가 이를 가리키는 것이 아닐까 한다. 내가 갖고 있는 것을 지키려고 하기보다는 자리를 털고 일어나는 것 말이다. 그물을 버리고 따랐던 예수의 제자들처럼 말이다. 그것이 수양이고 수행이다. 현대의 기독교가 잊어버렸지만 회복해야 할 소중한 유산이다.

# 기도는 알 수 없는 삶에서
# 할 수 없는 말을 하는 것

아마도 그럴 것이다.

아마도 그렇지 않을 것이다.

아마도 그러면서도 그렇지 않을 것이다.

아마도 말할 수 없을 것이다.

아마도 그렇거나 말할 수 없을 것이다.

아마도 그렇지 않거나 말할 수 없을 것이다.

아마도 그러면서도 그렇지 않을 것이거나 말할 수 없을 것이다.

―――――――――――――――――――― 자이나교 7구 표시법

     서구의 고대와 중세는 전제군주가 지배하던 시대라 주어진 운명에
따르는 것 외에 다른 선택을 떠올리기 어려웠다. 소수의 권력자를 제외

하고 대부분의 사람들은 당연히 세상을 체념하면서 비관적인 세계관을 갖고 살았다. 한국의 경우 적어도 조선시대 중기까지는 여기에 해당할 것이다. 그러다가 과학의 발전이 열어준 근대는 노력하기 나름으로 자유를 더 크게 확장할 수 있다는 희망을 갖게 했다. 찬란한 미래를 꿈꾸니 당연히 낙관적인 세계관이 융성했다. 한국은 '잘 살아보세'라는 구호와 함께 전개된 20세기 후반의 근대화 시기가 여기에 해당한다.

그러나 이도 잠깐이었다. 먹고 살만해진 시기를 지나 더 잘 먹고 더 잘 살게 된 오늘날 상대적 박탈감은 오히려 더욱 커져만 갔다. 과거보다 조건은 훨씬 더 좋아졌지만 불만은 더 늘어가는 형국이 되었다. 미래에 대한 기대가 비관만도, 낙관만도 아니니 뒤죽박죽이라고 해야 할 혼재 상황이다. 그렇다고만 할 수도 없고 그렇지 않다고만 할 수도 없다. 결국 "그러면서도 그렇지 않을 것"이라고 할 수밖에 없다.

이 점이 특별한 주목을 요한다. 그렇기만 하거나 그렇지 않기만 한 것이 아니라 '그러면서도 그렇지 않다'는 것은 어느 한 쪽으로만 판단할 수 없다는 것을 가리킨다. 말하자면 내가 그렇다고 하더라도 그렇지 않다고 하는 쪽의 소리를 무시할 수 없다. 그 반대의 경우도 마찬가지다. 더욱이 내가 한번 그렇다고 하더라도 평생 그렇다는 보장은 없다. 언제 그렇지 않게 될지 알 수 없다. 결국 또 우리는 어떤 말도 하기 어렵다.

그럼에도 불구하고 말들을 많이 한다. 차라리 이런 상황에서는 말이라도 해야 할 것 같다. 말할 수 없다고 말을 하지 않고 있을 수도 없기 때문이다. 그러나 서로 충돌하는 말들이 난무한다. 그런데 어느 한마디만 옳다고 할 수 없다. 따라서 "그래도 말할 수 없고 그렇지 않아도 말할 수 없다"고 해야 할 것 같다. 그런데 자이나교에서는 "그렇거나 말할 수 없을 것"이라고 했다. '그래도 말할 수 없다'는 것과는 매우 다르다. 왜 그럴까? '아마도' 때문이다. '아마도' 때문에 '그렇거나'라고밖에 할 수 없는 것이다. 말하자면 '그렇다'거나 '그렇지 않다'는 판단마저 '아마도'를 끼고 있다. 그러고 보니 처음부터 '아마도'가 없던 적이 없었다. "그렇지 않거나 말할 수 없을 것"도 마찬가지다. 이러거나 저러거나 우리의 판단은 정직하게 보자면 거의 대부분 '아마도'로 시작하는 짐작일 뿐이다. 우리의 판단에 대해 보다 겸손해져야 한다는 것을 일깨워준다.

그래서 마지막에는 어떤 경우의 짐작도 함부로 버릴 수 없으니 모두 싸안고 간다. "아마도 그러면서도 그렇지 않을 것이거나 말할 수 없을 것이다." 바로 여기서 우리의 기도가 시작되면 어떨까 한다. '아마도'가 우리의 숨통을 트여주고 쉬게 해주기 때문이다.

# 보이는 것이
# 다가 아니니

스즈키 선사는 불교의 모든 가르침을 세 마디의 말로 함축했다.
"늘 그렇지는 않다."

잭 콘필드, 《깨달음 이후 빨랫감》

"늘 그렇지는 않다." 몇 번이고 되뇌고 싶은 구절이다. 여기서 '그렇지'가 가리키는 것은 삶의 온갖 것들이다. '그렇지'에는 싫은 것, 피하고 싶은 것도 많이 있을 것이다. 이런 경우 이 말은 참으로 희망이다. 일상적으로 많이 회자되는 "이 또한 지나가리라"는 구호와 비슷한 맥락으로 들린다. 잠시 원하지 않는 상황이 진행되더라도 계속 그러하지는 않을 것이니 참고 기다리면 좋은 시절이 올 것이라고 희망하게 만든다.

그러나 '그렇지'에는 좋은 것, 머물고 싶은 것, 붙잡고 싶은 것들도 많이 있다. 이것들도 늘 그렇지는 않고 지나간다는 것이다. 이런 경우 이 말은 우리에게 아쉬움을 가져다준다. 결국 우리 삶은 그것이 무엇이든지 "늘 그러하지만은 않다". 매우 아쉽기도 하지만 삶의 많은 문제들을 보면 이 말이 희망으로 작동할 가능성이 더 많다. 좋은 시간도 곧 지나갈 것이라는 점을 앞당겨 생각하고 대비하기 위한 지혜를 일깨워주는 듯도 하다.

《황벽어록黃蘗語錄》에서도 눈앞에 보이는 모습만을 붙잡으려 하지 말라고 권고한다. 그리고 이미 가지고 있는 고정관념으로 무엇이든 왜곡해서 보는 폐습까지 지적한다. 선과 악도 고정되어 있는 것이 아니고 깨달은 자와 헤매는 자도 판에 박힌 기준으로 가릴 일이 아니라는 것이다.

"부처를 보고서 깨끗하고 밝고 해탈했다는 모습을 만들고,
중생을 보고서 더럽고 어둡고 삶과 죽음에 매여 있다는 모습을 만든다면,
이러한 견해를 짓는 자는 강바닥의 모래같이 많은 세월을 지나더라도 깨닫지 못할지니,
곧 모습을 붙잡고 있기 때문이다.

악을 행하고 선을 행하는 것은 모두 모습에 집착한 것이다.
모습에 집착하여 악을 행하여 헛되이 윤회에 떨어지고,
모습에 집착하여 선을 행하여 헛되이 수고로움을 겪으니,

말을 듣고서 곧장 스스로 본래의 법을 알아차리는 것이 더 좋다."

　부처나 중생이나 "늘 그렇지는 않다"는 것이다. 부처가 늘 부처라고 생각하지 말라고 한다. 부처가 판박이로 고정되고 우상이 되기 때문이다. 오죽하면 "부처를 만나면 부처를 죽이라"고까지 했을까? 중생도 마찬가지로 중생으로만 여기거나 제한하지 말라고 한다. 이처럼 불가에서도 철저하게 우상 파괴를 가르친다. 선인과 악인도 정해져 있다는 듯 분리되는 것이 아니다. 우리 삶에서는 이들이 뒤섞여 굴러갈 뿐 아니라 구별도 여의치 않다. 그런데 우리는 선과 악을 칼 자르듯 나누고 늘 자신을 정당화한다. 아니면 적어도 정당화할 근거와 구실을 찾는다. 그러나 자신이 언제나 옳은 줄로 착각하면 '자기우상화'가 이루어질 수밖에 없다.

　결국 붙잡는 기도에서 놓아주는 기도로 향해야 한다. "늘 그렇지는 않다"는 말은 희망을 품기도 하지만, 아쉬움을 품기도 한다. 그리고 아쉬움에 대비할 수 있는 지혜를 가리키기도 한다. 언제나 선하기만 한 것은 없다는 겸손으로부터 기도가 시작될 수 있다. 그럴 수밖에 없을 뿐 아니라 그래도 괜찮기 때문이다.

나오며

# 글로 다 마칠 수 없는
## 삶을 향하여

나온다고 하여 끝내는 것은 아니다. 어찌 우리의 이야기가 여기서 끝날 수 있을까? 계속 이어져야겠다. 그래서 '나가는 글'이 아니라 '나오며'라고 했다. 글에서 삶으로 나오는 것이다. 모르고도 살아왔던 삶이자 살고도 모를 삶으로 말이다.

1장에서 우리가 살아가는 삶의 꼴을 그려내는 것으로 시작했다. 깨끗하고 깔끔해야만 가치 있는 삶은 아니라고 했다. 흠결도 없고 완벽해 보이는 삶은 옆에서 보기에도 재미없다. 혹시 그런 삶의 주인공이 있을까? 바람직하지도 않지만 사실 가능하지도 않다. 삶은 뒹굴면서 일그러지기도 하는데 그럴 수밖에 없지만 그래도 괜찮고 더 나아가 그래서 더 좋은 삶이다. 그 이유들을 찾아보았다.

2장에서는 종교적 인간의 몸부림이 어떻게 나타나는지 살폈다. 겨을 수밖에 없는 한계와 씨름하면서 이를 뛰어넘으려는 성향을 일컬어 일찍부터 '종교성'이라고 불렀다. 한계를 두고 벌어지는 밀고 당기기가 우리 삶을 풀어내기도 하고 도리어 옥죄기도 하니 그러한 '종교적 인간'을 살피며 인간과 종교가 어떻게 얽히는지 풀어냈다.

3장에서는 삶의 맞갖은 길로서 지혜를 도모해보고자 했다. 서로 모순되고 충돌하기도 하는 앎의 쪼가리들을 묶어 보다 넓고 크게, 그리고 깊게 살피는 다양한 역설의 통찰을 새겨봤다. 그리고 이러한 역설의 통찰은 앎의 차원을 넘어서 모르고도 사는 삶의 차원으로 나아가야 가능하다는 것까지 살펴봤다.

4장에서는 앞에서 다루었던 이야기와 통찰들을 종합하여 우리의 몸―짓과 마음―씀이 한데 얽혀 이루어지는 '얼'을 향하고자 했다. 그리고 이를 구하는 삶을 '기도'라 불러도 좋으리라 보고 곱씹었다.

꼴을 드러내고 틀을 깨며 길을 더듬고 얼을 다듬는 흐름으로 엮어낸 우리 이야기는 여기서 멈추지 않는다. 삶으로 들어가야 진짜 우리 이야기가 펼쳐지기 때문이다. 삶의 이야기를 이 책과 함께 더불어 이어나가기를 바라마지 않는다. 스치는 것만으로도 소중한 인연이라는데 삶의 이야기를 함께 나눈다면 그 풍성한 얽힘이 우리 삶을 더 맛깔나게 해줄 것이기 때문이다.

# 참고문헌

## 고전 및 경전

《구약성서》 공동번역, 〈시편〉, 〈에제키엘〉, 〈창세기〉

《구약성서》 새번역, 〈전도서〉

《리그베다》 제2권, 〈시편〉

《신약성서》 개역개정, 〈요한복음〉

《신약성서》 공동번역, 〈마르코복음서〉, 〈고린토인들에게 보낸 첫째 편지〉

김월운 옮김, 《중아함경》, 동국역경원, 2006.

노자, 오강남 엮음, 《도덕경》, 현암사, 1995.

노자, 최재목 역주, 《노자老子》, 을유문화사, 2006.

무문 혜개, 광덕 옮김, 《무문관》, 불광출판사, 2009.

함석헌 옮김, 《바가바드 기타》, 한길사, 2003.

황벽희운, 김태환 옮김, 《황벽어록》, 침묵의향기, 2013.

## 현대 인문학

강상중, 송태욱 옮김, 《살아야 하는 이유》, 사계절, 2012.

강상중, 이경덕 옮김,《고민하는 힘》, 사계절, 2009.

김윤성, 장대익, 신재식,《종교 전쟁》, 사이언스북스, 2009.

니시타니 게이이치, 정병조 옮김,《종교란 무엇인가》, 대원사, 1993.

니콜라우스 쿠자누스, 조규홍 옮김,《박학한 무지》, 지식을만드는지식, 2011.

로저 본 외흐, 박종하 옮김,《상상력의 한계를 부수는 헤라클레이토스의 망치》, 21세기북스, 2004.

루돌프 불트만, 이동영 옮김,《예수 그리스도와 신화》, 한국로고스연구원, 1994.

루트비히 비트겐슈타인, 이승종 옮김,《철학적 탐구》, 아카넷, 2016.

루트비히 비트겐슈타인, 이영철 옮김,《논리―철학논고》, 천지, 1991.

루트비히 포이어바흐, 강대석 옮김,《기독교의 본질》, 한길사, 2008.

마르틴 부버, 김천배 옮김,《나와 너》, 대한기독교서회, 1973.

마르틴 하이데거, 신상희 옮김,《횔덜린 시의 해명》, 아카넷, 2009.

마르틴 하이데거, 이기상 옮김,《존재와 시간》, 까치, 1998.

마크 존슨, 김동환·최영호 옮김,《몸의 의미》, 동문선, 2012.

모리스 메를로퐁티, 김정아 옮김,《눈과 마음》, 마음산책, 2008.

샐리 맥페이그, 정애성 옮김,《은유 신학》, 다산글방, 2003.

쇠렌 키르케고르, 임춘갑 옮김,《공포와 전율》, 치우, 2011.

시몬 베유, 윤진 옮김,《중력과 은총》, 이제이북스, 2008.

아르투어 쇼펜하우어, 최민홍 옮김,《쇼펜하우어 인생론》, 집문당, 1990.

아브라함 요수아 헤셸, 김준우 옮김,《하나님을 찾는 사람》, 한국기독교연구소, 2013.

앤소니 드 멜로, 이미림 옮김,《일분 지혜》, 분도출판사, 1996.

에른스트 프리드리히 슈마허, 송대원 옮김,《당혹한 이들을 위한 안내서》, 따님, 2007.

에리히 프롬, 호연심리센터 옮김,《정신분석과 듣기 예술》, 범우사, 2000.

장폴 사르트르, 정소성 옮김,《존재와 무》, 동서문화동판, 2009.

잭 콘필드, 이균형 옮김,《깨달음 이후 빨랫감》, 한문화, 2006.

제럴드 싯처, 마영례 옮김,《하나님이 기도에 침묵하실 때》, 성서유니온교회, 2005.

존 D. 카푸토, 최생열 옮김,《종교에 대하여》, 동문선, 2003.

존 그레이, 김승진 옮김, 《하찮은 인간, 호모 라피엔스》, 이후, 2010.

존 프리처드, 김흥일·민경찬 옮김, 《기도》, 비아, 2016.

카를 마르크스, 강유원 옮김, 《헤겔 법철학 비판》, 이론과실천, 2011.

폴 리쾨르, 양명수 옮김, 《해석의 갈등》, 한길사, 2012.

폴 틸리히, 김광남 옮김, 《흔들리는 터전》, 뉴라이프, 2008.

폴 틸리히, 최규택 옮김, 《믿음의 역동성》, 그루터기하우스, 2005.

프리드리히 니체, 권영숙 옮김, 《즐거운 지식》, 청하, 1989.

프리드리히 니체, 김미기 옮김, 《인간적인 너무나 인간적인》, 책세상, 2001.

프리드리히 니체, 송무 옮김, 《우상의 황혼 / 반그리스도》, 청하, 1984.

프리드리히 니체, 이필렬 옮김, 《서광》, 청하, 1983.

프리드리히 니체, 정동호 옮김, 《차라투스트라는 이렇게 말했다》, 책세상, 2000.

하비 콕스, 김창락 옮김, 《종교의 미래》, 문예출판사, 2010.

한병철, 김태환 옮김, 《피로사회》, 문학과지성사, 2012.

## 문학 및 에세이

기형도, 〈노을〉, 《기형도 전집》, 문학과지성사, 1999.

기형도, 〈우리 동네 목사님〉, 《입 속의 검은 잎》, 문학과지성사, 1989.

김중식, 〈늦은 귀가〉, 《울지도 못했다》, 문학과지성사, 2018.

나희덕, 《사라진 손바닥》, 문학과지성사, 2004.

노발리스, 박술 옮김, 〈꽃가루〉, 《밤의 찬가 / 철학 파편집》, 읻다, 2018.

박완서, 《빈방》, 열림원, 2016.

박완서, 《한 말씀만 하소서》, 세계사, 2004.

벨포 경, 〈진리에 대하여〉, 류시화 엮음, 《지금 알고 있는 걸 그때도 알았더라면》, 열림원, 2014.

빅터 프랑클, 남기호 옮김, 《삶의 물음에 '예'라고 대답하라》, 산해, 2009.

빅터 프랑클, 오승훈 옮김, 《의미를 향한 소리 없는 절규》, 청아출판사, 2005.

빅터 프랑클, 프란츠 크로이처, 김영철 옮김, 《태초에 의미가 있었다》, 분도출판사, 2006.

엔도 슈사쿠, 공문혜 옮김, 《침묵》, 홍성사, 2003.

이성복, 《무한화서》, 문학과지성사, 2015.

최인호, 《최인호의 인생》, 여백, 2013.

칼릴 지브란, 〈결혼에 대하여〉, 유제하 옮김, 《예언자》, 범우사, 2004.

표도르 도스토옙스키, 박형규 옮김, 《카라마조프 씨네 형제들》, 누멘, 2010.

한강, 〈괜찮아〉, 《서랍에 저녁을 넣어 두었다》, 문학과지성사, 2013.

헨리 나우웬, 윤종석 옮김, 《꼭 필요한 것 한 가지, 기도의 삶》, 복있는사람, 2008.

헨리 데이비드 소로, 류시화 옮김, 《구도자에게 보낸 편지》, 오래된 미래, 2005.

# 정재현

연세대학교 철학과, 문학사
Emory University 신과대학원, MTS.
Emory University 일반대학원 종교학부, Ph.D.
현재 연세대학교 연합신학대학원 종교철학 전공주임교수
　　　연세대학교 미래융합연구원 종교와사회연구소 소장
　　　연세대학교 신과대학 부설 한국기독교문화연구소 소장
　　　한국종교학회 종교철학분과위원장, 한국종교철학회 회장

## 저서
《티끌만도 못한 주제에》
《신학은 인간학이다》(한국연구재단 지원 우수연구도서)
《자유가 너희를 진리하게 하리라》(문화관광부 선정 우수교양도서)
《망치로 신-학하기》(대한민국학술원 선정 우수학술도서)
《묻지마 믿음 그리고 물음》
《종교신학 강의》
《우상과 신앙》(문화관광부 선정 우수학술도서)
《미워할 수 없는 신은 신이 아니다》(문화관광부 선정 우수학술도서)
《앎이 그대를 속일지라도》(연세대 인문사회학술지원 선정도서)
《믿음이 그대를 속일지라도》(연세대 인문사회학술지원 선정도서)
《통찰》

## 역서
디오게네스 알렌,《신학을 이해하기 위한 철학》
오웬 토마스,《요점조직신학》(공역)
닐 오메로드,《오늘의 신학과 신학자들》
마저리 수하키,《신성과 다양성》

## 공저
《언어철학연구》
《기독교의 즐거움》
《믿고 알고 알고 믿고》
《대화를 넘어 서로 배움으로》
《공공성의 윤리와 평화》
《나는 어떻게 죽을 것인가》

삶이라는 물음의 끝에서 마주한 천년의 지혜

# 인생의 마지막 질문

**1판 1쇄 발행** 2020년 8월  5일
**1판 3쇄 발행** 2022년 1월 12일

**지은이** 정재현
**펴낸이** 고병욱

**책임편집** 김경수 **기획편집** 허태영
**마케팅** 이일권 김윤성 김도연 김재욱 이애주 오정민
**디자인** 공희 진미나 백은주 **외서기획** 이슬
**제작** 김기창 **관리** 주동은 조재언 **총무** 문준기 노재경 송민진

**펴낸곳** 청림출판(주)
**등록** 제1989-000026호

**본사** 06048 서울시 강남구 도산대로 38길 11 청림출판(주)
**제2사옥** 10881 경기도 파주시 회동길 173 청림아트스페이스
**전화** 02-546-4341 **팩스** 02-546-8053

**홈페이지** www.chungrim.com
**이메일** cr2@chungrim.com
**페이스북** https://www.facebook.com/chusubat

ⓒ 정재현, 2020

**ISBN** 979-11-5540-171-2 03100